普通高等教育"十三五"规划教材

服务外包产教融合系列教材

主编 迟云平　副主编 宁佳英

基于同望V3开发平台的信息系统快速开发技术

- 主　编　张　芒　刘洪舟
- 副主编　赵　军　黄俊豪　叶美莉
- 参　编　陈飘飘　欧　翔　李伟民　王泽维

华南理工大学出版社
SOUTH CHINA UNIVERSITY OF TECHNOLOGY PRESS
·广州·

图书在版编目(CIP)数据

基于同望 V3 开发平台的信息系统快速开发技术/张芒，刘洪舟主编．—广州：华南理工大学出版社，2017.1(2018.8 重印)

(服务外包产教融合系列教材/迟云平主编)

ISBN 978-7-5623-5157-3

Ⅰ.①基⋯　Ⅱ.①张⋯②刘⋯　Ⅲ.①信息系统-系统开发-教材　Ⅳ.①G202

中国版本图书馆 CIP 数据核字(2016)第 322931 号

基于同望 V3 开发平台的信息系统快速开发技术

张　芒　刘洪舟　主编

出 版 人：卢家明
出版发行：华南理工大学出版社
　　　　　(广州五山华南理工大学 17 号楼，邮编 510640)
　　　　　http://www.scutpress.com.cn　E-mail:scutc13@scut.edu.cn
　　　　　营销部电话：020-87113487　87111048（传真）
总 策 划：卢家明　潘宜玲
执行策划：詹志青
责任编辑：王荷英　詹志青
印 刷 者：佛山市浩文彩色印刷有限公司
开　　本：787mm×1092mm　1/16　印张：17.5　字数：429 千
版　　次：2017 年 1 月第 1 版　2018 年 8 月第 2 次印刷
印　　数：2 001～4 000 册
定　　价：38.00 元

版权所有　盗版必究　　印装差错　负责调换

"服务外包产教融合系列教材"
编审委员会

顾　　问：曹文炼（国家发展和改革委员会国际合作中心主任，研究员、
　　　　　　教授、博士生导师）
主　　任：何大进
副 主 任：徐元平　迟云平　徐　祥　孙维平　张高峰　康忠理
主　　编：迟云平
副 主 编：宁佳英
编　　委（按姓氏拼音排序）：
　　　　　蔡木生　曹陆军　陈翔磊　迟云平　杜　剑　何大进　胡伟挺
　　　　　胡治芳　黄小平　焦幸安　金　晖　康忠理　李俊琴　李舟明
　　　　　廖唐勇　林若钦　刘洪舟　刘志伟　罗　林　马彩祝　聂　锋
　　　　　宁佳英　孙维平　谭瑞枝　谭　湘　田晓燕　王传霞　王丽娜
　　　　　王佩锋　吴川源　吴伟生　吴宇驹　肖　雷　徐　祥　徐元平
　　　　　杨清延　叶小艳　袁　志　曾思师　查俊峰　张高峰　张　芒
　　　　　张文莉　张香玉　张　屹　周　化　周　伟　周　璇　宗建华
评审专家：
　　　　　周树伟（广东省产业发展研究院）
　　　　　孟　霖（广东省服务外包产业促进会）
　　　　　黄燕玲（广东省服务外包产业促进会）
　　　　　欧健维（广东省服务外包产业促进会）
　　　　　梁　茹（广州服务外包行业协会）
　　　　　刘劲松（广东新华南方软件外包有限公司）
　　　　　王庆元（西艾软件开发有限公司）
　　　　　迟洪涛（国家发展和改革委员会国际合作中心）
　　　　　李　澍（国家发展和改革委员会国际合作中心）
总 策 划：卢家明　潘宜玲
执行策划：詹志青

总 序

发展服务外包,有利于提升我国服务业的技术水平、服务水平,推动出口贸易和服务业的国际化,促进国内现代服务业的发展。在国家和各地方政府的大力支持下,我国服务外包产业经过10年快速发展,规模日益扩大,领域逐步拓宽,基于互联网、物联网、云计算、大数据等一系列新技术的新型商业模式应运而生,服务外包企业的国际竞争力不断提升,逐步进入国际产业链和价值链的高端。服务外包产业以极高的孵化、融合功能,助力我国航天服务、轨道交通、航运、医药、医疗、金融、智慧健康、云生态、智能制造、电商等众多领域的不断创新,通过重组价值链、优化资源配置降低了成本并增强了企业核心竞争力,更好地满足了国家"保增长、扩内需、调结构、促就业"的战略需要。

创新是服务外包发展的核心动力。我国传统产业转型升级,一定要通过新技术、新商业模式和新组织架构来实现,这为服务外包产业释放出更为广阔的发展空间。目前,"众包"方式已被普遍运用来重塑传统的发包/接包关系,战略合作与协作网络平台作用凸显,从而促使服务外包行业人员的从业方式也发生了显著变化,特别是中高端人才和专业人士更需要在人才共享平台上根据项目进行有效整合。从发展趋势看,服务外包企业未来的竞争将是资源整合能力的竞争,谁能最大限度地整合各类资源,谁就能在未来的竞争中脱颖而出。

广州大学华软软件学院是我国华南地区最早介入服务外包人才培养的高等院校,也是广东省和广州市首批认证的服务外包人才培养基地,还是我国服务外包人才培养示范机构。该院历年毕业生进入服务外包企业从业平均比例高达66.3%以上,并且获得业界高度认同。常务副院长迟云平获评2015

年度服务外包杰出贡献人物。该院组织了近百名具有丰富教学实践经验的一线教师，历时一年多，认真负责地编写了软件、网络、游戏、数码、管理、财务等专业的服务外包系列教材30余种，将对各行业发展具有引领作用的服务外包相关知识引入大学学历教育，着力培养学生对产业发展、技术创新、模式创新和产业融合发展的立体视角，同时具有一定的国际视野。

当前，我国正在大力推动"一带一路"建设和创新创业教育。广州大学华软软件学院抓住这一历史性机遇，与国家发展和改革委员会国际合作中心合作成立创新创业学院和服务外包研究院，共建国际合作示范院校。这充分反映了华软软件学院领导层对教育与产业结合的深刻把握，对人才培养与产业促进的高度理解，并愿意不遗余力地付出。我相信这样一套探讨服务外包产教融合的系列教材，一定会受到相关政策制定者和学术研究者的欢迎与重视。

借此，谨祝愿广州大学华软软件学院在国际化服务外包人才培养的路上越走越好！

国家发展和改革委员会国际合作中心主任

2017年1月25日于北京

前 言

信息系统是现代化企业运营中不可或缺的多向关联辅助体系，作为企业信息化管理的一种重要工具，信息系统为企业提供了重要的原始数据采集、科学管理和决策实施的依据。随着企业对信息系统的认识日益提高，客户对信息系统使用的要求也越来越趋于个性化，并更多地体现出在规划设计层面参与信息系统建设的意愿。如何抛开大量技术实现层面且令大多数非软件开发专业人士无法企及的问题，专注实现面向业务流程设计开发及快速实现信息系统的搭建使用，已成为很多非软件开发专业人士的期望。

本教材将使用同望 V3 开发平台介绍如何使用快速开发技术开发信息系统，同时也会针对在开发信息系统时容易被忽视的细节问题进行分析。让读者不仅可以从简单技术层面学习如何开发信息系统，也可以从面向业务流程规划设计的层面学习如何开发信息系统。

本书部分资料来自广东同望科技股份有限公司官网文档中心及广州大学华软软件学院恒云社项目开发实施资料。

鉴于编者水平有限，书中疏漏与不足之处，望读者不吝指正，使本教材在使用过程中不断得到改进和完善。

编　者
2016 年 11 月

目 录

1 同望V3开发平台概述 ·· 1
　1.1 软件行业未来发展趋势的概述 ··· 1
　1.2 V3开发平台的产生 ··· 1
　1.3 V3平台开发系统的下载安装 ·· 3
　1.4 系统登录与默认样式的设置 ·· 10
2 V3开发平台设计系统基本构成 ··· 17
　2.1 界面介绍 ·· 17
　2.2 通用控件介绍 ··· 23
　2.3 业务控件介绍 ··· 25
　2.4 字段控件介绍 ··· 29
　2.5 查找与替换 ·· 36
　2.6 表设计与统一导入 ·· 38
　2.7 设计应用实例解析 ·· 42
3 构件可视化系统设计 ··· 48
　3.1 什么是构件 ·· 48
　3.2 构件的输出与引用 ·· 49
　3.3 窗体属性介绍与布局 ·· 53
　3.4 表设计 ··· 56
　3.5 实体与方法 ·· 61
　3.6 界面配置与规范 ··· 64
　3.7 构件方法介绍 ··· 69
　3.8 设计应用实例解析 ·· 73
4 常用规则介绍 ·· 76
　4.1 计算、赋值 ·· 76
　4.2 检查、提示 ·· 85
　4.3 界面控件操作 ··· 93
　4.4 界面实体操作 ··· 99
　4.5 筛选、查询、检索 ·· 106
　4.6 数据导入、导出 ·· 108
　4.7 数据库操作 ··· 110
　4.8 其他操作 ··· 115

5 函数介绍 ... 123
5.1 系统数学函数 ... 123
5.2 系统业务函数 ... 125
5.3 系统字符串处理函数 ... 129
5.4 系统时间日期函数 ... 134

6 报表介绍 ... 137
6.1 报表面板及报表管理工具 ... 139
6.2 配置主从报表 ... 141
6.3 配置分组报表 ... 143
6.4 配置分组交叉报表 ... 146

7 V-SQL 介绍 ... 150
7.1 V-SQL 的基本介绍 ... 150
7.2 V-SQL 同标准 SQL 的主要语法区别 ... 151
7.3 函数 ... 159
7.4 自定义函数 ... 177
7.5 存储过程 ... 177
7.6 实例 ... 178

8 Vbase 介绍 ... 184
8.1 登录 ... 184
8.2 组织架构 ... 186
8.3 人员管理 ... 196
8.4 菜单设置 ... 200
8.5 权限配置 ... 204
8.6 数据权限 ... 214
8.7 流程与审批 ... 232

9 部署、运行、测试 ... 242
9.1 系统部署与登入 ... 242
9.2 系统后台管理 ... 245
9.3 系统构件管理 ... 249

10 真实案例分析（制造业典型案例制作过程）... 252
10.1 业务流程简介 ... 252
10.2 成品生产工单 ... 256
10.3 半成品生产工单 ... 265
10.4 小结 ... 270

1 同望 V3 开发平台概述

1.1 软件行业未来发展趋势的概述

软件逐渐渗透到各行各业，软件市场越来越大。但从中国软件业的发展来看，中国软件业尚处于作坊时代，还没走入能极大满足客户需求的工业时代。一方面，这将导致软件企业长时间处于低水平重复性的人力或成本耗费状态，只是根据客户变更的需求不断修改产品，而不能在业务和产品设计创新上加大投入，难以实现更大的客户价值；另一方面，从客户角度来说，投入越来越大，但价值需求得不到满足，从而造成整个行业运作成本高的局面。目前，软件的运用越来越广泛，其中软件行业的移动化、网络化、服务化、智能化、平台化、融合化发展趋势越来越明显，无论是泛在网、物联网还是移动计算、云计算上，软件即服务、平台即服务、基础设施即服务等不断涌现。移动办公成为我们生活中的热门话题，随着软件对移动的支持度越来越高，移动开发进入一个极度火热的时期，移动设备将呈现出爆炸性需求。操作系统、数据库、中间件和应用软件相互渗透，向一体化软件平台的新体系演变。硬件与操作系统等软件逐渐整合集成，降低 IT 应用的复杂度，适应用户灵活部署、协同工作和个性应用的需求。平台化趋势下，软件的竞争从单一产品的竞争发展为平台间的竞争，未来软件产业将围绕主流软件平台构造产业链。

1.2 V3 开发平台的产生

同望 V3 企业架构平台（以下简称"V3 开发平台"）是由同望科技股份有限公司开发的新一代企业架构平台。在经历了利用 IT 手段进行快速沟通、利用集成手段解决信息孤岛问题之后，软件开发商与客户双方对下一步信息化提出了同样的需求，即随需应变，快速响应，采用配置化组装的模式，加载到平台上即可运行。

1.2.1 V3 开发平台概述

V3 开发平台是运用先进的管理思想和设计方法构建的支持配置化生产的新一代软件开发平台。平台独有的快速配置化模式支持对不同客户个性化需求的快速响应，其高效的构件化模式可以真正实现软件工业化的配件组装流程，实现软件生产从"手工制作"向"工业化生产"的飞跃，对于新一代的软件从业者与创新者，V3 开发平台可以不使用任何编程语言，在"可视化"的模式下完成软件系统开发，开发软件的过程就像使用 Office 编辑文件一样，如图 1-1 所示。V3 开发平台技术为软件产业的效率、质量和运营模式带来"颠覆性"的革命。

1.2.2 V3 开发平台的未来发展趋势

信息化初期，企业管理软件的功能主要放在对业务处理结果数据的记录、采集、加工、呈现等工作上，企业管理软件尚未大范围地被直接应用于企业运营的过程管理，未来企业管理软件在运用上会强化对于业务处理过程的管理和控制，企业管理软件会越来越成为支持企业战略落地的不可或缺的"基础建设"，而不仅仅是对数据结果的"填报工具"。PC 端与移动端

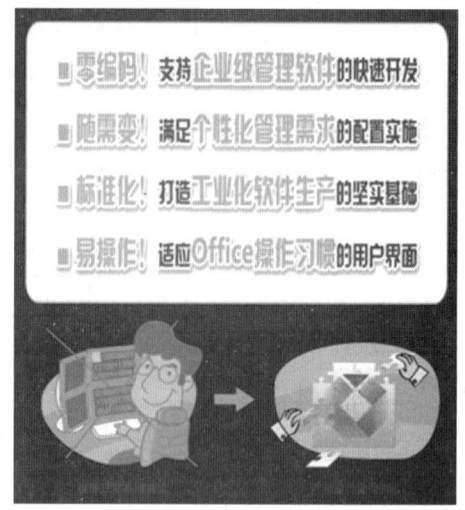

图 1-1　V3 开发平台特点

无缝结合，对于客户来说，将支持使用更多的移动设备，使得客户可以更加便捷地进行软件的系统决策性操作和控制，并且通过微信推送功能及时推送系统消息，第一时间处理任务；对开发者来说，开发门槛降低了，可视化的设计环境使得软件可以做到"可见即所得"，开发者可以抛开编码，全身心专注于业务流程，实现复杂的企业级管理系统软件的开发，极大地提升了软件的开发效率和开发质量，并且大幅度缩短开发周期，实现边设计、边开发、边改进。

1.2.3 加入同望产业互联众包平台

登录 http://www.vtoone.com，点击"注册"（如图 1-2 所示），加入同望软件产业互联平台，用户可以使用 V3 开发平台账号进行软件的安装和开发系统的登录。

图 1-2　同望软件产业互联平台注册界面

V3 开发平台使用了组装式开发，而软件产业互联平台解决了众包分包问题。因为软件开发有一个特性，当做完一个功能，下次需要再次使用而直接复制这个功能时，这个过程是零成本的。传统的软件开发基本是按照软件的最终成品来进行交易，是一个庞大而且全面的系统。而 V3 开发平台的设计理念是，可以通过软件产业互联平台，使得再小的功能构件都能通过这个平台来复用，从而大大提高构件的利用率和复用率。

1.3　V3 平台开发系统的下载安装

1.3.1　系统下载及安装

　　（1）登录 http：// www.myvdev.com/，点击"平台下载"，选择稳定版下载（如图 1 - 3 所示）。

图 1 - 3　系统下载界面

　　（2）运行"同望 V3 平台产品打包工具"之后弹出如图 1 - 4 所示界面，输入预先注册好的同望软件产业平台账号及密码，点击"登录"。

图 1 - 4　平台登录界面

(3)登录成功后,选择要装配的产品类型(如图1-5所示),此处有两种选项,一种是"V3基础版",这个版本满足日常功能开发需要,支持软件配置、发布等基础功能;另一种为"V3专业版",在基础版上增加了机构权限流程支持,能达到商业级的系统开发水平,所以建议选择"V3专业版"进行安装。

图1-5 选择要装配的产品类型

(4)选择产品的包装形式(如图1-6所示),有"V平台开发版"和"V平台服务器版"两种,开发版中包含了构件配置和测试运行的环境,我们称为"一体化"环境,开发版是每一位V3开发平台程序员的必备;而服务器版是一个将测试运行环境独立开来的服务器执行环境,我们称为"执行系统",利用这个独立的运行环境,可以进行团队多人同时开发。选择"V平台开发版",点击"下一步"。

图1-6 选择产品包装形式

(5)选择系统安装目录后即可开始打包(如图1-7所示),需要注意的是,点击"开始打包"之前,要先关闭 360 安全卫士,并确保安装路径中不带中文字符,再执行打包操作。

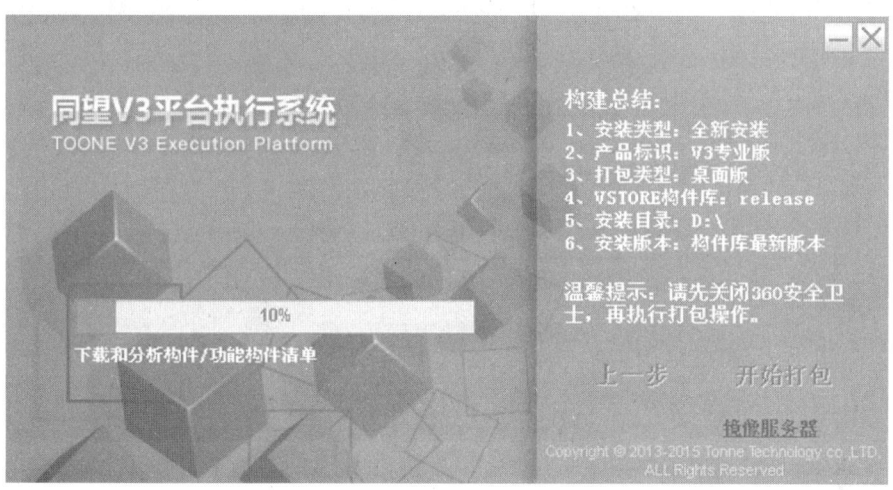

图 1-7 选择安排目录并开始打包

1.3.2 设置执行系统部署环境和数据库

打包成功后出现如图 1-8 所示界面,点击"确定",开始配置系统参数。

图 1-8 "打包成功"提示界面

(1)配置数据源,选择数据源类型,V3 平台执行系统支持三种主流数据库,分别是 Sqlserver 2008、Mysql、Oracle,我们使用 Sqlserver 2008 数据库作为案例示范。如图 1-9 所示,输入服务器地址和对应数据库名称,安装程序自动生成数据源 URL,本地服务可在服务器地址中输入"127.0.0.1",再输入数据库的用户名和密码,点击"连接测试",测试是否正常访问该数据库(请确保数据库配置管理器中的远程访问服务为开启状态)。若弹出连接成功提示,则执行系统安装成功,点击"确定",完成安装。

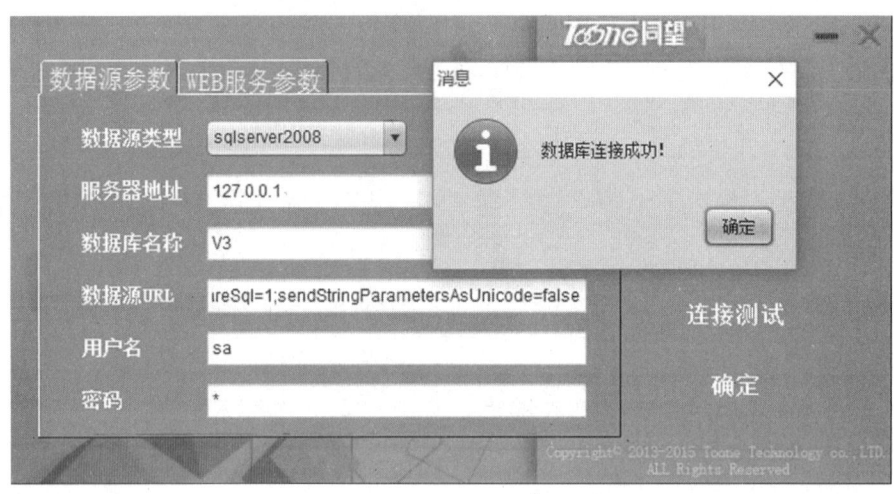

图 1-9　配置数据源

(2)打开目录"v3exesetuptool/DevSystem/",双击目录下的文件"VDevenv.exe"自动打开 V3 平台开发系统登录界面(如图 1-10 所示),输入账号和密码登录即可,登录过程需要连接互联网验证。

图 1-10　V3 平台开发系统登录界面

若在脱机状态下,可在输入账号和密码后,点击"登录"右方的二维码按钮,打开二维码验证窗口,使用二维码读取设备扫描图中二维码得到 4 位验证码进行登录,如图 1-11 和图 1-12 所示。

图 1-11　扫描二码获取验证码

图 1-12　正在登录界面

1.3.4　新建项目并启用测试服务

图 1-13 所示为 V3 平台开发系统首页。

图1-13　V3平台开发系统首页

点击"新建项目"按钮,设置项目名称和位置(如图1-14所示),在此项目下所建立的构件的路径将会与项目位置保持一致。也可以点击"打开项目"获得此项目下的所有构件,方便构件的系统化管理。

图1-14　设置项目名称和位置

1.3.5　启用测试服务

进入项目后,留意软件右下角的三个提示灯(如图1-15所示),第一个代表数据服务启动情况,第二个代表桌面执行系统启动情况,

图1-15　提示灯

第三个代表测试服务启动情况。在系统启动时数据服务与桌面执行系统会自动启动，测试服务需要手动启动。

找到软件上方功能区，点击"开始"页签（如图 1-16 所示），点击"开启测试服务"按钮，平台开始启动测试服务。

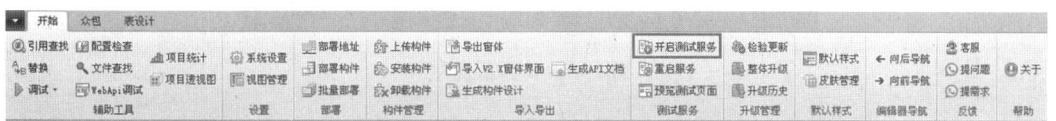

图 1-16 "开始"页签界面

当"测试服务视图"中出现"测试服务启动完成"字样时，测试服务启动完毕，如图 1-17 所示。

图 1-17 测试服务视图

1.3.6 整体升级平台

点击功能区"开始"页签，找到"帮助"面板并点击"关于"按钮查看当前系统版本号，如图 1-18 所示。

V3 开发平台通过不定期向用户推送系统构件新版本实现优化平台体验、推送新功能，用户只需要点击"开始"页签中的"检验更新"按钮，系统会自动检测当前版本是否为最新版本，并弹出更新提醒（如图

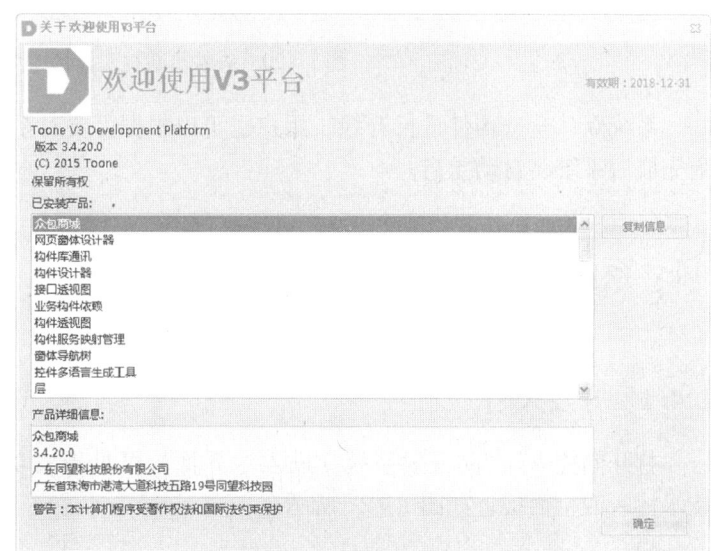

图 1-18 查看当前系统版本号

1-19所示），点击提醒可以查看详情，如图1-20所示。

图1-19　更新提醒

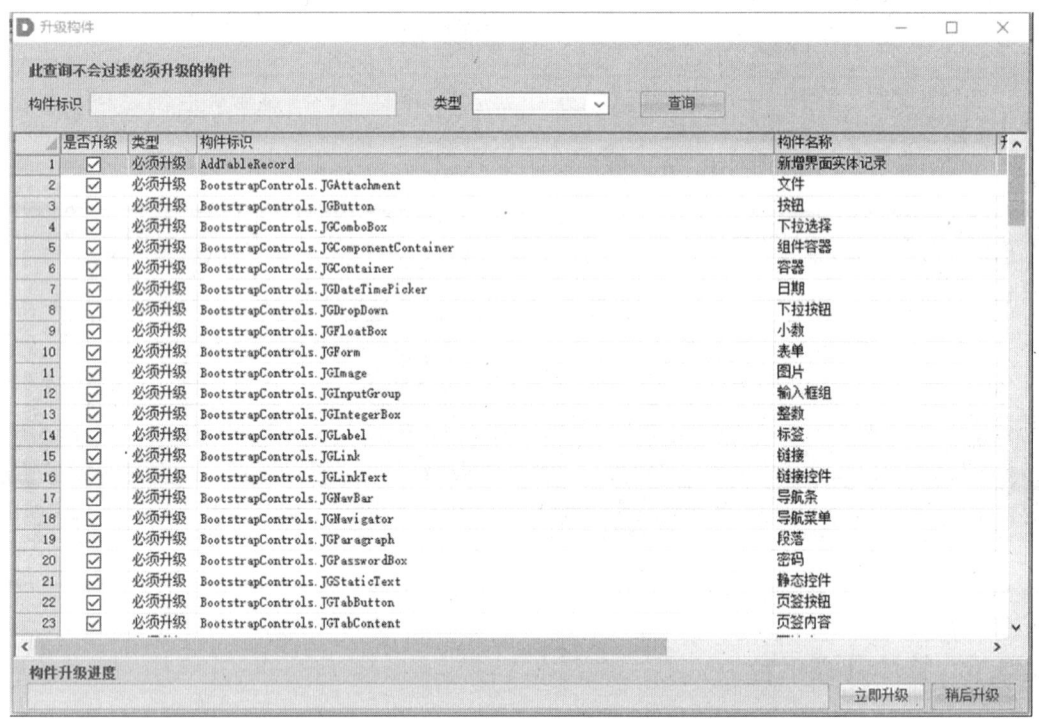

图1-20　查看更新提醒详情

系统默认全选构件进行升级，用户也可以根据需要对系统构件进行选择性升级，升级完成后系统将自动重启。

1.4　系统登录与默认样式的设置

1.4.1　开发入门

打开同望V3产品开发系统，进入主界面，可见新增功能、学习教程、源码案例、技术社区四个面板，如图1-21所示。

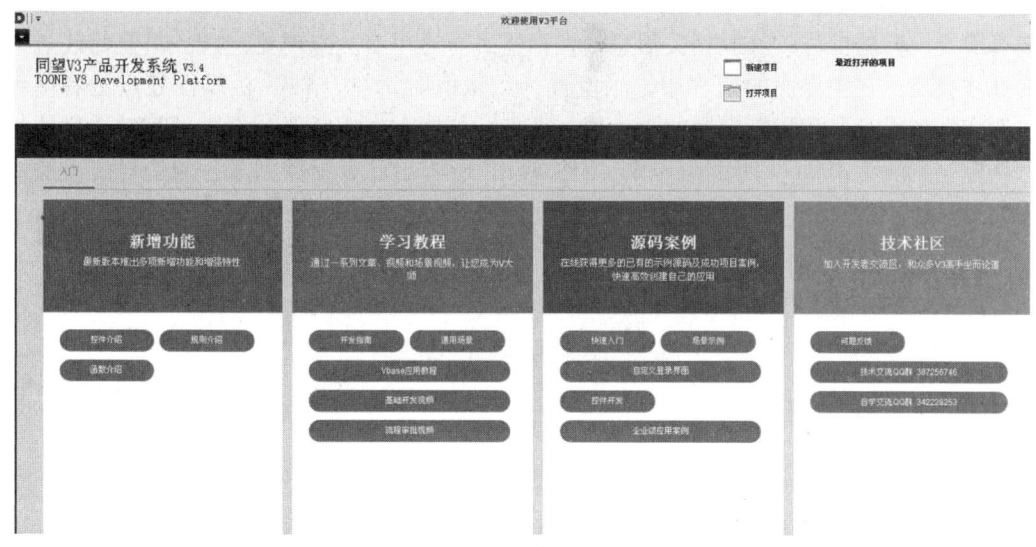

图 1-21 系统主界面四个面板

其中,"新增功能"面板用于描述最新版本推出的多项功能和增强特性,由于 V3 产品开发系统自身在不断地更新、优化和推送新功能,因此,关注此面板可以及时了解有关新功能的介绍。"学习教程"面板是针对 V3 开发平台初学者设置的一个面板,可以在这里找到简单通用的实际场景的开发案例和开发视频教程,从而自学使用 V3 开发平台进行开发和配置。"源码案例"面板的内容相对"学习教程"面板内容来说,是其进阶版,可以获得更多已有的示例源代码和成功的案例、企业级的应用案例,使得开发者可以在原有基础上开发更加复杂的功能,完成整个项目的开发。"技术社区"面板是提供技术交流的地方,可以供开发者提问或进行技术上的交流。

1.4.2 系统默认样式设置

进入系统,点击"开始"页签,找到"默认样式"面板并点击"默认样式"按钮,出现默认样式编辑主界面(如图 1-22 所示),此界面可以根据开发项目的需要,预先设置控件的样式和默认值。

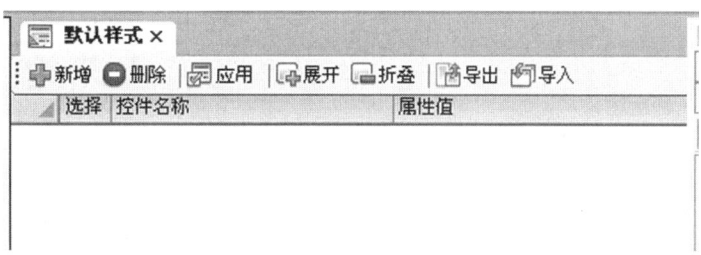

图 1-22 默认样式编辑主界面

具体设置方法：点击"新增"，在弹出的"默认样式设置"窗口（如图 1-23 所示）中选择需要设置的控件，修改相关信息，保存样式。这里有一点需要注意，只有修改过的属性才会显示在主界面的列表中，当设置为默认值时，在"格式"栏属性处点击右键可以选择强制或者取消强制应用的默认值。例如，如图 1-24 所示，设置了下拉选择框的默认标签宽度为 100，勾选此设置，点击"应用"，弹出已有窗体列表，勾选对应需要应用此默认样式的窗体，点击"确定"，完成应用，如图 1-25 所示。

图 1-23　"默认样式设置"窗口

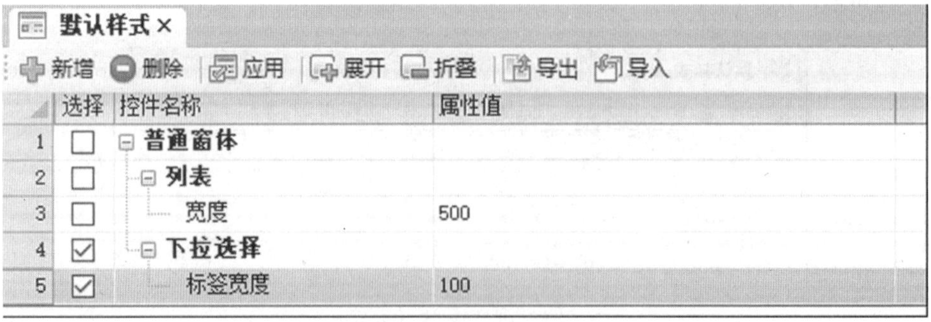

图 1-24　勾选应用样式

图 1-25　完成样式应用

开发者可以自定义开发控件样式以提高开发效率，也可以选择将整套的设计样式导出。选择需要导出的默认样式，点击"导出"按钮，在弹出的"默认样式导出"窗口中选择导出途径并保存，如图 1-26 所示。

图 1-26　导出默认样式

1.4.3 使用反馈与帮助

V3 开发平台是一个快速开发平台，它将软件开发过程中需要反复开发的功能封装在一条条的规则中，而且每条规则中都提供了配置选项以应对多种情况，也可以通过多种规则的搭配实现复杂的功能，但是在开发过程中难免会出现对开发系统功能的不熟悉而导致的疑惑，或希望平台提供技术支持。V3 开发平台提供了问题反馈功能，用于收集好的建议和了解系统的不足之处，进而达到完善系统的目的。

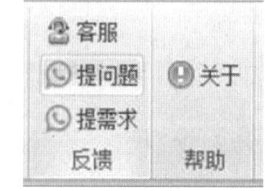

图 1-27 "反馈"和"帮助"面板

(1) 点击"开始"页签，在"反馈"面板中点击"提问题"按钮，打开"提问题"页面，如图 1-27 和图 1-28 所示。

在填写反馈的问题时，若问题涉及的范围比较大，需要进一步阐述，可以选择上传对应的附件。

图 1-28 "提问题"页面

(2) 选择"开始"页签中的"反馈"面板，点击"提需求"按钮，可根据在现实开发中由于平台功能上的限制影响开发到效果，而提出需求反馈，如图 1-29 所示。

图 1-29 "提需求"页面

问题提交以后，有客服跟进处理。点击"查看我的反馈"按钮，进入"我的问题"列表(如图1-30所示)，可以跟踪问题处理情况。

除留言反馈问题外，也可以在右侧聊天框中转入人工服务，但如果平台投入解决问题后，分析问题并不是由平台引起，则会产生一定的费用。

图1-30 "我的问题"列表

点击列表中的"任务状态"，可以查看处理进度，如图1-31所示。

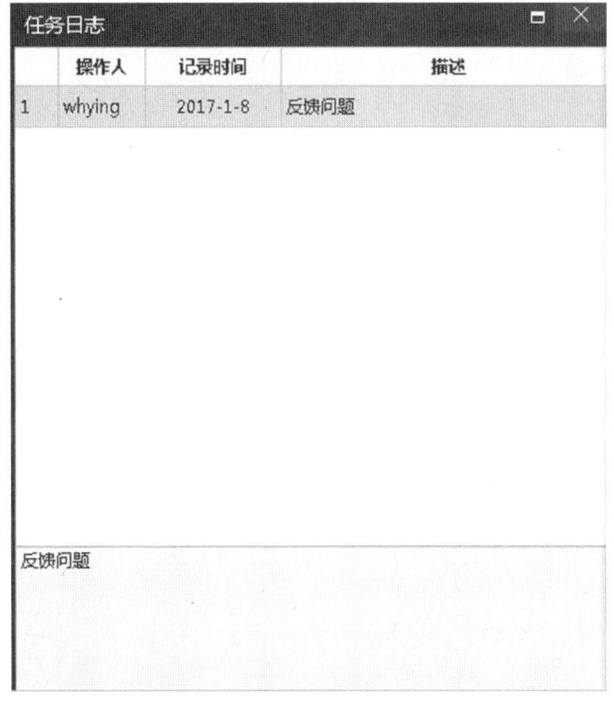

图1-31 查看任务状态

(3) 选择"开始"页签中的"帮助"面板，点击"关于"按钮，查看开发系统的详细信息和版本，如图 1-32 所示。

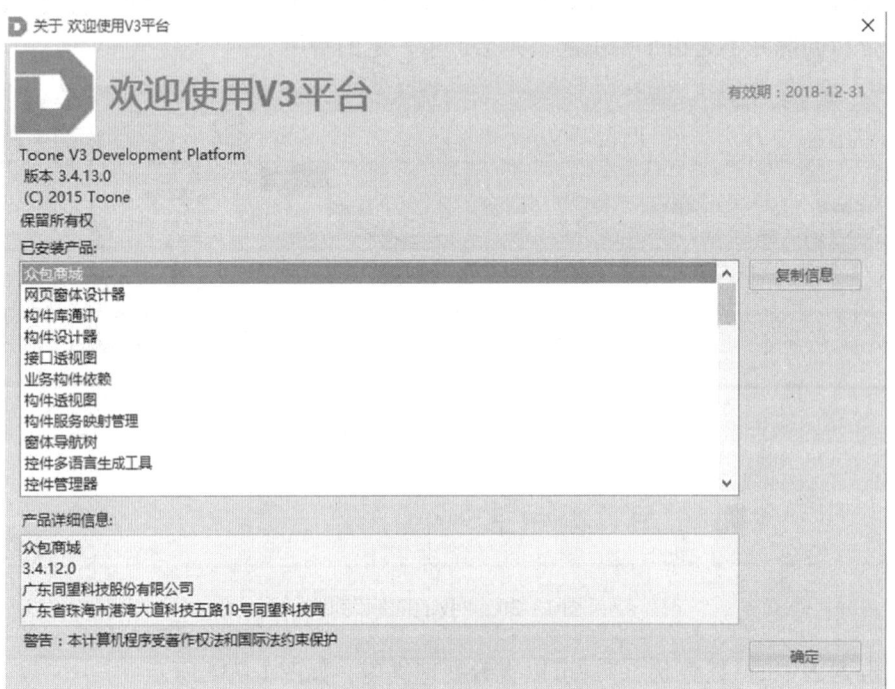

图 1-32　查看开发系统相关信息

2 V3开发平台设计系统基本构成

2.1 界面介绍

同望 V3 开发平台开发界面主要分为四大区域，分别为功能区、导航区、编辑区以及属性区，如图 2-1 所示。同望 V3 开发平台的开发环境是 IDE(集成开发环境)，使其开发更加高效、便捷。

图 2-1 同望 V3 开发平台开发界面

2.1.1 功能区

功能区一般分为三大部分：开始、众包以及表设计，如图 2-2 所示。但当新建窗体后，在编辑区编辑窗体时，功能区会出现"窗体设计"页签；当新建查询后，在编辑查询时，功能区也会出现"查询设计"页签。下面为大家介绍功能区中各部分的功能。

图 2-2 功能区

1. "开始"页签

如图2-3所示,"开始"页签分为11大功能模块面板:辅助工具、设置、部署、构件管理、导入导出、测试服务、升级管理、默认样式、编辑器导航、反馈以及帮助,其中常用的有部署、测试服务、构件管理、默认样式几大面板,还有"辅助工具"面板中的"替换"以及"引用查找"按钮。

图2-3 "开始"页签

2. "众包"页签

"众包"页签(如图2-4所示)主要是在同望V3开发平台上帮助实现发布或者承包项目,此平台上相对于产业互联网平台的优势有:多项目集中,选择范围广;降低项目成本,提供更多机会;公平、公正在线竞标;推荐优秀人才,实现自我价值;项目统一在线托管监控,降低风险等。

图2-4 "众包"页签

3. "表设计"页签

"表设计"页签主要分为"工具"以及"导入导出"两大面板,如图2-5所示。"域管理"用于统一表的管理;"公共字段编辑器"用来编辑多个表中的公共字段,新建表时可以直接添加;"Pdm字段类型映射"用于设置字段的数据类型;"表结构导入"用于实现将PowerDesigner设计的表结构导入到开发系统中。

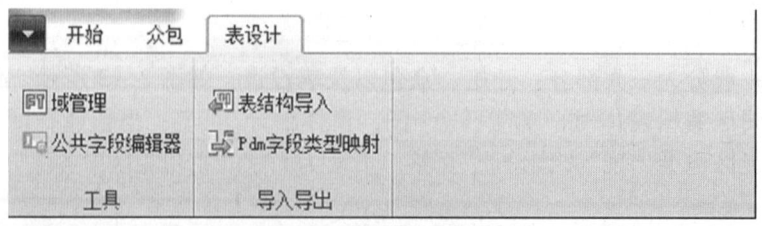

图2-5 "表设计"页签

4. "窗体设计"页签

"窗体设计"页签主要分为六大部分：工具、对齐方式、位置、撤销重做、辅助工具、向导(如图2-6所示)，在实际的窗体设计中主要会运用到"工具"面板中的"窗体输入/输出"按钮。

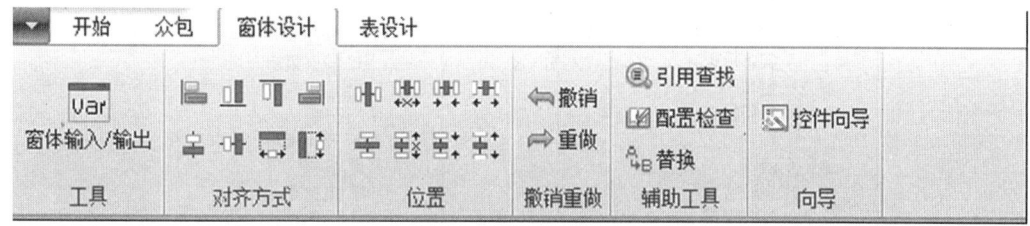

图2-6 "窗体设计"页签

5. "查询设计"页签

"查询设计"页签(如图2-7所示)中的工具可使查询语句更加规范，通过预览可测试查询语句是否存在问题。

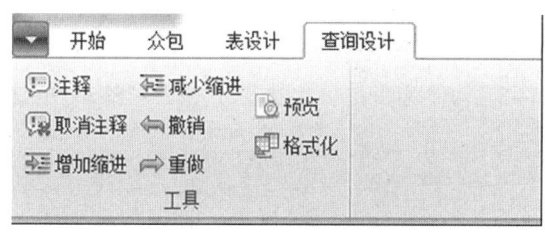

图2-7 "查询设计"页签

2.1.2 导航区

导航区域可分为两大部分：构件视图以及工具箱。

1. 构件视图

构件是系统中实际存在的可更换部分，它实现特定的功能，符合一套接口标准并实现一组接口。在此构件视图区域(如图2-8所示)可实现构件的新增、导入以及构件的输出与引用等操作。

2. 工具箱

工具箱中的控件主要有业务控件、通用控件以及字段控件三大控件，内有按钮、图片、流布局、标签、导航菜单、开始菜单等控件，如图2-9所示，后续章节会有详细介绍。

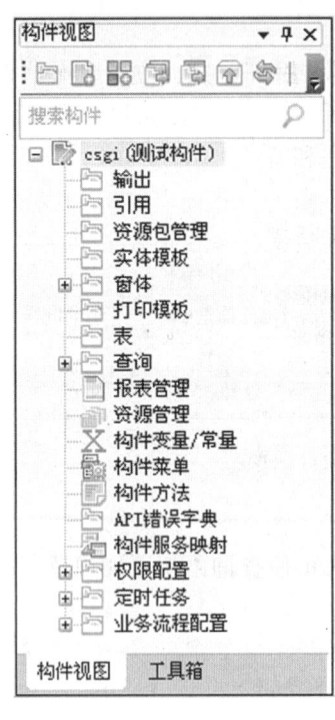 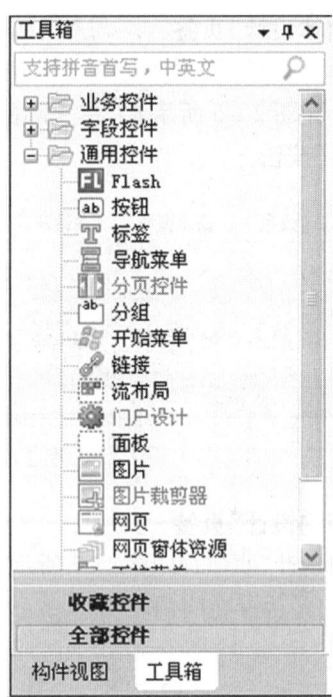

图2-8 构件视图　　　　　　图2-9 工具箱

2.1.3 编辑区

窗体编辑区域可分为三大部分：窗体、方法以及实体。

1. 窗体

窗体需要配置人员根据实际的业务需求进行布局的配置，窗体布局分为卡式布局和台式布局，图2-10为卡式布局。

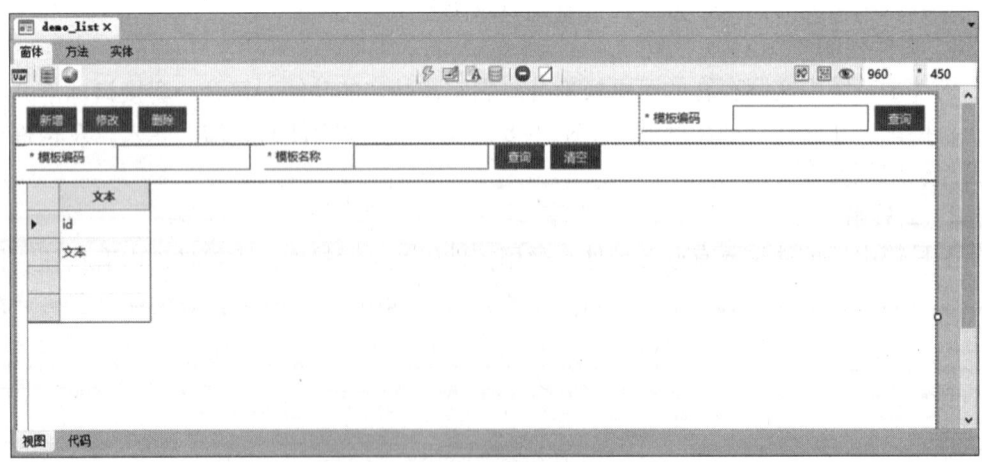

图2-10 卡式布局窗体设计

2. 方法

方法主要分为窗体方法、控件方法、实体方法、自定义方法以及方法扩展实现几大部分，如图 2-11 所示。

(1)窗体方法：用于放置窗体加载事件方法和窗体关闭事件方法。

(2)控件方法：用于放置各个控件的事件方法。

(3)实体方法：对于储存在表里的数据进行增删查改等的事件方法。

(4)自定义方法：即用户根据业务所需自己定义的通用方法。

(5)方法扩展实现：获取自己建立的业务表单中的数据，并通过方法变量将其赋值给引用的构件。

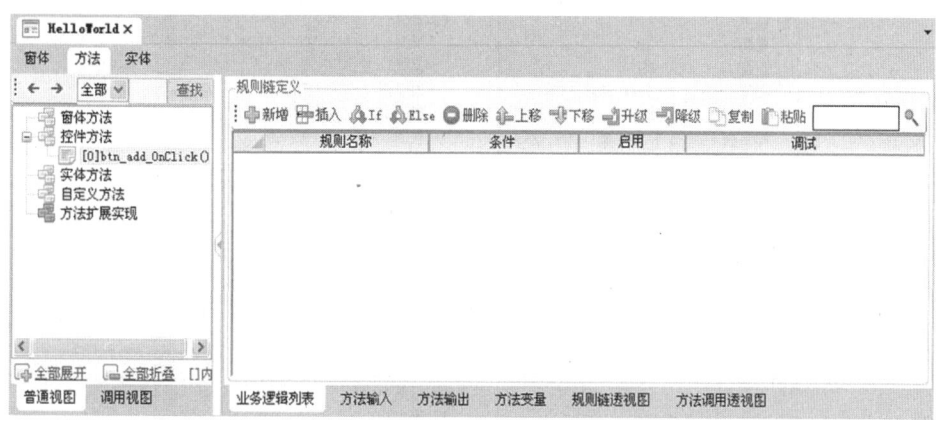

图 2-11　方法

3. 实体

实体(如图 2-12 所示)是窗体与表之间的载体，甚至可实现临时表的功能，实体类主要是作为数据管理和业务逻辑处理层面上存在的类别，它们主要是在分析阶段进行区分，实体类的主要职责是存储和管理系统内部的信息。

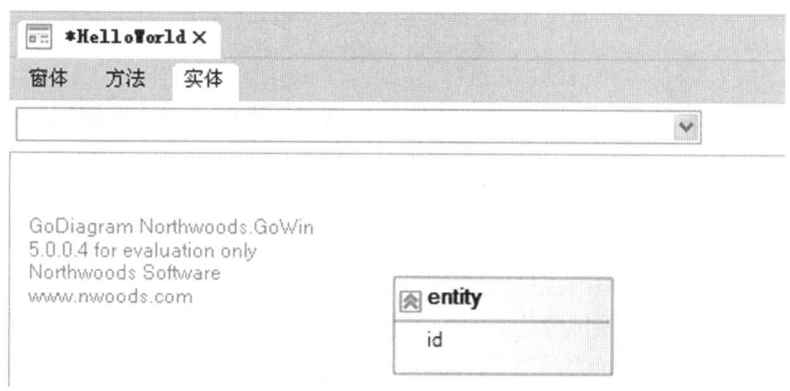

图 2-12　实体

2.1.4 属性区

如图 2-13 所示,属性区域主要分为属性以及层级树两部分,属性一般为窗体属性以及控件属性。窗体属性包括格式、事件和数据,其中格式用于窗体布局和显示控制,事件用于页面加载,数据用于确定当前窗体的数据源等内容。控件属性包括格式、其他、事件和数据,主要包括大小、数据加载、显示等内容。

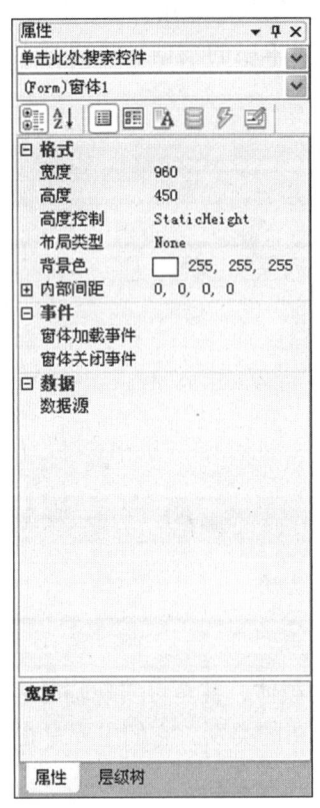
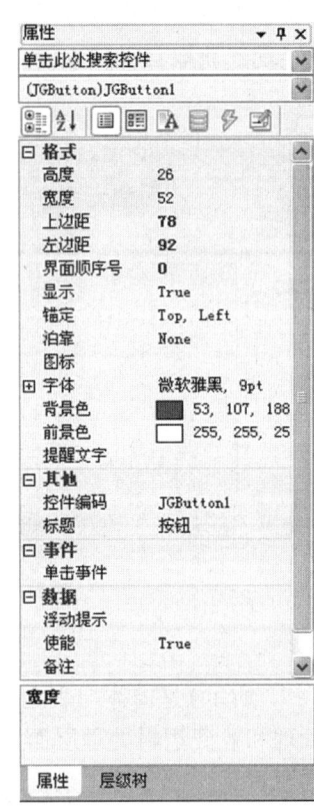

(a)窗体属性　　　　　　(b)控件属性

图 2-13　属性区

控件属性的内容较多,不同类型的控件属性也有所不同。但不同的控件也有很多相同的属性,如:

其他—控件编码:是该控件的编码,自身有对应的默认值。

标　　题:对该控件进行命名,命名的标题直接在界面上显示给用户。

事件—单击事件:当单击控件时触发相应的事件。

数据—浮动提示:在控件旁边有小标签提示控件的名称,通过设置表达式能够得到不同的浮动提示结果。点击进入"表达式编辑器"后,可以编辑用户想要的提示,编辑成功后,用户有鼠标靠近该控件时,会提示出编辑的内容。

使　　能:负责控制数据的输入和输出,只有两个选项,True 和 False,如果选择 True，该控件就变成能够进行数据输入输出；如果选择 False，该控件不能够进行数据输入输出。一般情况下，不做设置默认为 True。

备　　注：记录一些注意事项。

2.2　通用控件介绍

1. Flash
（1）图标：**FL** Flash

（2）说明介绍：可通过 Flash 控件实现在界面显示 SWF 格式文件，将 SWF 格式文件放进构件的资源文件夹，通过双击控件选择相应的 SWF 格式文件显示在界面。

2. 按钮
（1）图标：**ab** 按钮

（2）说明介绍：用凸凹方式显示的事件响应控件。通过点击事件来触发按钮的功能。

3. 组件容器
（1）图标：组件容器

（2）说明介绍：用于页面装载的控件。使用该控件能够制作页面边框，用于区分不同区域，并且该控件不会影响到在其内部的其他控件。

4. 下拉菜单
（1）图标：下拉菜单

（2）说明介绍：用于多级菜单设置，用户可以设置添加多级菜单项。在下拉菜单中设置相应的单击规则能够实现不同的事件。

（3）下拉菜单控件属性：

格式—菜单设计：设计菜单控件的不同层级的菜单项。

　　　　背景图片：通过添加背景图片能够使菜单更加美观。

5. 流布局
（1）图标：流布局

（2）说明介绍：可自动调节权限引起的控件间参差不齐的显示间距的控件容器。即放在该控件中的其他控件能够自动由流布局控件编排好布局，做到整齐划一。

（3）流布局控件属性：

数据—只读：只有两个选项，True 和 False，如果选择 True，该控件就变成只能读，不能修改；如果选择 False，该控件就能点击选择，修改控件内容，能够控制分组内部全部控件的只读情况。

6. 分组

（1）图标：[ab]分组

（2）说明介绍：通过将不同的控件拖进分组控件，从而实现多个控件的分组显示。例如，需要使用多个文本控件来表示同一个事物的信息，需要多个文本控件表示另外的事物的信息的情况下，可以将表示第一个事物的信息用分组控件分组，用另外一个分组控件对另一个事物分组。

（3）分组控件属性：

数据—只读：只有两个选项，True 和 False，如果选择 True，该控件就变成只能读，不能修改；如果选择 False，该控件就能点击选择，修改控件内容，能够控制分组内部全部控件的只读情况。

7. 图片

（1）图标：图片

（2）说明介绍：用户可在设计器上插入图片，通过添加图片达到美化界面的目的。用户可以在使用界面点击选择图片选项打开资源选择器，从中选择需要的图片资源添加到控件中。

8. 标签

（1）图标：T标签

（2）说明介绍：提供在窗体上相对固定的位置显示文本的区域，主要用于显示提示信息，可以用作标题、栏目名或输入、输出区域的标识，也可作为结果信息的输出区域。

9. 链接

（1）图标：链接

（2）说明介绍：是指从一个组件指向另一组件的链接关系。

（3）链接控件属性：

其他—链接地址：指向的另一组件的地址信息。

　　　链接参数：在打开链接时传递指定的参数信息。

数据—跳转目标：只有两个选项，_Self 和_Blank，如果选择_Self，点击该控件就会在当前页面跳转到指向的另一个组件；如果选择_Blank，点击该控件会在新窗口打开指向的另一组件。

10. 导航菜单

（1）图标：导航菜单

（2）说明介绍：可切换两个新的空间来标记、展示和定位目标的分类或内容。

（3）使用操作：当选定导航菜单控件放在窗体上后，双击该导航菜单后，可以对该导航菜单进行配置操作，例如可以添加面板、删除面板、添加节点、删除节点等操作。

11. 面板

（1）图标：面板

（2）说明介绍：是指其控件本身具有装载其他控件的能力。

（3）面板控件属性：

数据—只读：有 False 和 True 两个选项，限制显示的形式，不能直接修改。

（4）使用操作：面板控件相当于一个容器，把它拖到窗体上后，可以在面板上添加其他的控件。

12. 开始菜单

（1）图标：开始菜单

（2）说明介绍：可切换两个新的空间来标记、展示和定位目标的分类或内容。

（3）使用操作：将开始菜单控件拖到窗体后，双击菜单控件，进入到菜单设计器，开始菜单控件的功能类似于树表和导航菜单。在开始菜单控件的菜单设计器中，可以进行添加项、添加子项、移除项的操作。可以在该项的文本中对该项进行命名。每一项都有自己对应的单击事件，开发者可以根据相应的业务逻辑对该单击事件自行自定义规则。

13. 页签

（1）图标：页签

（2）说明介绍：可切换两个新的空间来标记、展示和定位目标的分类或内容。

（3）页签控件属性：

事件—页签切换事件：当页签在切换时，根据不同业务逻辑，触发不同的事件。

数据—只读：有 False 和 True 两个选项，限制显示的形式，不能直接修改。

2.3 业务控件介绍

1. 列表

（1）图标：列表

（2）说明介绍：用表格的形式编辑或显示数据。先绑定实体，根据需要调整列，包括列的大小和列数。建议用于直观地显示数据的情况。

（3）列表控件属性：

事件—值加载事件：从数据库中读取数据。

　　　　记录切换事件：当单击鼠标时，可以将相应数据显示出来。

　　　　单击事件：当鼠标单击时，列表的变换（可以自定义一些规则）。

　　　　双击事件：当鼠标双击时，列表的变换（可以自定义一些规则）。

　　　　数据变换事件：数据变化时，可显示出设定的事件。

　　　　记录选择变更：当单击鼠标时，可以将相应数据显示出来。

数据—实体：为绑定的实体，即列表需要显示的字段。

　　　　只读：当为 False 时可以修改，当为 True 时不可以修改。

　　　　显示模式：单选——只选择一项，多选——可以选择多项。

2. 图表

(1) 图标：☐ 图表

(2) 说明介绍：图表可直观展示统计信息属性(时间性、数量性等)，是对知识挖掘和信息直观生动感受起关键作用的图形结构。先绑定实体，后确定显示的字段，适用于直观显示数据数量的情况。

(3) 图表控件属性：

事件—图形单击：单击图形后，根据选择的规则图表发生变化。

数据—实体：为绑定的实体，即图表需要显示的字段。

3. 图片播放

(1) 图标：☐ 图片播放

(2) 说明介绍：可以播放需要播放的图片。

(3) 图片播放控件属性：

事件—单击事件：当鼠标单击时，图片可变换(可以自定义一些规则)。

　　　　切换事件：当单击鼠标时，可以将相应图片显示出来。

数据—实体：为绑定的实体，即图片需要显示的字段。

　　　　图片标识字段：需绑定字段编码和字段名称。

　　　　图片名称字段：需绑定字段编码和字段名称。

4. 检索

(1) 图标：☐ 检索

(2) 说明介绍：根据自己的需要精确或者模糊查询符合需要的数据。建议在信息数量较大时适用。

(3) 检索控件属性：

事件—检索事件：根据规则检索符合数据的情况。

　　　　键盘按下：键盘按下时，根据规则做不同的变换。

　　　　获取焦点：有光标时根据规则进行相应操作。

　　　　失去焦点：当鼠标点击空白地方时，光标消失，根据规则进行相应操作。

5. 新闻列表

(1) 图标：☐ 新闻列表

(2) 说明介绍：就是将新闻的标题按规定全部列出，建议在需要列出多个新闻时使用。

(3) 新闻列表控件属性：

其他—标题栏文本：新闻列表的标题。

事件—链接事件：根据选择的规则确定点击以后跳转到哪个页面。

　　　　更多按钮事件：可以选择更多事件。

数据—自动滚动：当为 False 时新闻不滚动，当为 True 时新闻滚动。

　　　　实体：为绑定的实体，即新闻需要显示的字段。

　　　　第 1 列字段：选择需要的字段编码和字段名称。

　　　　第 2 列字段：选择需要的字段编码和字段名称。

6. 日历

（1）图标： 日历

（2）说明介绍：顾名思义就是日历，可以在选择日程、选择日期、日程更多、月份切换等事件中选择合适的事件。

（3）日历控件属性：

事件—选择日程事件：根据需要确定选择日程事件的规则。

　　　日程更多事件：根据需要确定日程更多事件的规则。

　　　选择日期事件：根据需要确定选择日期事件的规则。

　　　月份切换事件：根据需要确定月份切换事件的规则。

数据—实体：为绑定的实体，即日历的字段。

　　　标题字段：日历的标题。

　　　描述字段：日历的描述。

　　　开始日期字段：开始的时间。

　　　结束日期字段：结束的时间。

7. 记录导航

（1）图标： 记录导航

（2）说明介绍：用于分页显示每个记录数据。

（3）记录导航控件属性：

事件—记录切换事件：当单击鼠标时，可以将相应下一页或者上一页显示出来。

数据—实体：为绑定的实体，即记录导航需要显示的字段。

8. 报表

（1）图标： 报表

（2）说明介绍：用表格、图表等格式来动态显示数据。

9. 定时器

（1）图标： 定时器

（2）说明介绍：用来产生定时触发事件的特殊控件。适用于提示，可以根据自己的需要选择提示的时间、次数、间隔时间和提示语言。

（3）定时器控件属性：

其他—时间间隔：执行间隔的时间。

　　　执行次数：要执行多少次。

　　　启动：当为 False 时可以不启动，当为 True 时启动。

事件—定时事件：设定定时器执行的时间。

10. 树表

（1）图标： 树表

（2）说明介绍：用于编辑或显示树形表格数据的信息。建议绑定一个含有树形结构的实体（即含有父标识字段、排序字段、层级码字段、左码字段、右码字段、叶子节点字段的实体），通过绑定实体，通过树控件的不同事件，可以在控件中编辑和显示树型结构数据信息。

(3) 树表控件属性：

事件—值加载事件：通过规则让需要的值在树表中显示记录切换事件。

记录切换事件：当控件中选中的记录发生改变时，触发相应的事件。

单击事件：单击表格时根据规则做出相应改变。

节点折叠事件：根据规则做出相应改变，触发时有文字提示。

双击事件：双击表格时根据规则做出相应改变。

节点展开事件：当叶子节点展开时，根据规则做出相应改变，展开后提示展开成功。

数据变化事件：当数据发生改变时，根据规则做出相应改变。

数据—实体：为绑定的实体，即树表需要显示的字段。

只读：当为 False 时可以修改，当为 True 时不可以修改。

父记录字段：树表中的父字段。

排序字段：树表中需要排序的字段。

层级码字段：分层次的字段。

左码字段：父字段。

右码字段：子字段。

叶子节点字段：树中叶子节点的字段。

冻结列数：可以把一个或者多个字段冻结起来，不论用户如何查看字段，这些列总可见。

实现方式：树表中的父子节点。

显示模式：有单选和多选的显示模式。

11. 树

(1) 图标：树

(2) 说明介绍：用于编辑或显示树形数据的信息，建议绑定一个含有树形结构的实体（即含有父标识字段、排序字段、层级码字段、左码字段、右码字段、叶子节点字段的实体），通过绑定实体，通过树控件的不同事件，可以在控件中编辑和显示树型结构数据信息。例如，图书分类中，科技这一个大类可细分为自然科学、工业、农业，那么在控件中应该显示为：点击"科技"这个选项之后会出现科学、工业、农业这几个小项，即科技包含科学、工业、农业。

(3) 树控件属性：

事件—值加载事件：当控件加载值时，触发相应的事件。

记录切换事件：当控件中选中的记录发生改变时，触发相应的事件。

单击事件：当单击控件中的记录时，触发相应的事件。

节点折叠事件：当控件中的节点发生折叠时，触发相应的事件。

双击事件：当双击控件中的记录时，触发相应的事件。

　　　　　节点展开事件：当控件中的节点展开时，触发相应的事件。
　　　　　记录选择变更：当控件中记录选择发生改变时，触发相应的事件。
　　　数据—实　　　体：该控件对应的实体。
　　　　　只　　读：只有两个选项，True 和 False，如果选择 True，该控件就变成只能读，不能修改；如果选择 False，该控件就能点击选择，修改控件内容，能够控制分组内部全部控件的只读情况。
　　　　　显示字段：在控件中显示的绑定实体的字段名称。
　　　　　父标识字段：实体中标识为父节点的字段。
　　　　　排序字段：用于进行数据排序用的字段。
　　　　　层级码字段：控件绑定实体中区分数据层级的字段。
　　　　　左码字段：控件绑定的树型数据实体标识左节点的字段。
　　　　　右码字段：控件绑定的树型数据实体标识右节点的字段。
　　　　　叶子节点字段：控件绑定的树型数据实体标识叶子节点的字段。
　　　　　实现方式：只能选择"父子节点"。即树控件遵循"树"的数据结构实现控件功能。
　　　　　显示模式：有"普通树"和"多选树"两种选择，如果选择"普通树"，只能够选择一条记录；如果选择"多选树"，能够同时选择一条以上的记录。
　　　　　默认选中第一条：只有两个选项，True 和 False，只有在显示模式为"多选树"时有效，如果选择 True，加载控件时默认在树控件中选中第一条记录，如果选择 False，加载控件时默认补选中任何一条记录。

2.4　字段控件介绍

1. 文件

（1）图标：🗁 文件

（2）说明介绍：与业务规则"附件操作"结合使用，用于附件的上传、下载、删除、预览。

（3）文件控件属性：

事件—文件已选择：选择好要上传的文件，点击打开后，触发相应的事件。
　　　　　文件已上传：文件上传成功后，触发相应的事件。
　　　数据—实体：该控件对应的表的名称。
　　　　　文件名字段：文件对应的实体的字段名称。
　　　　　文件大小字段：文件对应的实体的字段的大小。
　　　　　文件标识字段：文件对应的实体的标识字段名称。
　　　　　允许上传文件大小(MB)：允许上传的文件的容量大小。
　　　　　允许上传文件类型：可以上传的文件的类型。

允许上传文件个数：能上传的文件的数量。

只　　读：只有两个选项，True 或者 False。如果选择 True，该控件就变成只能读，不能改变；如果选择 False，该控件就可以点击选择。

必　　填：只有两个选项，True 或者 False。如果选择 True，该控件就变成必填项，一定要填写。

2. 布尔

（1）图标：☑ 布尔

（2）说明介绍：用于编辑或显示布尔值的信息。

（3）布尔控件属性：

事件—值改变事件：当该控件的值改变时，触发相应的事件。

值加载事件：根据特定需求，配置相应的规则事件。

单击标题：当用户单击标题时，触发相应的事件。

数据—实　　体：该控件对应的表的名称。

字段名称：该控件对应的表的字段的名称。

默　认　值：可以自定义设置为 True 或者 False。

只　　读：只有两个选项，True 或者 False。如果选择 True，该控件就变成只能读，不能改变；如果选择 False，该控件就可以点击选择。

必　　填：只有两个选项，True 或者 False。如果选择 True，该控件变成必填项，一定要填写勾选才可以保存，否则保存不了；如果选择 False，该控件内容可选可不选。

3. 多选组

（1）图标：⁂ 多选组

（2）说明介绍：用于编辑或者显示固定的一部分值。

（3）多选组控件属性：

事件—值改变事件：当该控件的值改变时，触发相应的事件。

值加载事件：根据特定需求配置相应的规则事件。

单击标题：当用户单击标题时，触发相应的事件。

数据—实　　体：对应的表的名称。

标识字段：对应的实体表中的字段名称。

显示字段：显示选择的实体字段。

只　　读：只有两个选项，True 或者 False。如果选择 True，该控件就变成只能读，不能改变；如果选择 False，该控件就可以点击选择。

数据来源：数据的来源选择，可以通过自定义、表/查询、前台实体的方式获取。

必　　填：只有两个选项，True 或者 False。如果选择 True，该控件就变成必填项，一定要填写勾选才可以保存，否则保存不了；如果选择 False，该控件内容可选可不选。

4. 下拉选择

(1) 图标：⊞ 下拉选择

(2) 说明介绍：用于多级菜单设置，用户可以设置添加多级菜单项。

(3) 下拉选择控件属性：

事件—值改变事件：当该控件的值改变时，触发相应的事件。

   值加载事件：根据特定需求配置相应的规则事件。

   单击标题：当用户单击标题时，触发相应的事件。

   获取焦点：鼠标点击下拉选择控件时，触发相应事件。

   失去焦点：鼠标点击其他控件，使下拉选择控件无法选择时，鼠标再点击其他控件，触发相应的事件。

数据—实　　体：对应的表的名称。

   标识字段：对应的实体表中的字段名称。

   显示字段：显示选择的实体字段。

   只　　读：只有两个选项，True 或者 False。如果选择 True，该控件就变成只能读，不能改变；如果选择 False，该控件就可以点击选择。

   数据来源：数据的来源选择，可以通过自定义、表/查询、前台实体的方式获取。

   必　　填：只有两个选项，True 或者 False。如果选择 True，该控件就变成必填项，一定要填写勾选才可以保存，否则保存不了；如果选择 False，该控件内容可选可不选。

5. 日期

(1) 图标：📅 日期

(2) 介绍说明：用于显示或设置年月日。

(3) 日期控件属性：

事件—值改变事件：当该控件的值改变时，触发相应的事件。

   值加载事件：根据特定需求，配置相应的规则事件。

   单击标题：当用户单击标题时，触发相应的事件。

数据—字段名称：对应的实体表中的字段名称。

   默 认 值：自定义设置的默认显示的日期

   只　　读：只有两个选项，True 或者 False。如果选择 True，该控件就变成只能读，不能改变；如果选择 False，该控件就可以点击选择。

   必　　填：只有两个选项，True 或者 False。如果选择 True，该控件就变成必填项，一定要填写勾选才可以保存，否则保存不了；如果选择 False，该控件内容可选可不选。

6. 小数

(1) 图标：0.1 小数

(2) 介绍说明：用于编辑或显示小数的信息。

(3)小数控件属性：

事件—值改变事件：当该控件的值改变时，触发相应的事件。

　　　值加载事件：根据特定的需求，触发相应的事件。

　　　单击标题：当用户单击标题时，触发相应的事件。

　　　键盘按下：按下键盘，触发相应事件。

　　　获取焦点：鼠标点击小数控件时，触发相应事件。

　　　失去焦点：失去焦点时，触发相应事件。

数据—实体：对应的表的名称。

　　　默　认　值：自定义设置的默认显示的小数。

　　　字段名称：对应的实体表中的字段名称。

　　　整数部分长度：小数点前的数字限制的数字的长度。

　　　小数部分长度：小数点后的数字限制的数字的长度。

　　　只　　　读：只有两个选项，True 或者 False。如果选择 True，该控件就变成只能读，不能改变；如果选择 False，该控件就可以点击选择。

　　　必　　　填：只有两个选项，True 或者 False。如果选择 True，该控件就变成必填项，一定要填写勾选才可以保存，否则保存不了；如果选择 False，该控件内容可选可不选。

7. 链接

(1) 图标： 链接

(2) 说明介绍：链接的内容下面有下划线，提示内容为链接。单击链接内容，触发相应事件。一般用于页面的跳转。

(3) 链接控件属性：

事件—值改变事件：每次链接的数据改变时，触发相应事件。

　　　值加载事件：链接的数据加载时，触发相应的事件。

　　　单击标题：点击链接的标题，触发相应事件。

　　　链接事件：点击链接内容，触发对应事件。

数据—实体：链接对应字段归属的实体名称。

　　　字段名称：链接归属实体里面的字段名。

　　　默认值：页面加载时自动赋特定的值。

8. 整数

(1) 图标： 10 整数

(2) 说明介绍：标明该输入输出的形式为整数类型，该控件用于整数类型信息的存储、显示和查询。一般用于填写有整数特质的记录，如单价、月份等。

(3) 整数控件属性：

事件—值改变事件：每次整数的数据改变时，触发相应事件。

　　　值加载事件：整数控件加载数据时，触发相应的事件（当输入的文本值出现特殊情况，触发相应的事件）。

　　　　单击标题：点击标题，触发相应事件。
　　　　键盘按下：键盘按下时，触发相应事件。
　　　　获取焦点：鼠标点击文本框时，触发相应事件（整数获取焦点时，提示输入
　　　　　　　　　格式）。
　　　　失去焦点：鼠标点击其他控件，使文本框无法输入时，触发相应事件。
　　数据—实　　体：该整数控件归属的实体。
　　　　字段名称：整数控件归属实体下的相应字段。
　　　　默 认 值：页面加载时自动赋特定的值。
　　　　最大位数：整数的最大长度。
　　　　只　　读：有 False 和 True 两个选项，限制显示的形式，不能直接修改。
　　　　必　　填：有 False 和 True 两个选项，用于限制该文本框的填写。

9. 长日期

（1）图标：长日期

（2）说明介绍：标明该输入输出的形式为长日期类型，它准确表示了时间的年、月、日、时、分、秒，一般用于记录较为详细的事件数据。

（3）长日期控件属性：

事件—值改变事件：每次长日期的数据改变时，触发相应事件。
　　　　值加载事件：加载长日期时，触发相应事件。
　　　　单击标题：点击长日期的标题，触发相应事件。
　　数据—实　　体：该长日期控件归属的实体。
　　　　字段名称：长日期控件归属实体下的相应字段。
　　　　默 认 值：页面加载时自动赋特定的值。
　　　　只　　读：有 False 和 True 两个选项，限制显示的形式，不能直接修改。
　　　　必　　填：有 False 和 True 两个选项，用于限制该文本框的填写。

10. 长文本

（1）图标：长文本

（2）介绍说明：输入输出的形式为长文本类型，一般用于记录较长的数据，如备注、收入说明等。

（3）长文本控件属性：

事件—值改变事件：每次长文本框内的数据改变时，触发相应事件。
　　　　值加载事件：长文本控件加载时，触发相应的事件。
　　　　单击标题：点击文本的标题，触发相应事件。
　　　　键盘按下：键盘按下时，触发相应事件。
　　　　获取焦点：鼠标点击文本框时，触发相应事件。
　　　　失去焦点：鼠标点击其他控件，使文本框无法输入时，触发相应事件。
　　　　链接事件：单击长文本的内容，触发相应事件。
　　数据—实　　体：该长文本控件归属的实体。
　　　　字段名称：长文本控件归属实体下的相应字段。

默 认 值：页面加载时自动赋特定的值。
文本长度：文本的最大长度，最大为 255 个字符。
只　　读：有 False 和 True 两个选项，限制显示的形式，不能直接修改。
必　　填：有 False 和 True 两个选项，用于限制该文本框的填写。

11. 密码

(1)图标： 密码

(2)介绍说明：一般用于用户的登录，在密码输入时，用小黑点代替，看不到输入的数据字符。

(3)密码控件属性：

事件—值改变事件：输入的密码改变时，触发相应事件(密码输入错误时，提示用户)。
　　　值加载事件：密码被加载时，触发相应的事件。
　　　单击标题：点击文本的标题，触发相应事件。
　　　键盘按下：键盘按下时，触发相应事件(输入密码后，检查密码的准确性)。
　　　获取焦点：鼠标点击文本框时，触发相应的事件。
　　　失去焦点：鼠标点击其他控件，使文本框无法输入时，触发相应事件(密码输入框失去焦点时，检测密码准确性)。

数据—实　　体：该密码控件归属的实体。
　　　字段名称：密码控件归属实体下的相应字段。
　　　默认值：页面加载时自动赋特定的值。
　　　密码长度：密码的最大长度，默认为 50。
　　　只　　读：有 False 和 True 两个选项，限制显示的形式，用户不能直接修改只读形式下的密码。
　　　必　　填：有 False 和 True 两个选项，用于限制该文本框的填写。

12. 百分比

(1)图标： 百分比

(2)介绍说明：这是一个形象表示百分比的控件，占有比用红色显示。一般用于显示一个项目金额的占比。

(3)百分比控件属性：

数据—实　　体：该百分比控件归属的实体。
　　　字段名称：百分比控件归属实体下的相应字段。

13. 单选组

(1)图标： 单选组

(2)说明介绍：它是多个布尔的集合，在整组选项中，只能选一个。可以用于记录的填写，也可以用于记录的搜索，方便而且快捷。

(3)单选组控件属性：

事件—值改变事件：每次单选组内的数据改变时，触发相应事件。
　　　值加载事件：单选组的值被加载时，触发相应的事件。
　　　单击标题：点击文本的标题，触发相应事件。

数据—实　　体：该单选组控件归属的实体。
　　　　标识字段：对应的实体表中的字段名称。
　　　　显示字段：显示选择的实体字段。
　　　　只　　读：只有两个选项，True 或者 False。如果选择 True，该控件就变成只能读，不能改变；如果选择 False，该控件就可以点击选择。
　　　　数据来源：数据的来源选择，可以通过自定义、表/查询、前台实体的方式获取。
　　　　必　　填：只有两个选项，True 或者 False。如果选择 True，该控件就变成必填项，一定要填写勾选才可以保存，否则保存不了；如果选择 False，该控件内容可选可不选。

14. 富文本

（1）图标：富文本

（2）说明介绍：富文本格式是由微软开发的跨平台文档格式，使用这个控件我们可以像使用 word 文件那样方便地编辑我们需要的文档。

（3）富文本属性：

事件—值改变事件：每次富文本框内的数据改变时，触发相应事件。
　　　　值加载事件：富文本信息加载时，触发相应的事件。
　　　　键盘按下：键盘按下时，触发相应事件。
　　　　获取焦点：鼠标点击文本框时，触发相应事件。
　　　　失去焦点：鼠标点击其他控件，使文本框无法输入时，触发相应事件。
数据—实　　体：该富文本控件归属的实体。
　　　　字段名称：富文本控件归属实体下的相应字段。
　　　　默　认　值：页面加载时自动赋特定的值。

15. 富文本浏览

（1）图标：富文本浏览

（2）说明介绍：用于对于以富文本形式存储数据的浏览。

（3）富文本浏览控件属性：

事件—值加载事件：富文本浏览加载数据时，触发相应的事件。
数据—实　　体：该富文本浏览控件归属的实体。
　　　　字段名称：富文本浏览控件归属实体下的相应字段。

16. 文本

（1）图标：文本

（2）说明介绍：标明该输入输出的形式为文本类型，该控件用于文本信息的存储、显示和查询。

（3）文本控件属性：

事件—值改变事件：每次文本框内的数据改变时，触发相应事件。
　　　　值加载事件：文本控件加载时，触发相应的事件。
　　　　单击标题：点击文本的标题，触发相应事件。

键盘按下：键盘按下时，触发相应事件（输入数据后，查询对应信息）。
获取焦点：鼠标点击文本框时，触发相应事件。
失去焦点：鼠标点击其他控件，使文本框无法输入时，触发相应事件。

2.5 查找与替换

查找与替换可通过"开始"页签的"辅助工具"面板中的"引用查找"和"替换"按钮进行操作，如图2－18所示。

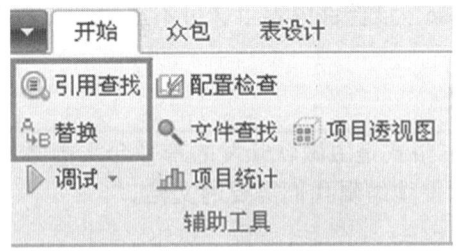

图2－18 "引用查找"与"替换"按钮

2.5.1 查找

点击"引用查找"按钮，在弹出的"引用查找"对话框（如图2－19所示）内选择查找类型和输入查找内容进行查找。其中查找的类型有窗体、窗体输入、字段等（如图2－20所示），查找内容填写任意格式字符串。

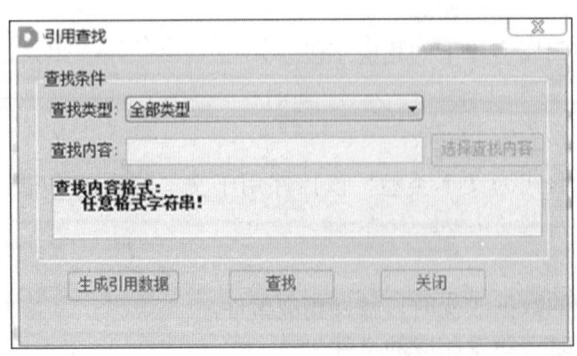

图2－19 "引用查找"对话框

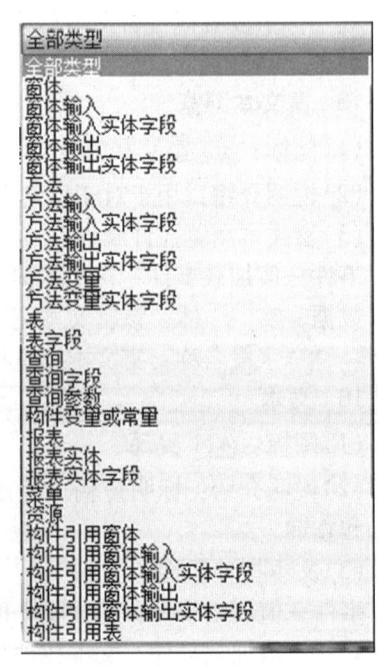

图2－20 查找类型

2.5.2 替换

1. 替换类型

替换本体可以是各种不同的类型,如图 2-21 所示。不同类型的本体需添加的原值也不同,如窗体,其原值格式为窗体编码;窗体输入,其原值格式为窗体编码、输入编码;窗体输入实体字段,其原值格式为窗体编码、输入编码、字段编码;等等。

2. 替换的操作

(1)点击"替换"按钮,在弹出的"替换"编辑器中点击"新增行",选择所要替换的类型,如图 2-22 所示。

(2)选择所要的类型后,有文字提示原值格式为何种,点击原值后会弹出"获取窗体编码"对话框(如图 2-23所示),根据提示选择相应的原值,点击"确定"。

(3)编辑新值,最后点击"替换"。

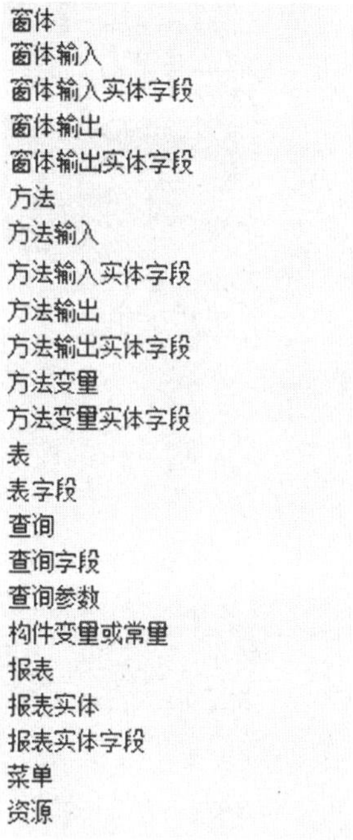

窗体
窗体输入
窗体输入实体字段
窗体输出
窗体输出实体字段
方法
方法输入
方法输入实体字段
方法输出
方法输出实体字段
方法变量
方法变量实体字段
表
表字段
查询
查询字段
查询参数
构件变量或常量
报表
报表实体
报表实体字段
菜单
资源

图 2-21 替换类型

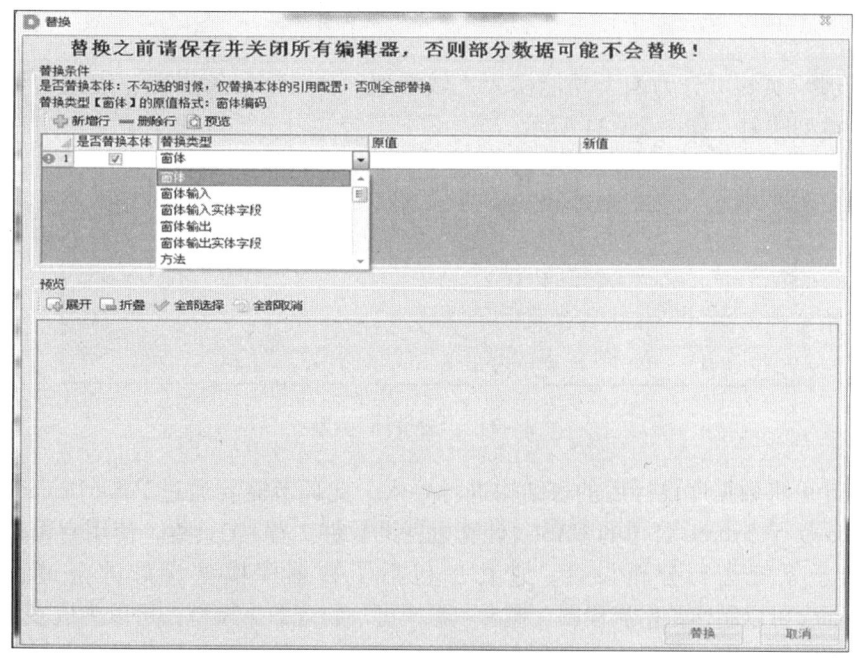

图 2-22 "替换"编辑器

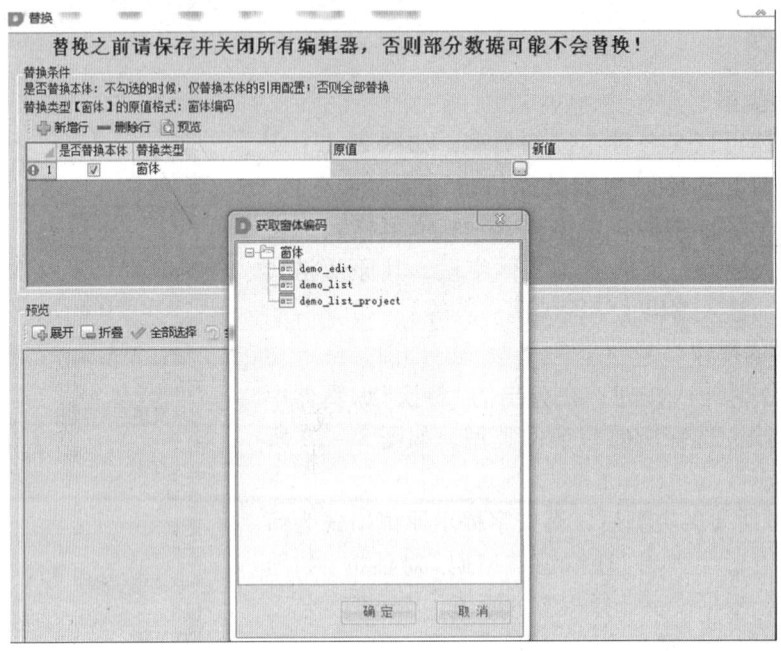

图 2-23 "获取窗体编码"对话框

2.6 表设计与统一导入

"表设计"页签可分为四大功能模块：域管理、公共字段编辑器、表结构导入以及 Pdm 字段类型映射，如图 2-24 所示。

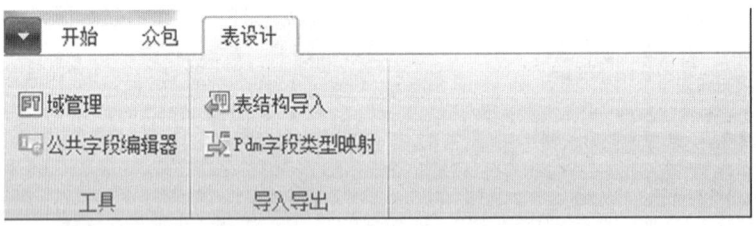

图 2-24 "表设计"页签

表设计可将数据库设计后的表结构进行导入，此环节需要通过 PowerDesigner 工具，PowerDesigner 是 Sybase 公司的 CASE(计算机辅助软件工程)工具集，使用它可以方便地对管理信息系统进行分析设计，它几乎包括了数据库模型设计的全过程。利用 PowerDesigner 可以制作数据流程图、概念数据模型、物理数据模型，可以生成多种客户端开发工具的应用程序，还可为数据仓库制作结构模型，也能对团队设备模型进行控制。

下面为大家介绍"表设计"页签中的各功能模块以及如何将 PowerDesigner 设计的表结构导入到开发系统中。

2.6.1 域管理

点击"表设计"页签中的"域管理"按钮,打开"域管理编辑器"(如图 2-25 所示),选择"添加",则可进行域定义,填写域编码、域名称,选择域类型(默认为文本类型),填写相应的长度以及精度,最后点击"保存"即可实现统一的表管理。

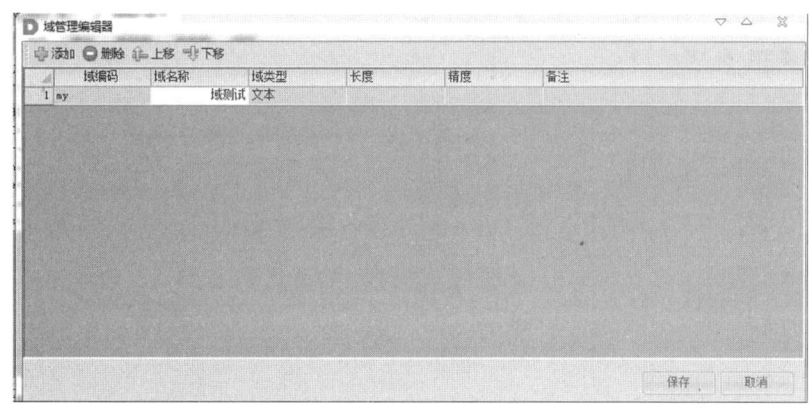

图 2-25　域管理编辑器

2.6.2 公共字段编辑器

该构件内多个表使用的字段可在此进行编辑。点击"表设计"页签中的"公共字段编辑器"按钮打开"公共字段库"(如图 2-26 所示),将需要重复使用的表字段在公共字段库进行编辑,并选择之前编辑的域编码,最后点击"确定"。

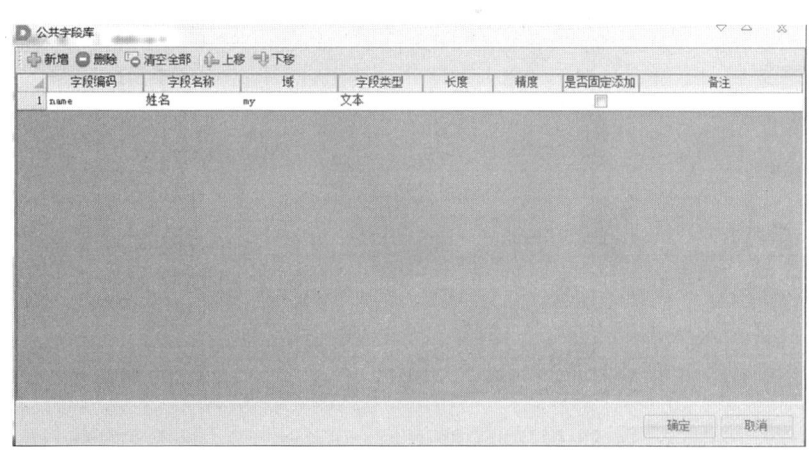

图 2-26　公共字段库

其中在新建表时使用公共字段库的字段,则需通过在导航区中的构件视图选中"表",右击选择"新建表",打开表字段界面后点击"选择字段",出现"选择字段"窗口,选择"公共字段",最后选取所需的公共字段,点击"确定"。

2.6.3 Pdm 字段类型映射

该构件对表使用的字段类型进行了默认设置。点击"表设计"页签中的"Pdm 字段类型映射"按钮，出现 Pdm 数据类型列表。开发系统 Pdm 数据类型默认为 16 种，如图 2-27 所示。

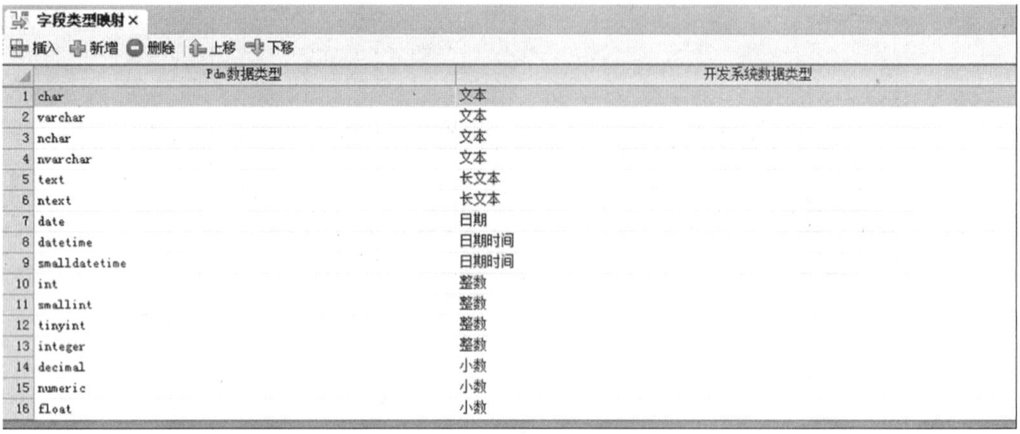

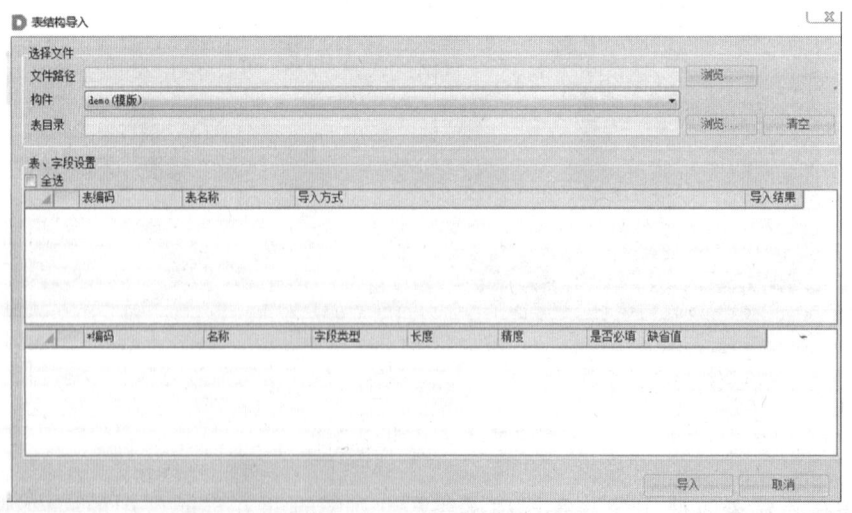

图 2-27 Pdm 数据类型

2.6.4 表结构导入

表结构导入可以实现将 PowerDesigner 设计的表结构导入到开发系统中，下面为大家介绍具体实现过程。

(1) 点击"表结构导入"按钮后出现"表结构导入"编辑器，如图 2-28 所示。

图 2-28 "表结构导入"编辑器

(2)文件路径点击"浏览",在资源管理器中选择存放表结构文件的位置,如图2-29所示。

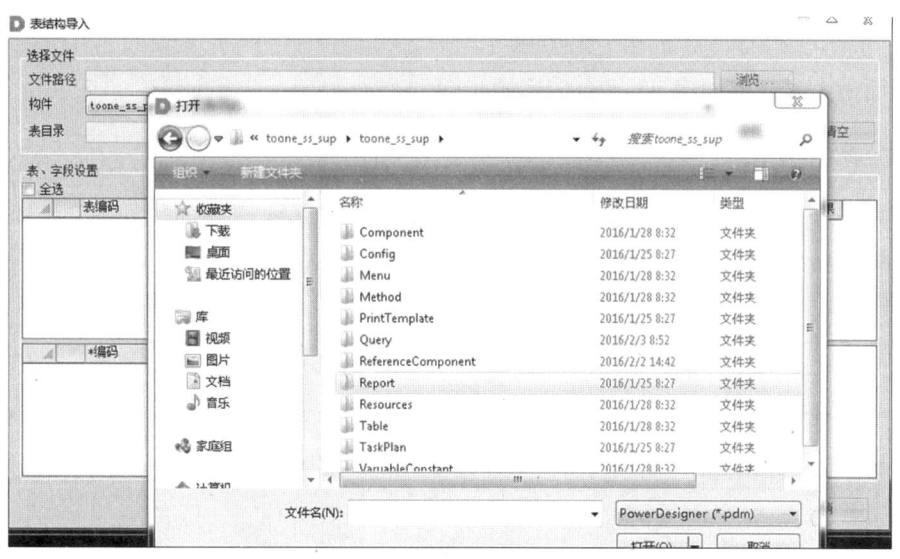

图2-29 选择文件路径

(3)表目录点击"浏览"后出现"目录选择器"(如图2-30所示),根据需求选取表目录(若除"表"以外并未出现其他的目录名称,需要先在导航区的构件视图选中"表",右键选择"新建目录"),并点击"确定",然后选择"导入",完成表结构的导入。

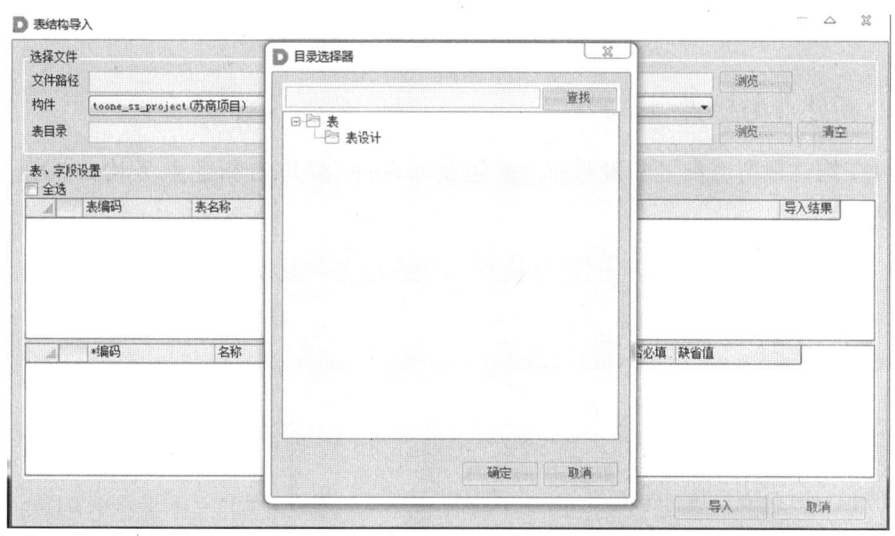

图2-30 目录选择器

2.7 设计应用实例解析

下面为大家介绍创建 V3 平台应用的步骤。

2.7.1 新建项目

输入账号登录后选择"新建项目",在弹出的"新建项目"对话框(如图 2-31 所示)中填写项目名称,并点击"浏览"选定项目的存放路径,然后点击"确定"。

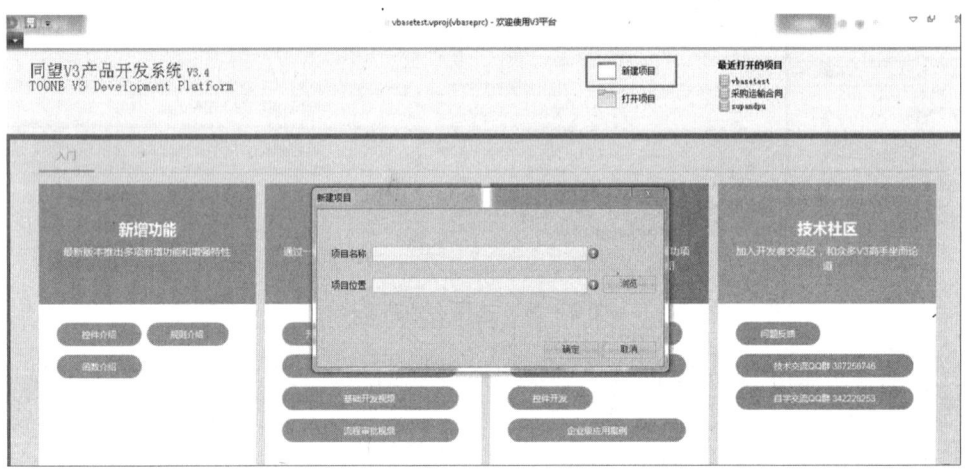

图 2-31 新建项目

2.7.2 新建业务构件

(1)在构件视图空白区右键选择"新建业务构件"或单击新建业务构件按钮,如图 2-32 所示。

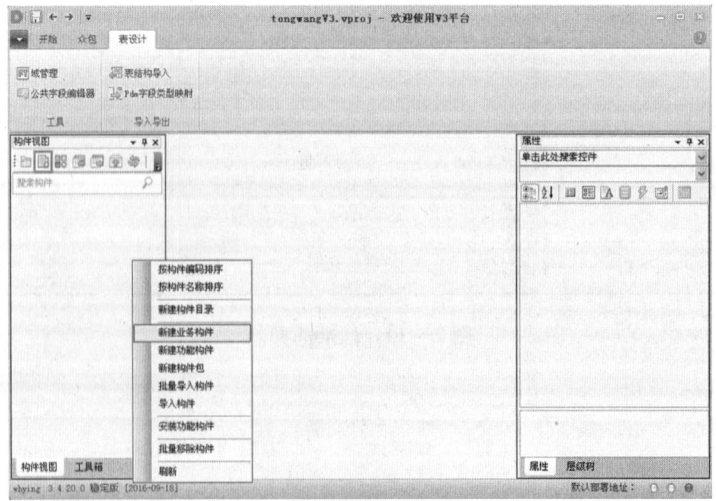

图 2-32 新建业务构件

(2)在弹出的"构件信息"对话框(如图2-33所示)中填写构件编码以及构件名称。[注意,构件编码只能包含字母(A~Z,a~z)、数字(0~9)、下划线(_)。只能以字母开头,且不能以下划线结尾。]

图2-33 填写构件信息

构件建好后,构件视图区会出现如图2-34所示视图。

图2-34 构件视图

2.7.3 新建窗体

(1) 选中"窗体",右键选择"添加普通窗体",如图 2-35 所示。

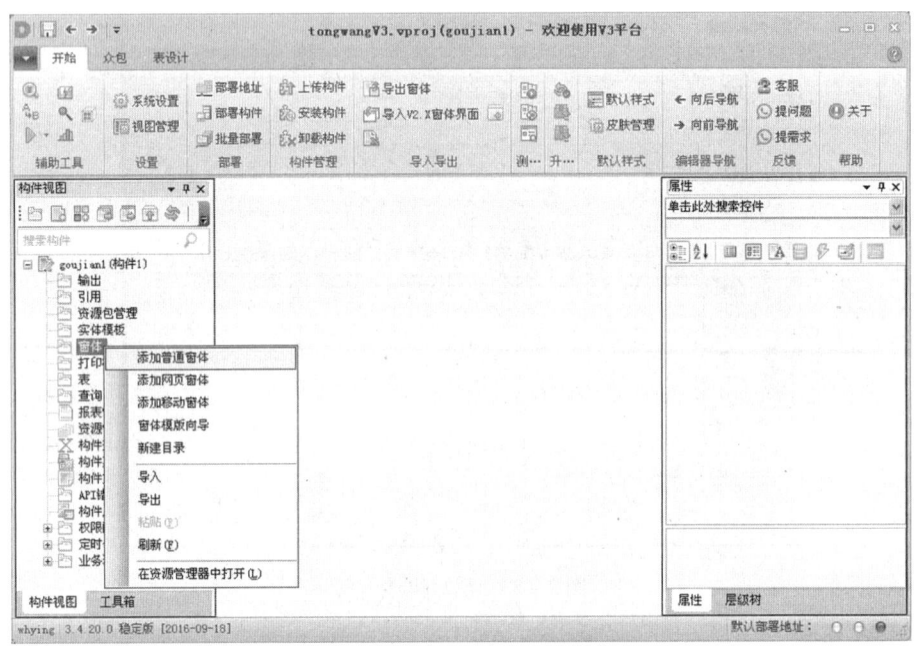

图 2-35　添加普通窗体

(2) 在弹出的对话框中输入窗体名称,点击"确定",如图 2-36 所示。

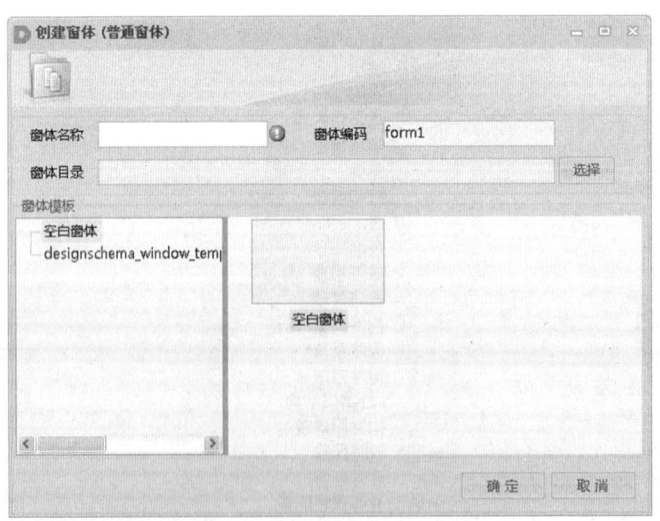

图 2-36　创建新窗体(普通窗体)

(3)在工具箱的通用控件中选中按钮控件,鼠标选中后拖动至窗体内,修改按钮属性,"其他"属性中的"标题"为"保存",其他按钮按照以上步骤完成,到此窗体已完成配置,如图2-37所示。

图2-37 窗体设计

2.7.4 部署到执行系统

(1)设置部署地址:在功能区的"开始"页签中,点击"部署地址"按钮,在弹出的"产品部署地址设置"窗口中点击"新增",输入部署地址名称并勾选"默认",然后点击"确定"保存部署地址信息,如图2-38所示。

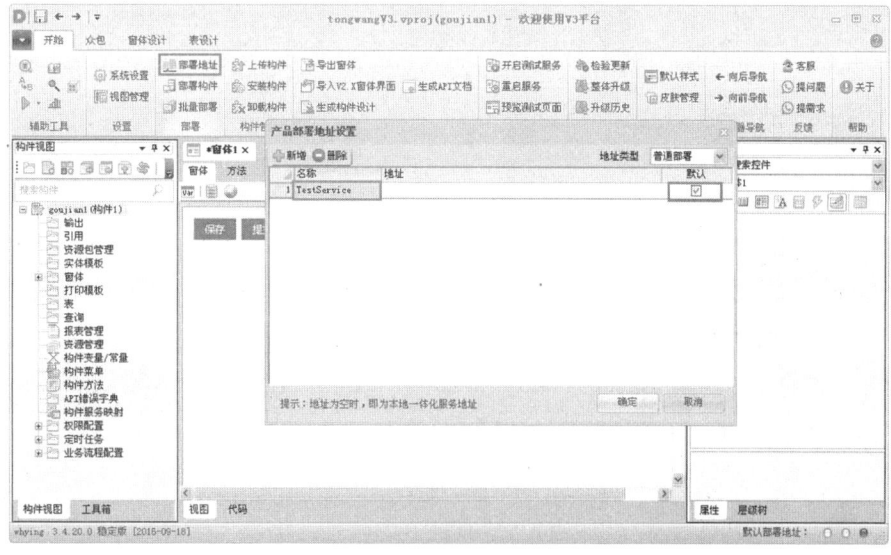

图2-38 部署地址设置

(2)启动测试服务:在功能区的"开始"页签中点击"开启测试服务"进行测试服务,如图 2-39 所示。当 3 个指示灯都为绿灯时可进行下一步操作(若有详细的服务器地址,如部署地址为 http://localhost:7734,当最后一个指示灯为红色时,也可进行下一步操作)。

图 2-39　开启测试服务

(3)部署构件:在构件视图中选中构件,右键选择"部署构件",如图 2-40 所示。

图 2-40　部署构件

(4)预览窗体:选中窗体,右键选择"预览页面"(如图2-41所示),即可在网页上预览窗体(如图2-42所示)。

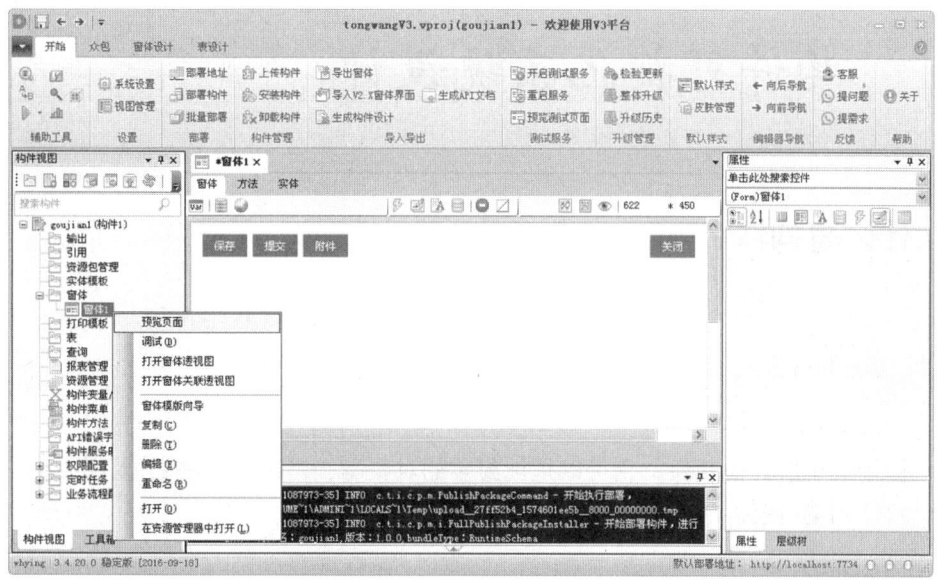

图2-41 预览页面

图2-42 成功预览窗体

3 构件可视化系统设计

3.1 什么是构件

3.1.1 构件的含义

构件(component)是面向软件体系架构的可复用软件模块,是可复用的软件组成成分,可被用来构造其他软件。它可以是被封装的对象类、类树、一些功能、模块、软件框架、软件构架(或体系结构)、文档、分析件、设计模式等。

3.1.2 构件的使用

在 V3 开发平台中,构件分为业务构件和功能构件,使用构件能够给团队开发带来很大的优势,本教程主要讲解如何使用业务构件。

在构建视图中单击新建业务构件按钮或在空白区右键选择"新建业务构件"新建一个业务构件,详细操作见 2.7.2 节。

若要导入已经存在的构件,则可在构件视图中单击导入构件按钮,或者在构件视图空白区单击右键选择"导入构件"(如图 3-1 所示),然后在弹出的窗口中选择要导入构件的 VCMP 文件打开即可(如图 3-2 所示)。

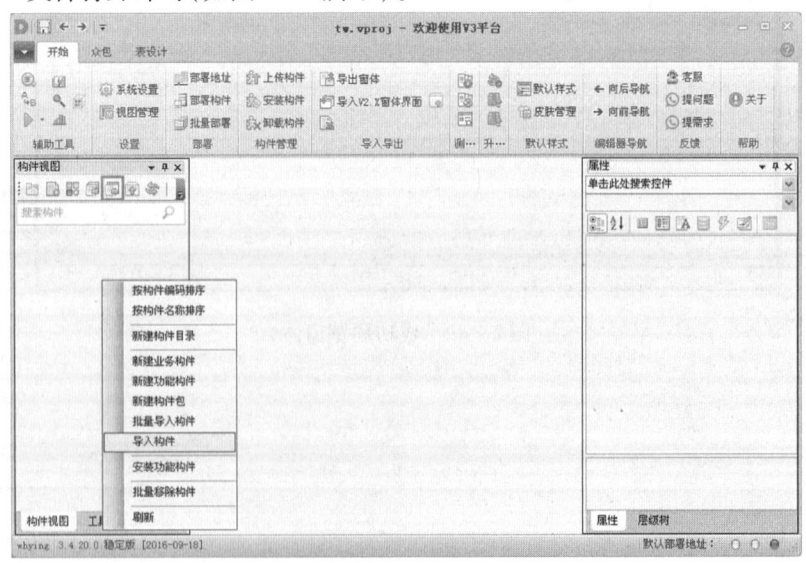

图 3-1 导入构件

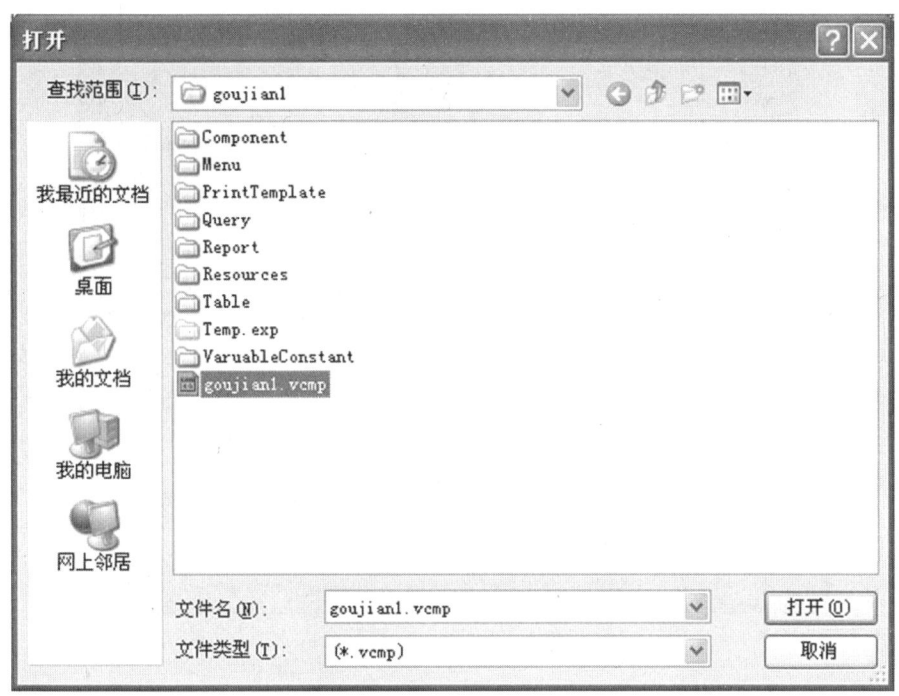

图 3-2　选择导入文件

若要移除已经导入的构件，可选中要移除的构件单击右键选择"移除构件"。注意，此时只是在平台中移除了该构件，资源管理器中的文件并未删除。

3.2　构件的输出与引用

3.2.1　构件与构件之间的关系——输出

当一个构件需要引用其他构件的内容时，我们需要将被引用的构件输出。构件输出的方法如下：

(1)选中将要输出的构件单击右键选择"属性"，在弹出的"构件信息"窗口(如图3-3所示)中选择构件版本号。注意，通常情况下，每次重新输出都要为输出的构件提升一个版本号，否则将会覆盖上一版本内容。

(2)选中构件树的"输出"节点，单击右键选择"构件输出"(如图3-4所示)，在弹出的"构件输出设置"窗口(如图3-5所示)中勾选将要输出的窗体、表和方法，然后点击"确定"。

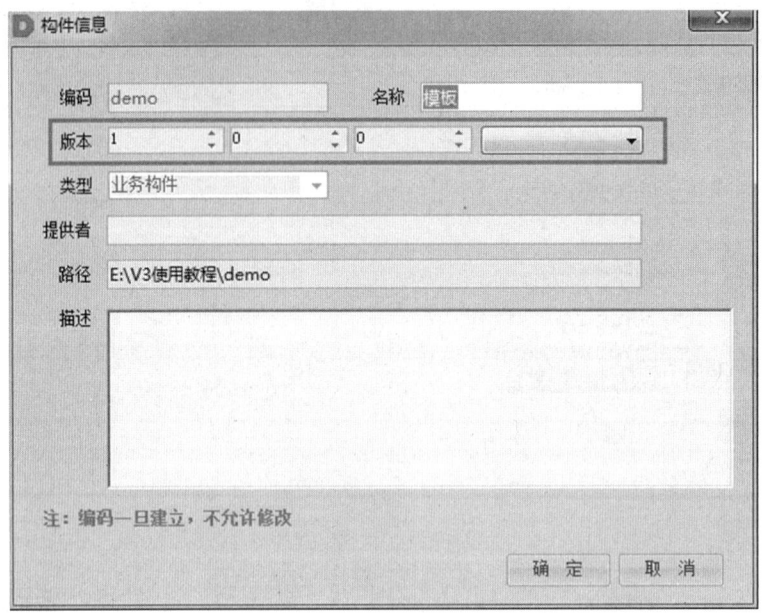

图 3-3 选择构件版本号

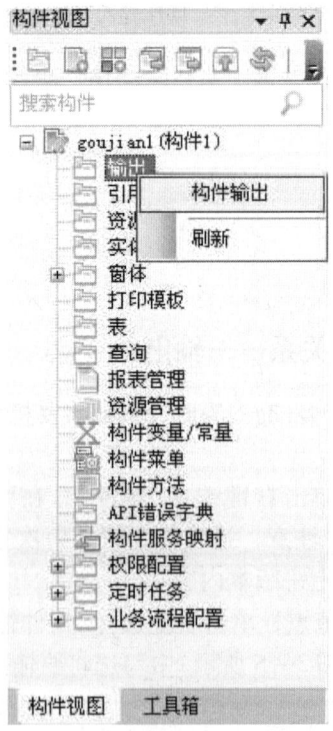

图 3-4 选择"构件输出"

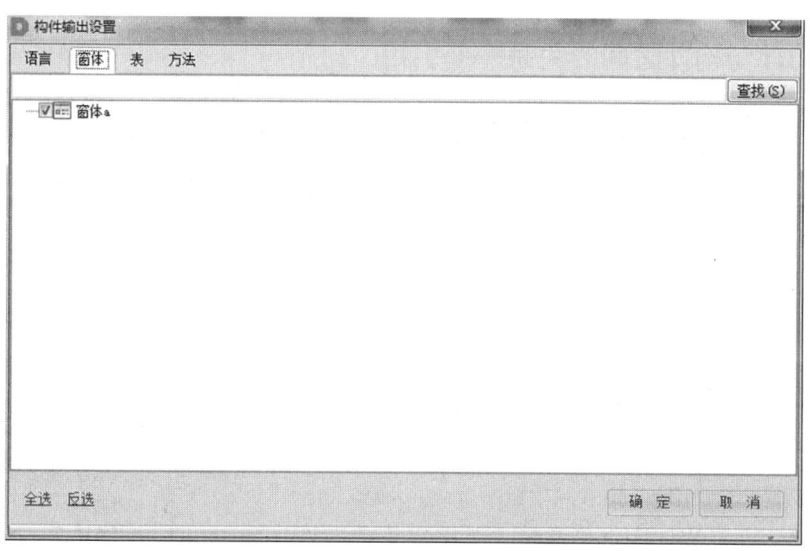

图3-5 勾选输出窗体、表和方法

(3)选中将要输出的构件单击右键选择"部署到构件库"(如图3-6所示),即完成构件的输出。

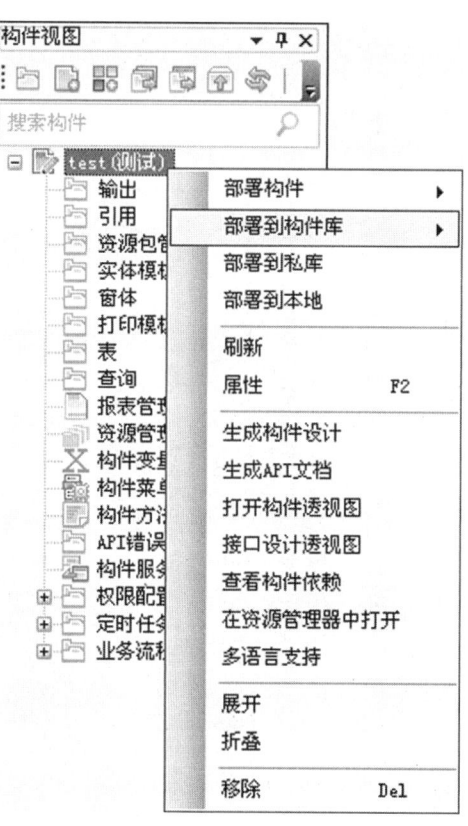

图3-6 部署到构件库

3.2.2 构件与构件之间的关系——引用

当一个构件需要引用其他构件的内容时,我们可以在构件库中选择需要引用的构件。构件库是一个用于存放共享构件的位置,其中包括商品库、体验版、稳定版、测试库和开发库,上文所说的部署到构件库,通常是部署到开发库中。下面来看看如何引用构件库中的构件。

(1)选中构件树的"引用"节点,单击右键选择"增加引用",如图3-7所示。

(2)在弹出的引用构件窗口(如图3-8所示),输入构件库下载地址(http://www.toone.com.cn:8808/),然后选择构件库类型和输入关键字等查询需要引用的构件,然后双击构件版本号选择需引用构件,最后点击"确定"。

此时可以在构件树的"引用"节点中看到引用的构件,如图3-9所示。

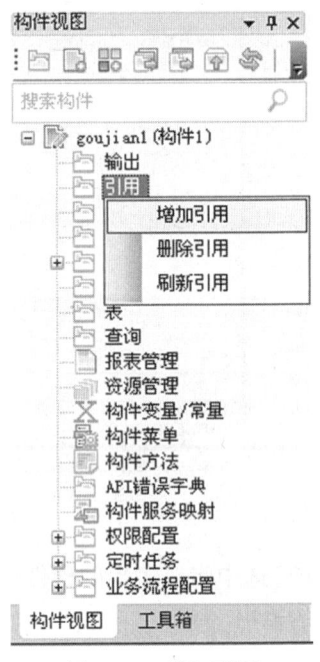

图3-7 增加引用

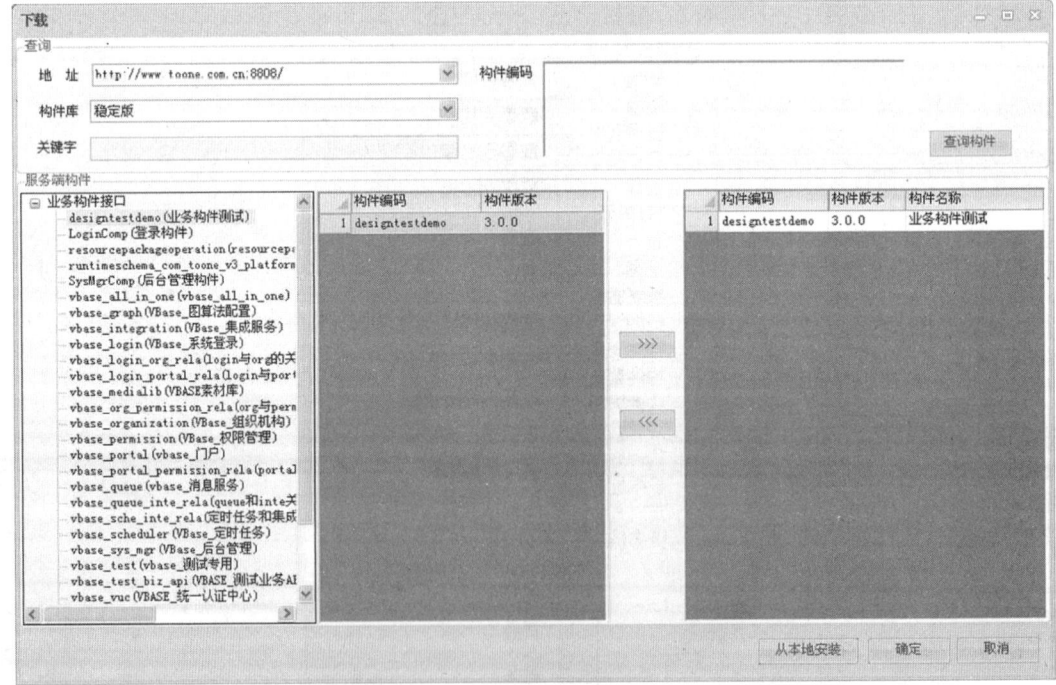

图3-8 查询和选择构件

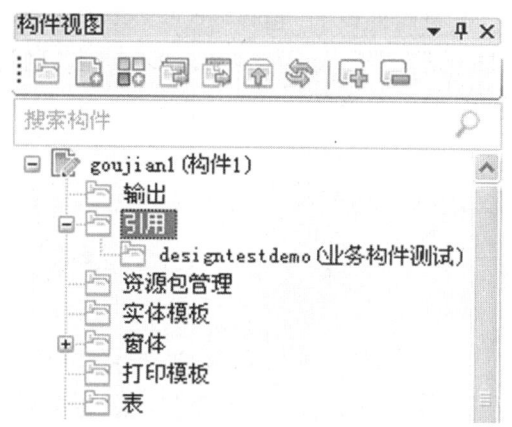

图 3-9　查看引用构件

引用的构件不能直接将其修改，很好地保护了构件的完整性，以便于后续顺利地升级。构件会提供接口函数和扩展功能。项目可以不做任何修改地使用引用的构件，直接部署就可以了；也可用其返回值供自己的构件使用；还可以扩展之后使用（构件必须提供其扩展点）。在构件服务映射目录下，选择提供了扩展点的构件，勾选要使用的方法，自己做了扩展功能就勾选自己的，否则勾选构件提供的，如图 3-10 所示。

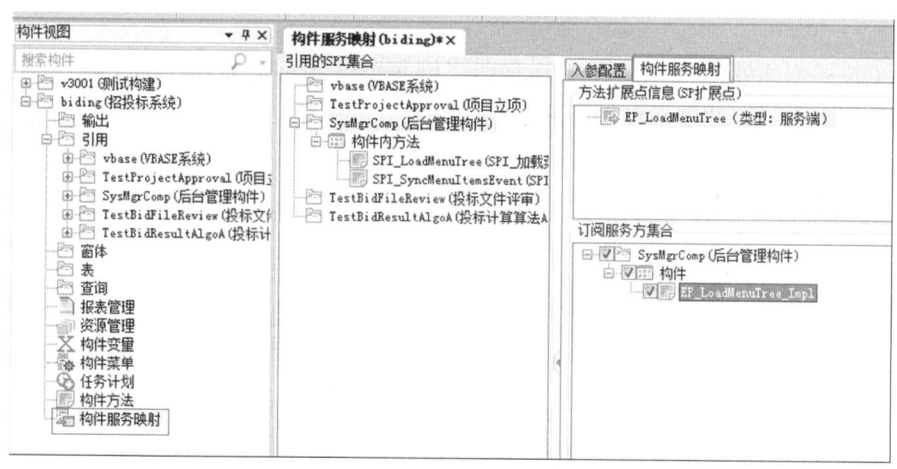

图 3-10　构件服务映射

3.3　窗体属性介绍与布局

3.3.1　新建窗体

认识了构件后，接下来将要讲解的是构件中最重要的一个部分——窗体。窗体是直接面对用户的门面，也是 V3 开发平台开发者进行开发的主要部分。

新建一个普通窗体：选中构件树的"窗体"节点，单击右键选择"添加普通窗体"，在弹出的窗口（如图3-11所示）中输入窗体信息，然后点击"确定"。[注意，窗体编码只能包含字母（A~Z，a~z）、数字（0~9）、下划线（_），只能以字母开头，且不能以下划线结尾。]

图3-11 新建窗体

除了普通窗体外，V3开发平台还提供了网页窗体和移动窗体，用于制作网页和移动端信息管理系统，此处不多做阐述。

3.3.2 窗体属性

窗体属性包括格式、事件和数据，格式主要控制窗体大小、颜色等外观样式；事件包括窗体加载事件和窗体关闭事件。单击窗体空白处，在属性编辑器中可以看到窗体的所有属性，如图3-12所示。

①宽度和高度：设置窗体的宽和高，默认960*450。注意，在开发过程中，如无特殊需要，不会随意调整该数值。

②高度控制：有两种选择，一种是StaticHeight（静态高度），另一种是AutoHeight（自动高度）。

③布局类型：None为默认布局方式，选择此类型窗体没有自适应效果。BorderLayout为边界布局方式，选择此类型窗体会产生自适应效果。

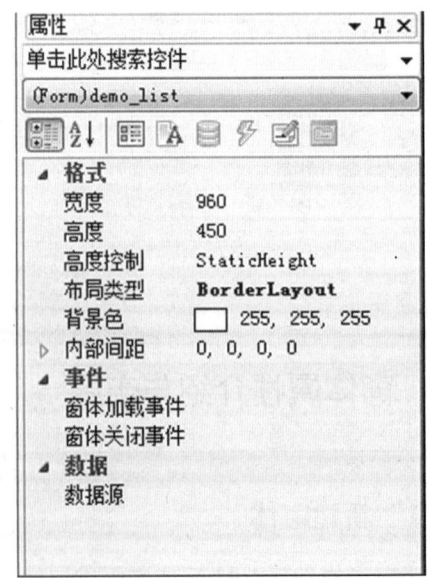

图3-12 窗体属性

④背景色：调整窗体背景颜色，默认为 255，255，255。
⑤内部间距：窗体内控件与窗体边缘的距离。
⑥窗体加载事件：打开窗体时要执行的事件。
⑦窗体关闭事件：关闭窗体时要执行的事件。
⑧数据源：设置数据源后，拖入的控件默认绑定该数据源。

3.3.3 窗体布局

在 V3 开发平台中，窗体布局主要有两种。

（1）卡式布局。卡式布局方式主要由编辑窗体和一览窗体组成（如图 3 - 13 和图 3 - 14 所示），在运行过程中，先打开编辑窗体。此布局方式用于每次打开系统后需要快速录入数据的情况。

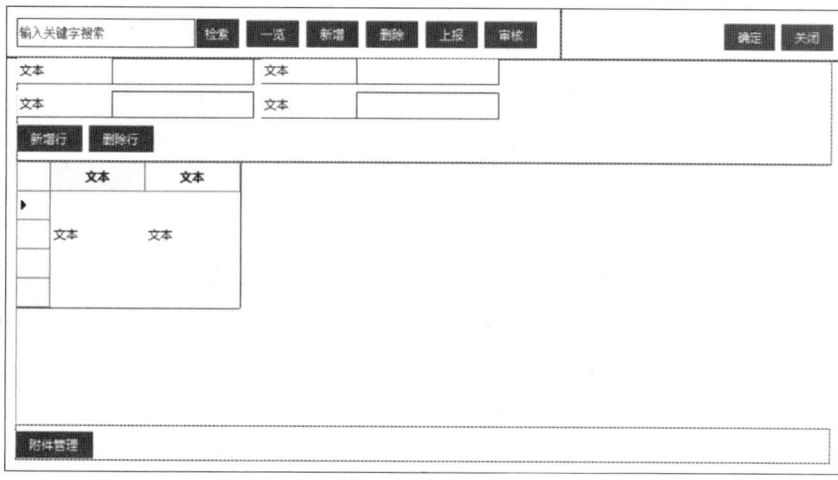

图 3 - 13　卡式布局编辑窗体

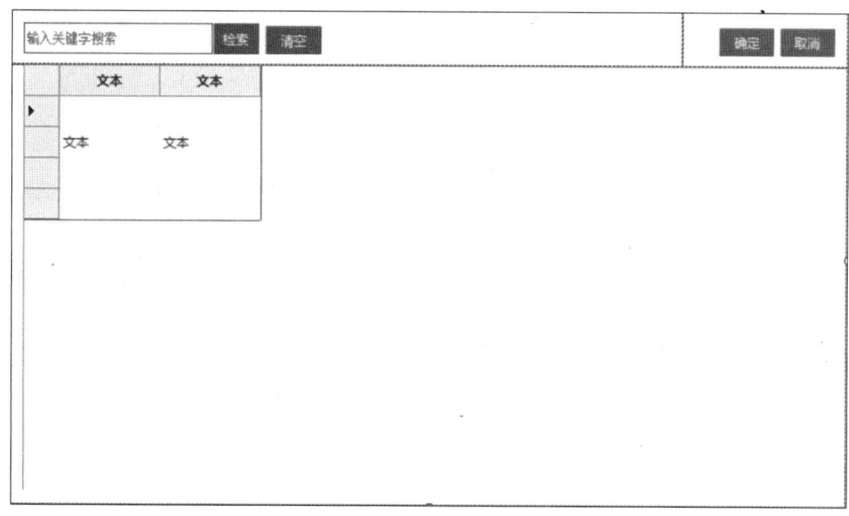

图 3 - 14　卡式布局一览窗体

(2)台账式布局。台账式布局方式主要由台账界面和编辑窗体组成(如图3-15所示),在运行过程中,先打开台账界面。此布局方式用于每次打开系统后需要浏览数据的情况。

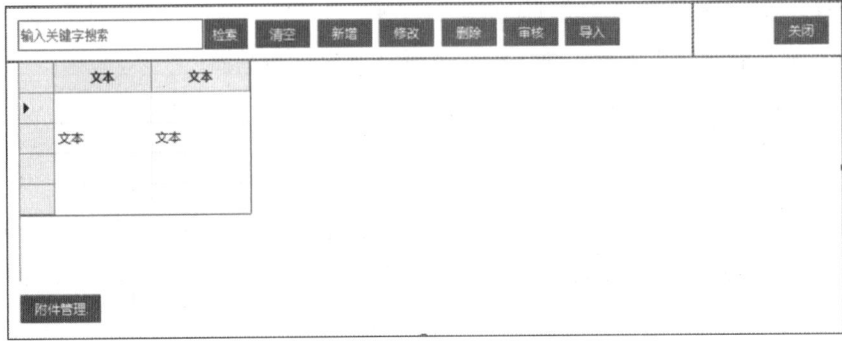

图3-15 台账式布局台账界面

3.4 表设计

3.4.1 使用 PowerDesigner 进行数据库设计

PowerDesigner 是能进行数据库设计的强大的软件,是一款开发人员常用的数据库建模工具。使用它可以分别从概念数据模型和物理数据模型两个层次对数据库进行设计。下面简单讲解如何在 PowerDesigner 中进行表设计。

(1)打开软件后,右击"Workspace",选择"New→Requirements Model",新建项目需求模型,填写模型名称,如图3-16和图3-17所示。

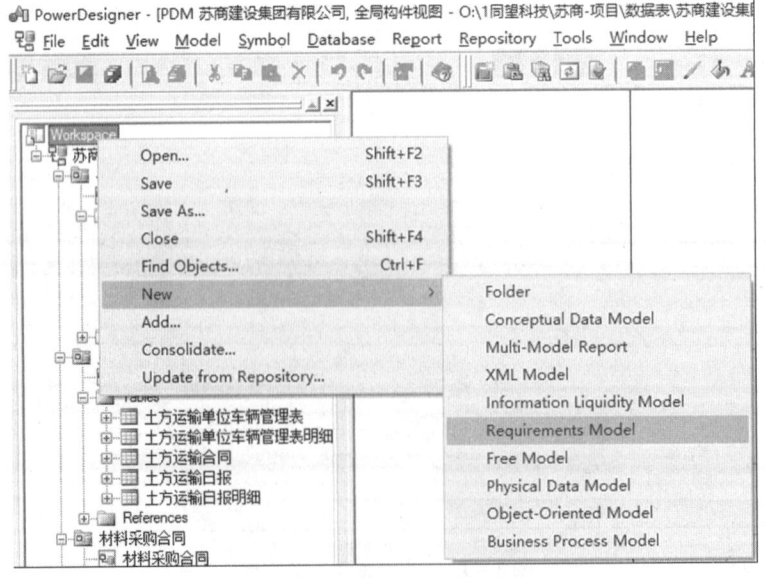

图3-16 新建项目需求模型

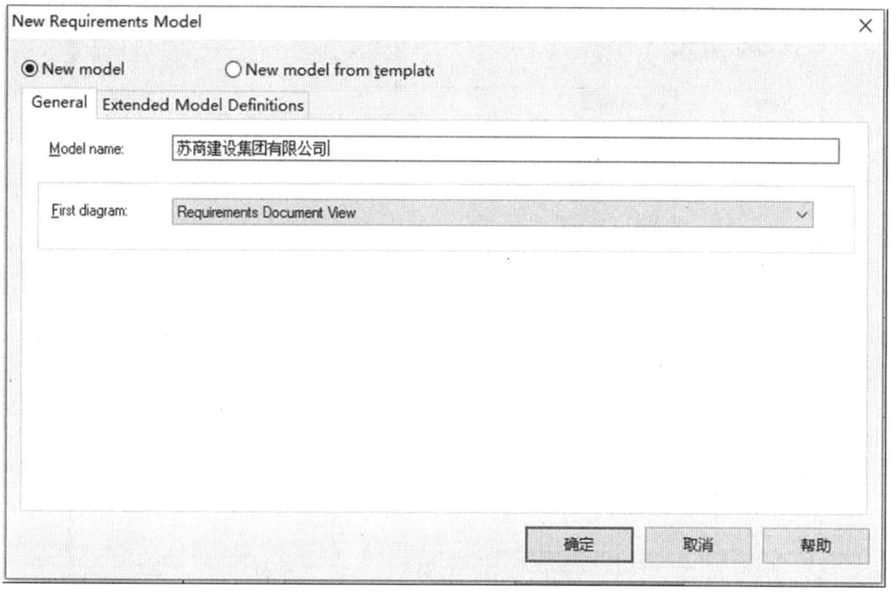

图 3-17　填写模型信息

（2）右击刚刚新建的模型，选择"New→Package"，新建一个包，填写包名称，如图 3-18 和图 3-19 所示。

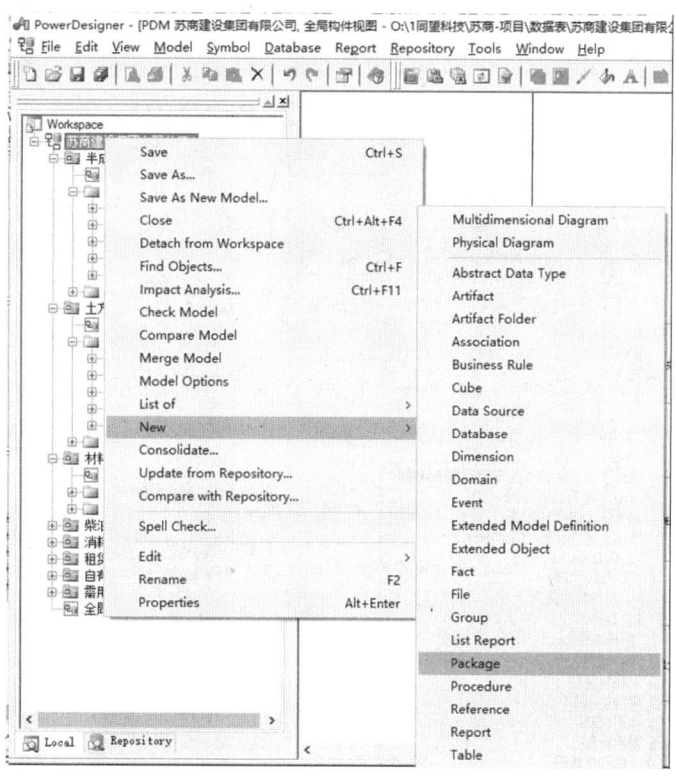

图 3-18　新建包

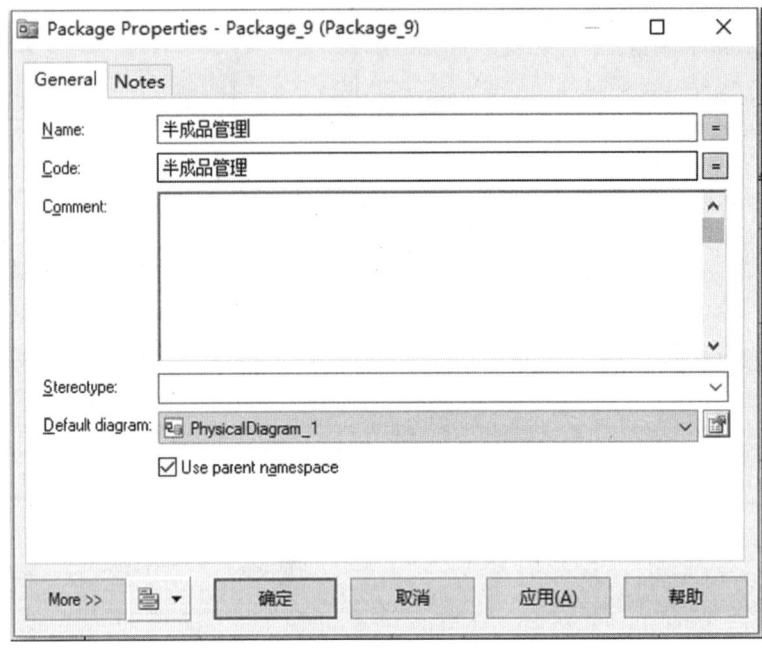

图 3-19 填写包信息

(3) 右击刚刚新建的包,选择"New→File",新建一个文件夹,填写文件夹名称,如图 3-20 和图 3-21 所示。

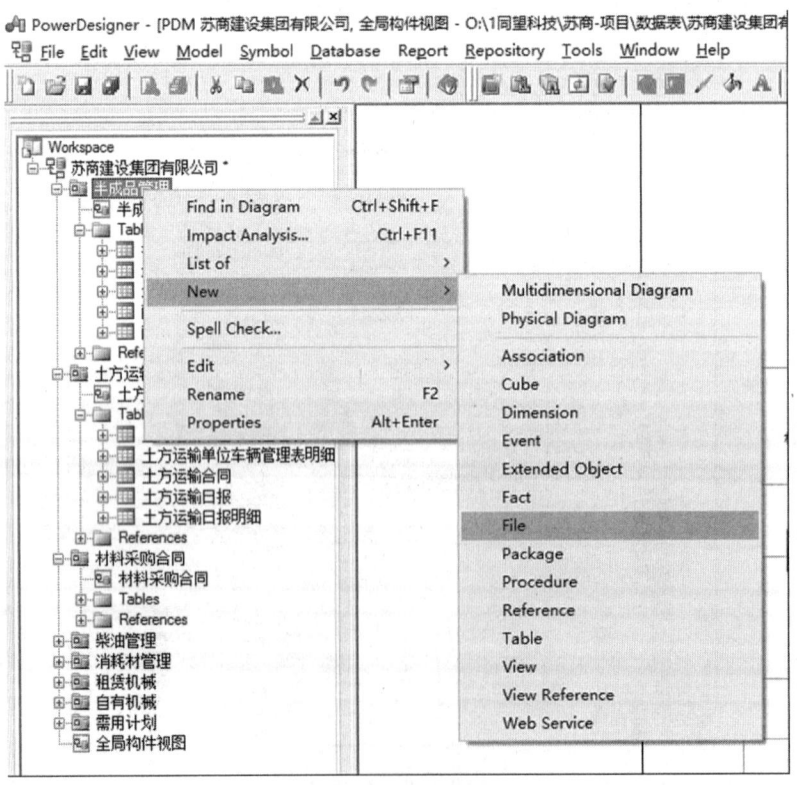

图 3-20 新建文件夹

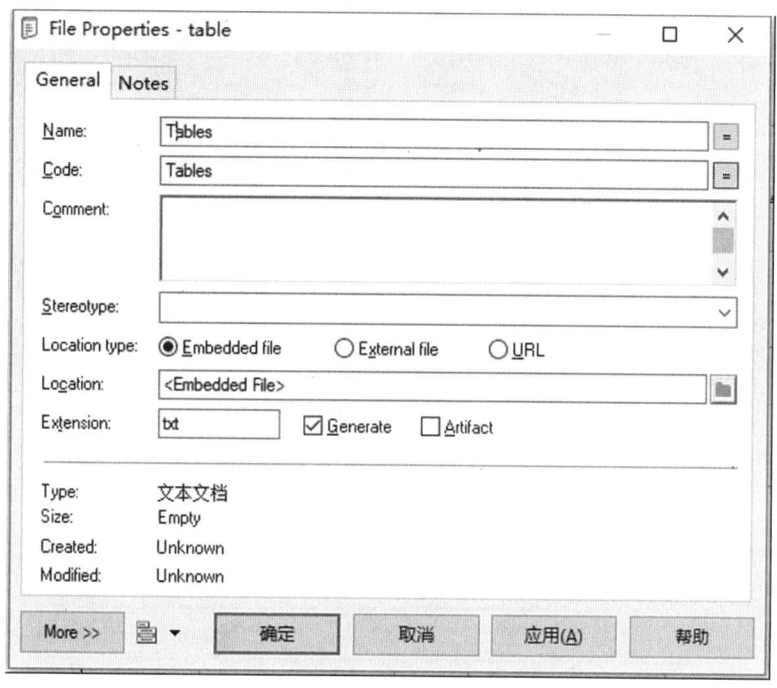

图 3-21 填写文件夹信息

（4）右击刚刚新建的文件夹，选择"New"，新建一张表，填写表的名称和编码，如图 3-22 和图 3-23 所示。

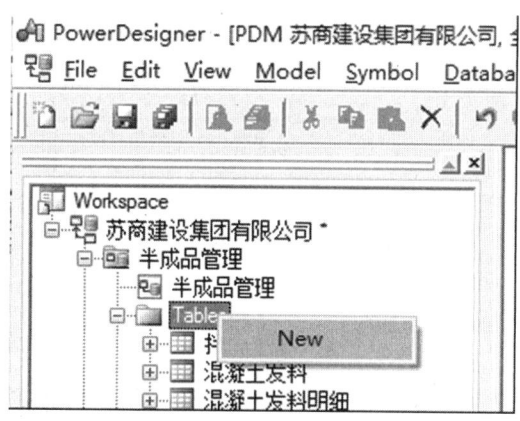

图 3-22 新建表

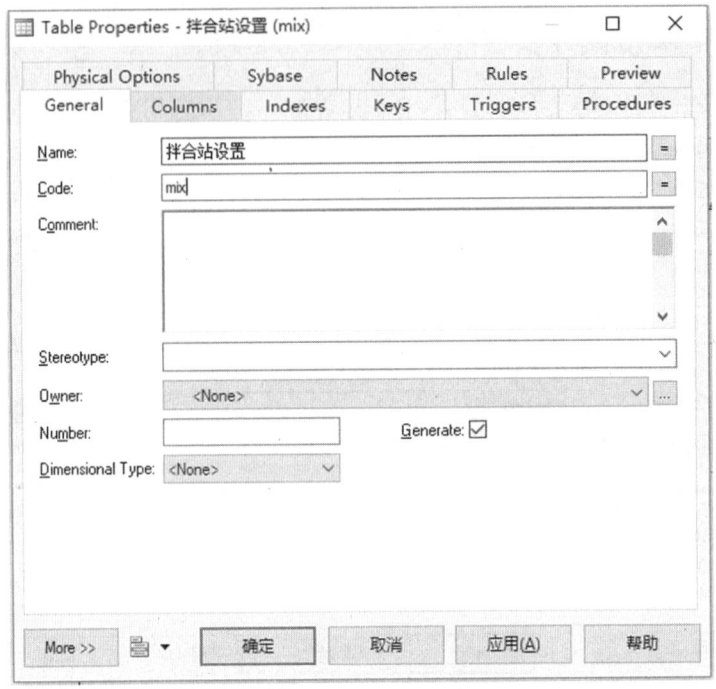

图 3-23 填写表信息

(5)打开刚刚新建的表,即可添加表字段和设置表字段的属性,如图 3-24 所示。

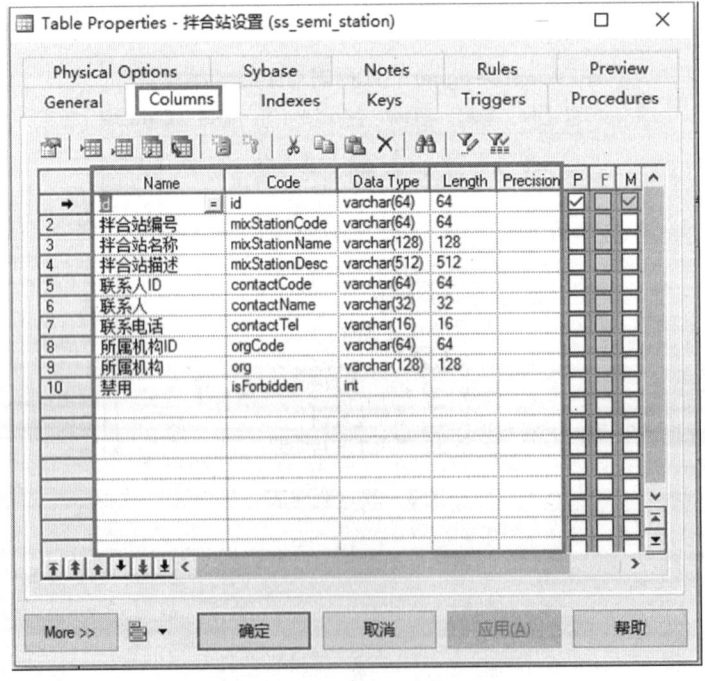

图 3-24 设置表字段

（6）保存后，会产生一个后缀名为 pdm 的文件（如图 3-25 所示），该文件可导入到 V3 开发平台中。

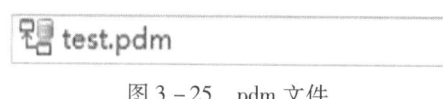

图 3-25　pdm 文件

3.5　实体与方法

3.5.1　认识和学习使用实体

本节所描述的实体并非指数据库模型中的实体，而是我们通常在程序中所说的实体类，即数据库表的映射。实体类是实体对象的抽象，通常来自域模型（现实世界），用来描述具体的实体，通常映射到数据库的表格与文件中。

实体类主要是作为数据管理和业务逻辑处理层面上存在的类别，它们主要在分析阶段区分，实体类的主要职责是存储和管理系统内部的信息，它也可以有行为，甚至是很复杂的行为，但这些行为必须与它所代表的实体对象密切相关。

运用实体类，我们能够在界面与数据库之间方便地进行联系，下面来看看在 V3 开发平台中如何新建一个实体。

（1）打开窗体，选择"实体"选项卡，在空白处单击右键选择"添加实体"，打开实体编辑框，如图 3-26 所示。

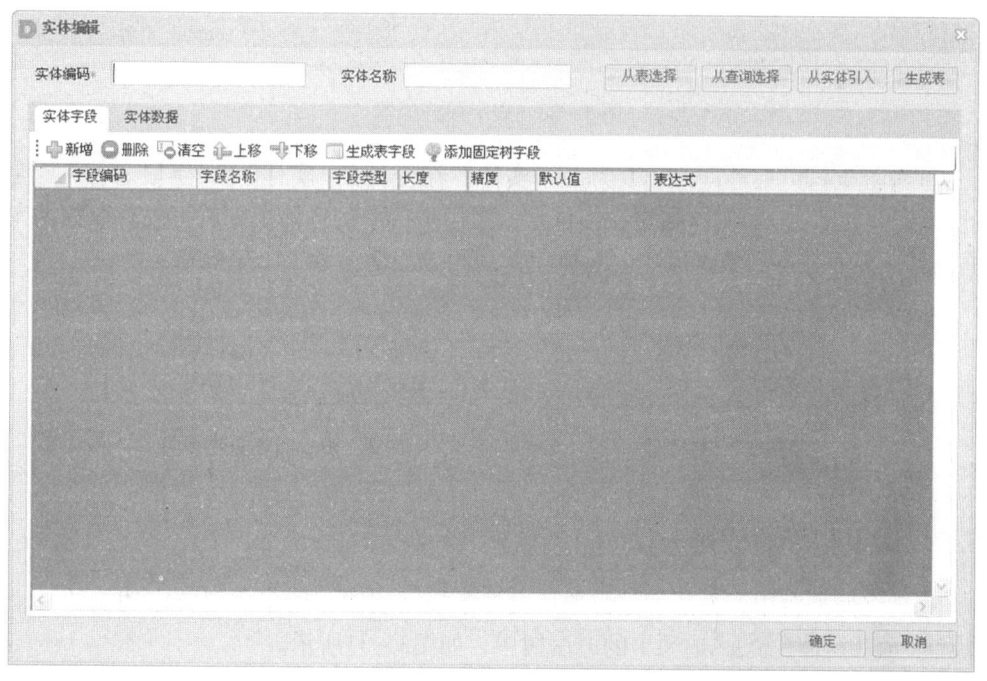

图 3-26　实体编辑框

(2)输入实体编码和实体名称,点击"新增"按钮增加实体字段,如图3-27所示。[注意,构件编码只能包含字母(A~Z,a~z)、数字(0~9)、下划线(_),只能以字母开头,且不能以下划线结尾。]

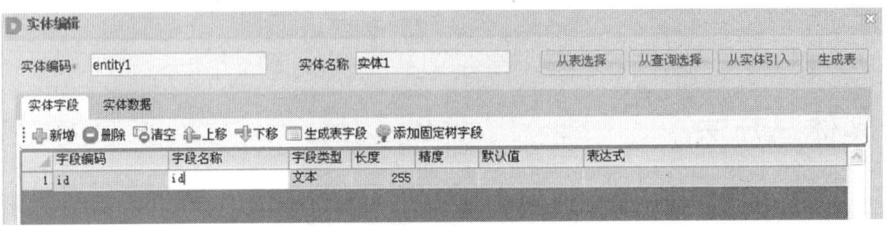

图3-27 编辑实体信息

(3)若已存在对应的数据库表,也可以单击实体编辑框右上角的"从表选择"按钮,在表字段选择器(如图3-28所示)中选择对应的表字段生成实体,从查询选择和从实体引入与此类似。

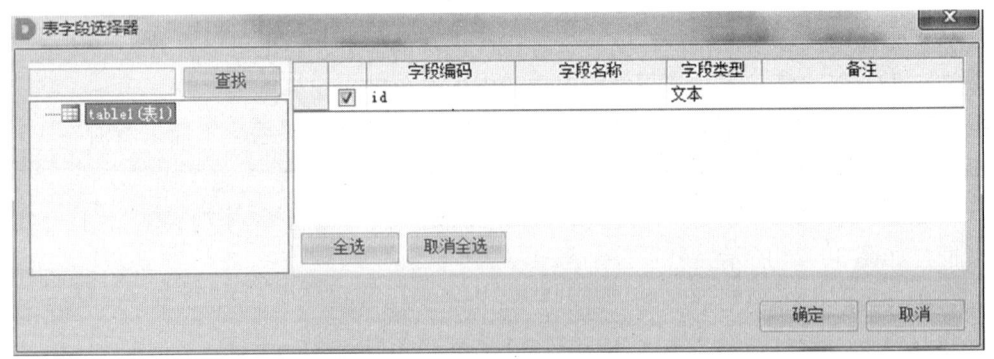

图3-28 表字段选择器

(4)如图3-29所示,entity1为一个实体,在控件的"实体"和"字段名称"属性中(如图3-30所示),将实体绑定在控件上,运用平台中的各种规则就可以获取数据库的数据或保存界面数据到数据库中。具体使用规则方法请参考本书第四章。

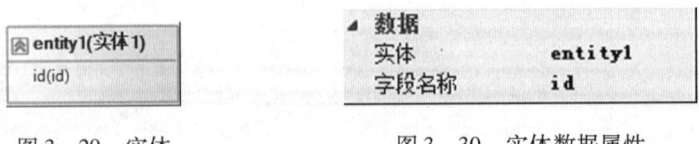

图3-29 实体　　　　　　图3-30 实体数据属性

3.5.2 认识和学习使用方法

在V3开发平台中,方法即是由单条或多条规则组成,用于实现特定功能的一个活动集,显示在窗体"方法"选项卡的方法树中,如图3-31所示。

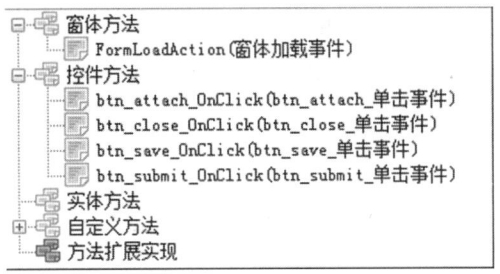

图 3-31 方法和事件

①窗体方法：用于放置窗体加载事件方法和窗体关闭事件方法。

②控件方法：用于放置各个控件的事件方法，例如，"保存"按钮的"单击事件"，"列表"的"记录切换事件"等。

③实体方法：用于放置对实体进行操作的方法，较少使用。

④自定义方法：即用户根据业务所需自己定义的通用方法。在配置规范中，针对不同的窗体布局，V3 开发平台有着一套较为完善的自定义方法集，又称为通用活动集（如图3-32所示）。活动集之间可以相互调用，在开发过程中，如果某一功能反复出现，那么我们可以将此功能的规则写入一个活动集中，然后需要用到该功能时，调用此活动集即可。运用活动集能够帮助开发人员更加清晰明了地面对各种复杂的业务逻辑，对规则配置起到了很好的规范作用，也极大地降低了后期的维护成本。

⑤方法扩展实现：为调用者提供方法接口。

图 3-32 通用活动集（部分）

3.6 界面配置与规范

3.6.1 总体规范

(1)配置原则。

配置是对详细设计的实现，所有配置不能与详细设计内容产生冲突，若在配置过程中对详细设计有质疑，需要与详细设计人员沟通确定后再配置；在配置过程中，某些情景若通过规范无法进行约束，可与详细设计人员讨论配置方法，然后决定是否作为项目规范；根据详细设计若存在多种配置方案，需要与详细设计人员沟通确定。

(2)工件的命名和存放。

在开发平台中分别创建窗体、表、查询相应的独立目录；窗体名称要与详细设计四件套的名称保持一致，如组件名称－编辑、组件名称－一览、组件名称－审批等，如图3－33所示。

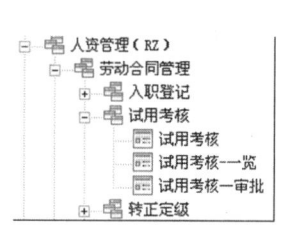　　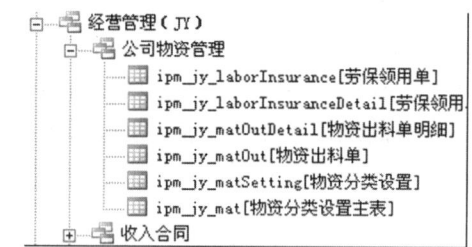

(a)窗体目录　　　　　　　　(b)数据表目录

图3－33　目录

3.6.2 命名规范

界面相关命名规范如表3－1所示。

表3－1　命名规范

序号	分类	规范
1	窗体输入	命名：前缀_变量名，前缀为"com_"，例如：com_orgName
2	活动集	①自定义方法： 编码以英文命名：act_英文编码；名称以中文命名：act_中文名。例如：act_billChange/act_清单调整； ②事件方法： 编码以英文命名：英文名_ButtonAction，其中英文名以大写字母开头；名称以中文命名：中文名_事件名称。例如：Edit_ButtonAction/修改_单击事件

续表 3-1

序号	分类	规 范
3	实体	①表和查询对应的实体：名称与表或实体的名称保持一致； ②前台临时实体名称：tmp_实体代号，例如：tmp_contract
4	查询与查询参数	①业务处理组件使用的查询：前缀为"Q_构件代码_"，例如：Q_bc_assetsManageApply； ②统计分析和报表组件使用的查询：前缀为："R_构件代码_"，例如：R_bc_assetsManageTotal； ③查询参数：前缀为"qry_"，例如：qry_orgId； 注意事项：查询名称要有业务含义，避免出现query、search之类的抽象名称，要具体到业务，如salarySum
5	控件	①名称，保留不改； ②标题，改成：名称_标题，如：JGBaseDictBox1_字典选择
6	窗体	①窗体名称：与构件概要设计中"窗体组件"中的各窗体名称保持一致； ②窗体编码：构件代号_窗体代号，例如：bc_contractlist，代表的是bc代号构件的合同列表窗体

3.6.3 配置规定

界面配置规定如表 3-2 所示。

表 3-2 配置规定

序号	类型	索引	说 明
1	控件	布局、样式	①所有标题内容都居中显示； ②所有字符型、日期属性独立显示时都默认左对齐，数字型都右对齐； ③日期、状态属性、固定长度内容（姓名、编号等）在列表中要居中； ④日期、数值、状态等都按定长配置，某些输入框可以根据内容的长度调整，不需要占满整列的宽度； ⑤由菜单点开的窗体一般需要做自适应，以适应不同分辨率
2	控件	列表控件	①在编辑窗体中不能有翻页； ②有翻页的列表尽量不出现横向滚动条； ③所有列表都要有默认排序属性（id放最后排序），且同一种数据在各处没有特殊要求都要保持一致； ④通过选择增加列表数据，并禁止重复添加时，可通过使用临时表，先将选定数据赋值给临时表，再将临时表数据复制给列表，并设置重复记录处理方式为"忽略"，防止重复添加

续表 3-2

序号	类型	索引	说明
3	控件	单选组控件	用规则给其赋值时,直接给控件赋值有效,对其绑定的实体字段赋值无效
4	控件	下拉控件	建议"标识字段""显示字段"填写的内容相同
5	控件	日期控件	①起止、结束日期不能用平台的控件,应该用两个日期拼装,加上结束大于开始的判断; ②日期比较,统一在提交(保存或查询)时判断,而不使用值改变事件(列表除外)
6	规则	使能规则	①只读,使能控制不能用于分组控件和面板,而应直接对分组或面板内的控件进行设置; ②弹出选择控件不要用只读控制,而是用使能控制
7	规则	业务编号	①如果业务编号可以手动修改,则必须要进行唯一性检查;若是自动生成的,则在点击"保存"时生成,且生成规则紧邻保存规则; ②若业务编号是手动填写,则在新增时可写,在编辑界面只读;若是自动生成,则永远都是只读状态
8	规则	查询条件	实体字段参数为 null 时,条件不起作用
9	规则	数据库事务	提示信息、弹出窗体不允许配置在两个需要事务的规则之间,以避免死锁
10	其他	表定义	所有数值型字段在平台定义数据表时都应设置其缺省值为 0,避免数据库中此字段出现 null 情况
11	其他	配置质量管理	在组件完成配置后,系统设计人员要及时检查组件是否达成设计模板,是否符合业务,以避免后期带来大量调整重复工作
12	规则	从表	弹出式从表中有编辑保存功能,其主窗体的相应按钮使能控制,要先保存主表数据后才使能
13	规则	触发控件事件	此规则会导致新开事务,禁止使用此规则
14	规则	从表	从表必须配"act_列表加载使能""act_列表选中行操作使能"两活动集
15	规则	从表	从表删除为页面删除,保存时再物理删除
16	控件	长文本	使用时避免跟文本混淆

3.6.4 界面自适应配置

界面自适应是界面原型设计中非常重要的一点，自适应的窗体会随着浏览放大和缩小，是信息系统界面设计的基本要求之一。图 3-34 和图 3-35 分别表现了窗体无自适应效果和有自适应效果的情况。

图 3-34　无界面自适应效果窗体

图 3-35　有界面自适应效果窗体

实现自适应效果很简单，我们只需要将多个面板控件嵌套来对窗体进行布局，再设置窗体和各个面板的布局类型属性就可以了。在添加面板之前，我们需要对即将进行布局的窗体内容有大致的了解，首先要考虑把内容分为几块区域显示。接下来以三块区域为例来讲解如何嵌套面板。

（1）设置窗体的布局类型属性为 BorderLayout，如图 3-36 所示。

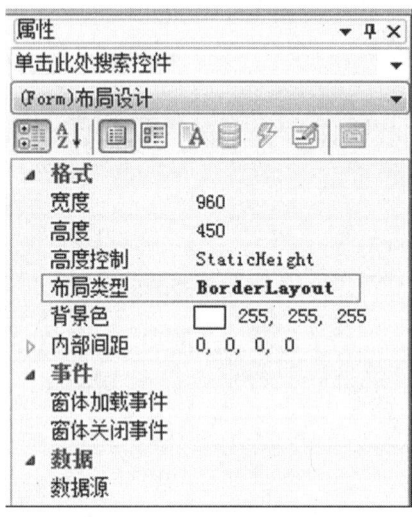

图 3-36　窗体属性设置

（2）在工具箱中拖出第一个面板，设置泊靠属性为 Top，布局类型属性为 BorderLayout，如图 3-37 所示。

（3）拖出第二个面板放置于窗体空白位置，设置泊靠属性为 Fill，布局类型属性为 BorderLayout，如图 3-38 所示。

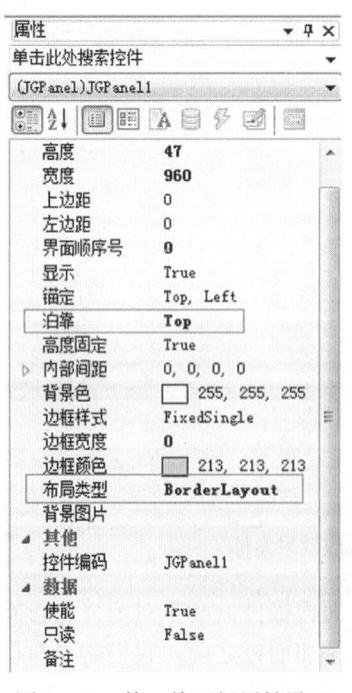

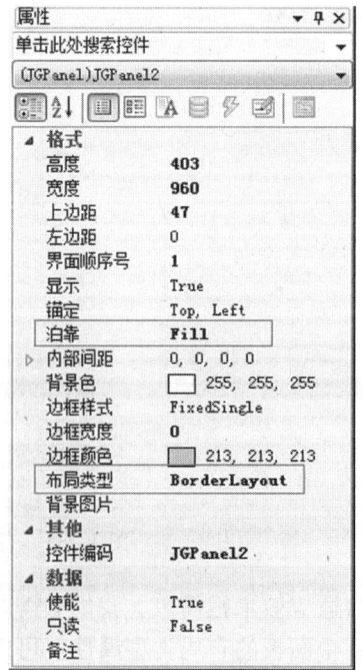

图 3-37　第一块面板属性设置　　图 3-38　第二块面板属性设置

(4)以泊靠属性为 Fill 的面板作为基底,继续在中间增加泊靠属性为 Top 和 Fill 的面板,直到窗体被分为三块区域(如图 3-39 所示),记得要将所有的面板布局类型都要设置为 BorderLayout。

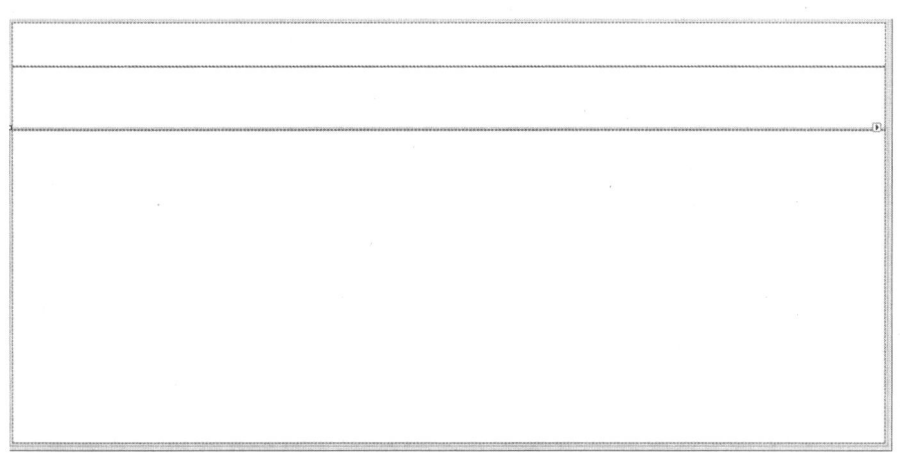

图 3-39　将窗体分为三块区域的面板嵌套

当需要将窗体分为更多区域时,面板也是用同样的嵌套方法进行嵌套,直到达到想要的效果。图 3-40 所示为一个简单的完成面板布局之后的层级树,其中 JGPanel1 和 JGPanel4 泊靠属性为 Top,JGPanel2 和 JGPanel3 泊靠属性为 Fill。

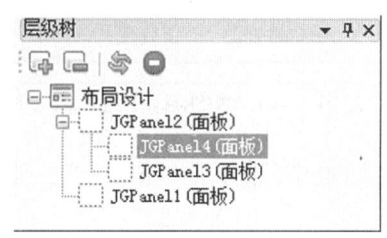

图 3-40　完成面板布局之后的层级树

3.7　构件方法介绍

3.7.1　服务端方法

构件方法中,服务端方法最为常用,简单来说,它类似 Java 编程中的接口,在 V3 开发平台中,对这个"接口"可视化,称为服务端方法,用于实现构件范围内的方法复用或两个独立构件之间的方法互相调用。服务端方法的规则配置与界面规则配置基本相同,区别在于服务端方法中可配置的规则均为后台规则。接下来让我们来看看如何新建一个服务端方法。

(1)打开构件目录,在构件目录中可以找到"构件方法"的细项(如图 3-41 所示),双击"构件方法"进入构件方法设计界面。在构件方法设计界面中,可以看到三种类型的方法根目录(如图 3-42 所示),这一节主要讲解服务端方法的使用。

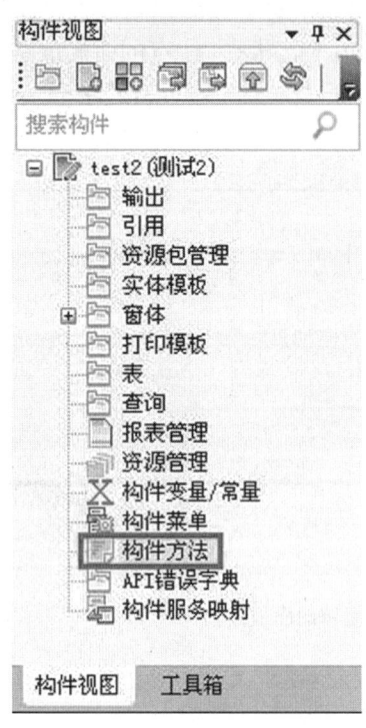

图 3-41 构件目录中的"构件方法"

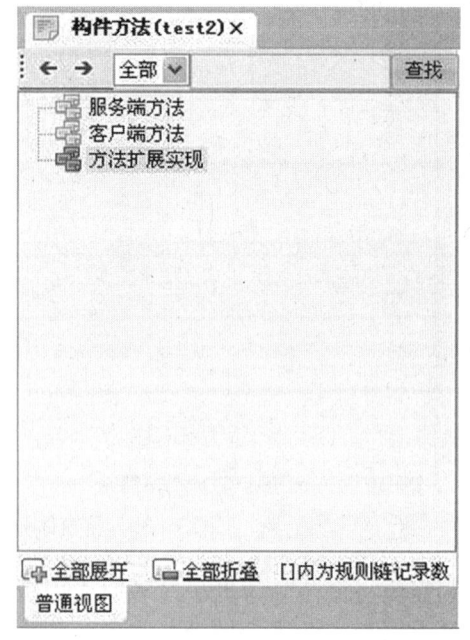

图 3-42 构件方法菜单

(2)选中"服务端方法",单击右键选择"创建方法",在弹出的"创建方法"窗口(如图 3-43 所示)中输入方法编码和方法名称,点击"确定"按钮,完成新建方法。

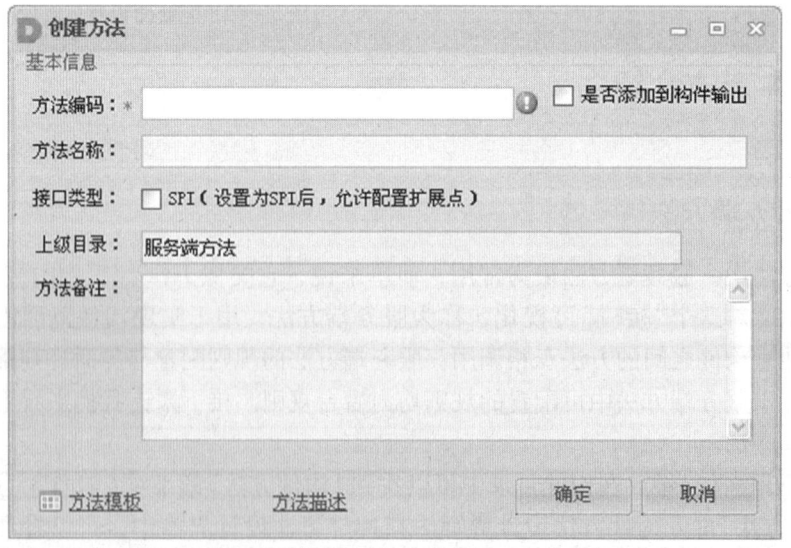

图 3-43 创建服务端方法

(3)构件方法的配置与界面方法的配置基本一致,首先需要针对此构件方法设置输入参数和输出参数,然后通过编辑业务逻辑对输入的参数进行处理,赋值到方法输入后,完成配置此构件方法。服务端方法规则界面如图3-44所示。

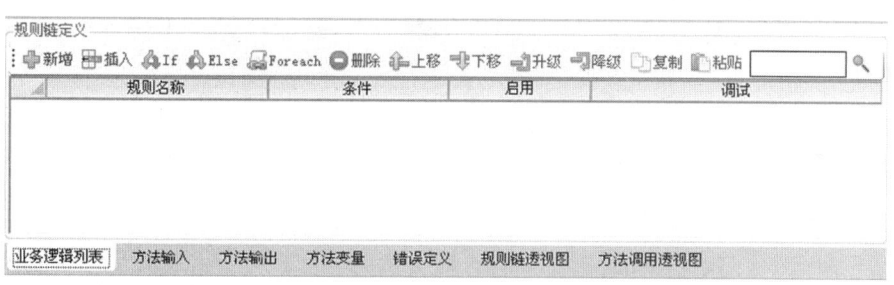

图3-44 服务端方法规则界面

(4)构件方法配置后以后,需要设置方法的输出,并部署到构件库中。展开构件目录,选中"输出"项单击右键选择"构件输出",弹出"构件输出设置"窗口(如图3-45所示),选择"方法"页签,勾选中需要对外输出的构件方法,点击"确定"。输出设置完毕后,将此构件部署到构件库,外部构件引用后可通过执行方法规则调用此服务端方法。

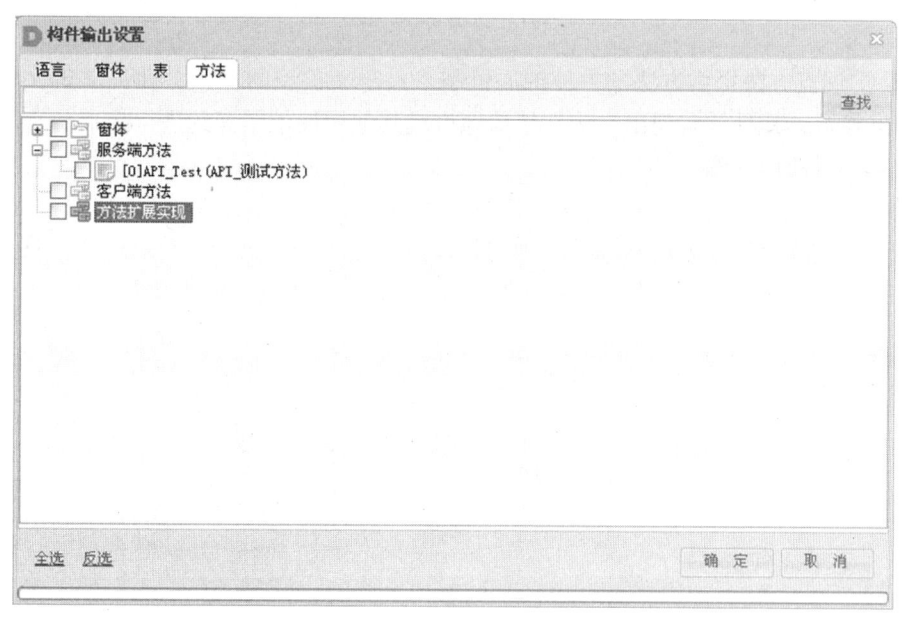

图3-45 "构件输出设置"窗口

3.7.2 方法扩展实现

当本构件为外部构件提供了可调用的接口,但是此接口的功能实现需要在另一个构件中完成时,相当于这个接口的扩展实现。一个构件方法可以有多个扩展点,每个扩展点映射一个或多个扩展实现,而方法扩展实现就是供扩展点映射的方法。下面介绍如何进行方法扩展实现。

（1）首先需要再新建一个服务端方法，并右击此方法选择"创建扩展点"，在弹出的"编辑方法"窗口（如图3-46所示）中输入方法编码和方法名称，点击"确定"完成创建。

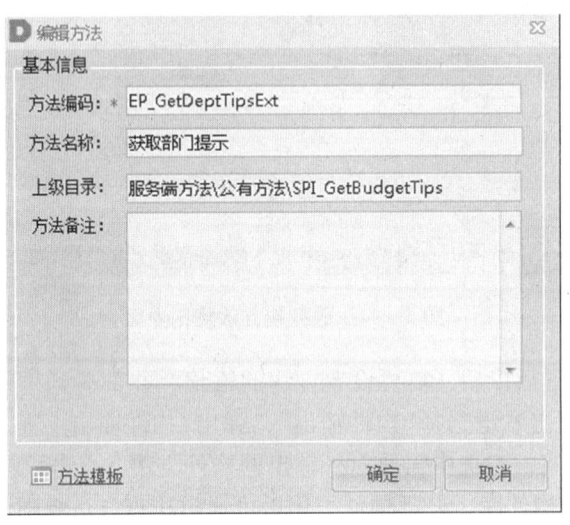

图3-46　创建方法扩展实现

（2）扩展点方法提供方法的一种扩展机制，只定义扩展的契约，即只需定义输入参数及输出参数，其具体实现由本构件其他地方或其他构件根据契约进行扩展处理，然后将该方法部署到构件库。

（3）引入设置扩展点的构件，打开映射扩展方法的构件，进入"构件方法"。右键单击"扩展方法"选择"实现方法扩展"，弹出扩展点设置界面，选中需要对应的扩展点，点击"确定"即可，如图3-47所示。此步骤完成之后，该扩展点与扩展方法便建立了关系。

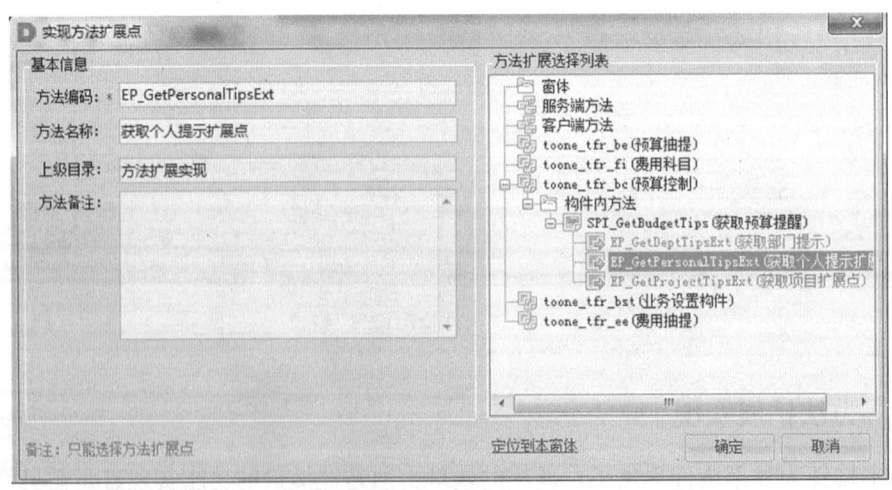

图3-47　实现方法扩展点

(5)调用拥有扩展点的服务端方法时，需要配置构件服务映射，对应的操作为，展开构件目录，双击"构件服务映射"弹出配置页面，选中需要调用扩展点的构件方法。这时候，此构件方法中的扩展点和扩展点对应的方法实现会显示在界面中，将它们勾选上，完成服务映射，如图 3-48 所示。

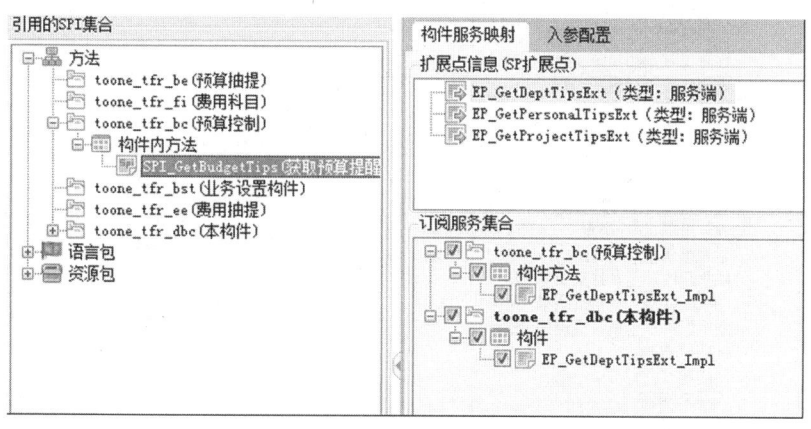

图 3-48　设置构件服务映射

3.8　设计应用实例解析

本节以某真实项目为例，综合讲解在开发过程中如何规范地配置构件、窗体、方法等。其中最重要的是各模块的命名规范以及使用活动集的规范，许多初学者在配置过程中不注重规范性，给后期的修改和维护或者项目交接造成极大的麻烦，甚至接手的人员重新做一个构件都比修改一个杂乱无章的构件更加方便。

(1)构件命名需要遵从命名规范，对于项目所属版权机构、构件所属项目、构件自身标识都要一目了然，如图 3-49 所示。

图 3-49　构件命名规范

(2)窗体命名除遵循上文所提到的命名规范以外,窗体中文名称也应当整齐划一,能够明确分辨列表窗体、编辑窗体、选择窗体等等,与菜单目录最好保持一致。表命名也要遵循表命名规范,标识清楚表所属构件。如图3-50所示。

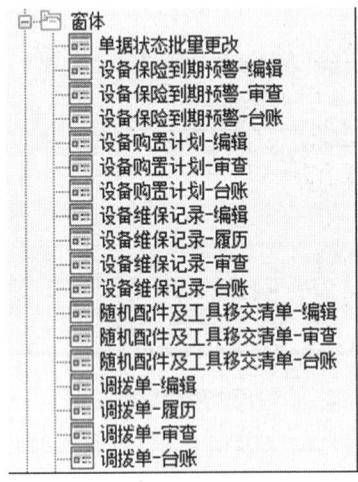
(a)窗体命名规范

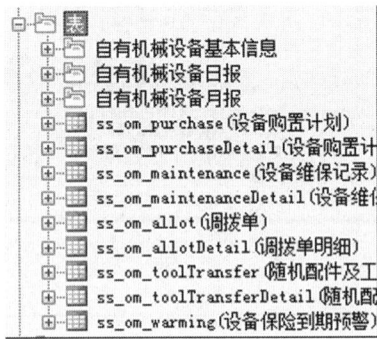
(b)数据表命名规范

图3-50 窗体和表命名规范

(3)列表窗体最好配置自适应效果(如图3-51所示),编辑或选择窗体可根据实际需要配置。

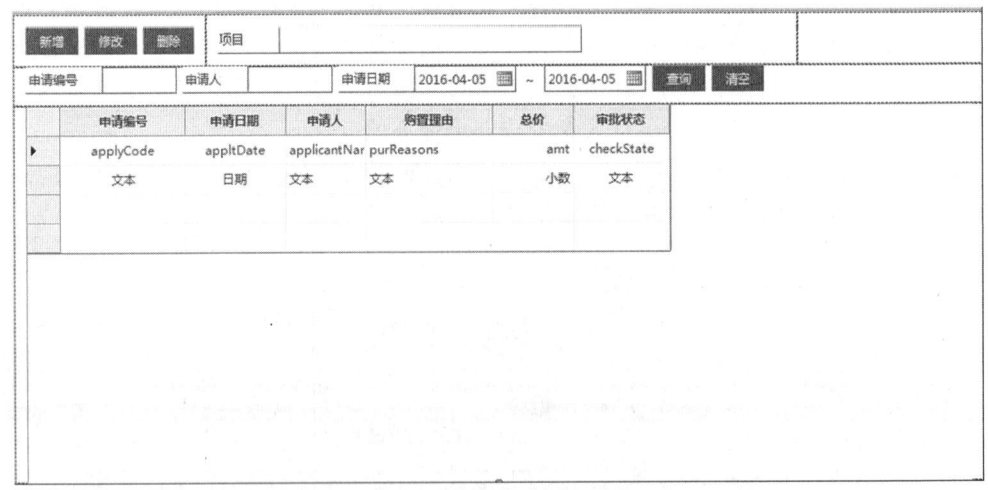

图3-51 列表窗体布局

(4)窗体输入和输出参数除按照上文命名规范以外,为了后期维护更加便利,也应当注明窗体输入名称,如图3-52所示。

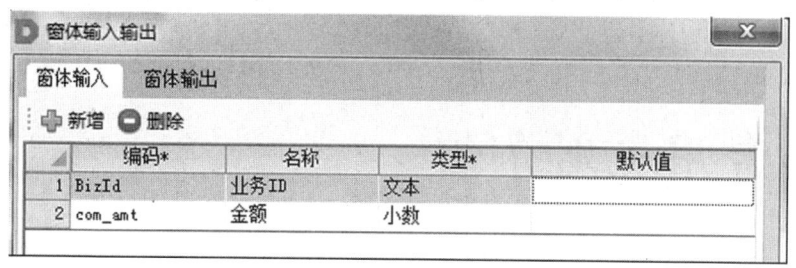

图3-52 输入/输出参数配置规范

（5）配置规则的过程中，必须使用通用活动集，否则对后面的修改和维护会造成极大的麻烦。另外，调用活动集需要注意将活动集名称修改为"act_中文名称"（如图3-53所示），执行服务端API方法需要注意将规则名称修改为"API_中文名称"（如图3-54所示），切记不可直接引用方法后不修改名称。

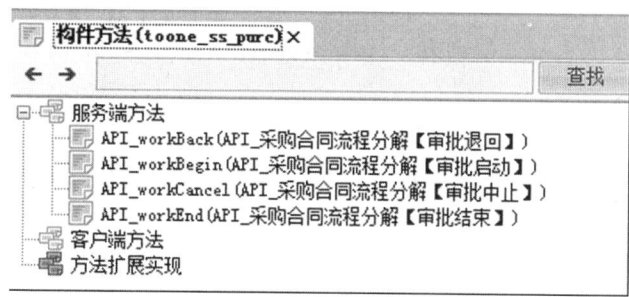

图3-53 活动集名称示例

图3-54 服务端方法设置示例

4 常用规则介绍

4.1 计算、赋值

4.1.1 计算公式的值并赋值给指定字段

(1)规则介绍:计算公式填入计算表达式,计算结果赋值给赋值字段。如要计算 $C = A \times B$,则赋值字段填写 C,表达式填写 $A * B$。

(2)规则示例:如图 4-1 所示,在列表中填写该物料的订单数量后,根据其单价计算该物料的总价。

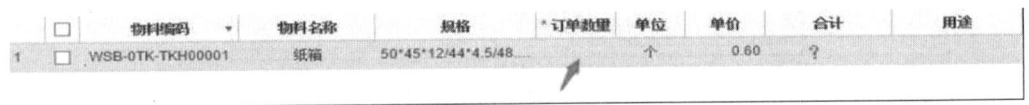

图 4-1 计算、赋值需求

(3)操作如下:①右键点击列表,选择"列设计"(如图 4-2 所示),打开列表的列设计器。

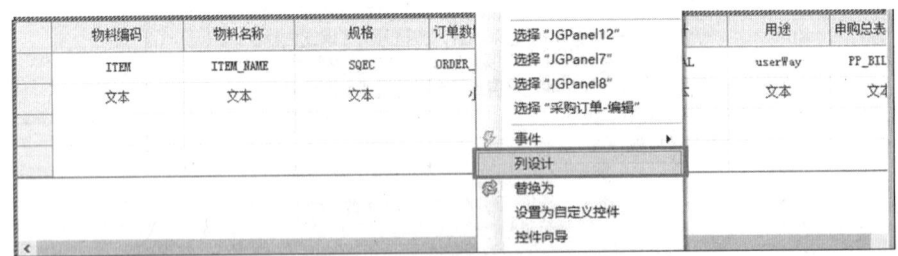

图 4-2 选择"列设计"

②点击"订单数量"列,添加一个值改变事件,如图 4-3 所示。
③在规则链定义里新增规则"计算公式的值并赋值给指定字段",如图 4-4 所示。
④在业务规则编辑器中先选择实体中的"td_PurchsD. TOTAL(合计)",点击"填入赋值字段"按钮,将其设置为赋值字段;然后点击"填入计算公式"按钮,在编辑器里填写公式"[td_PurchsD].[ORDER_QTY] * [td_PurchsD].[PRICE]",如图 4-5 所示。

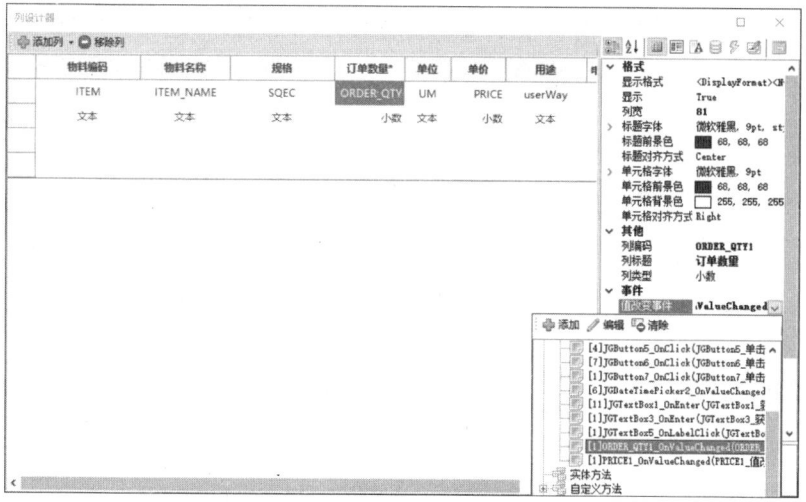

图 4-3 添加值改变事件

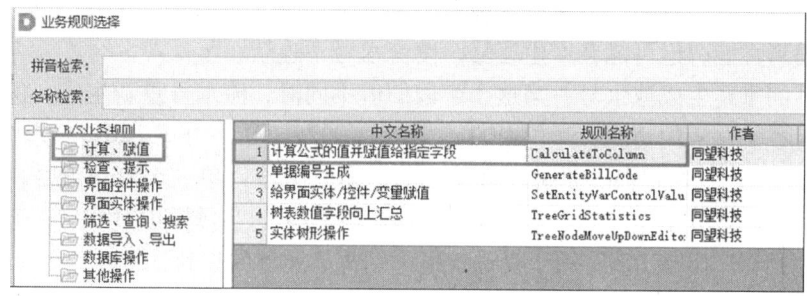

图 4-4 新增规则

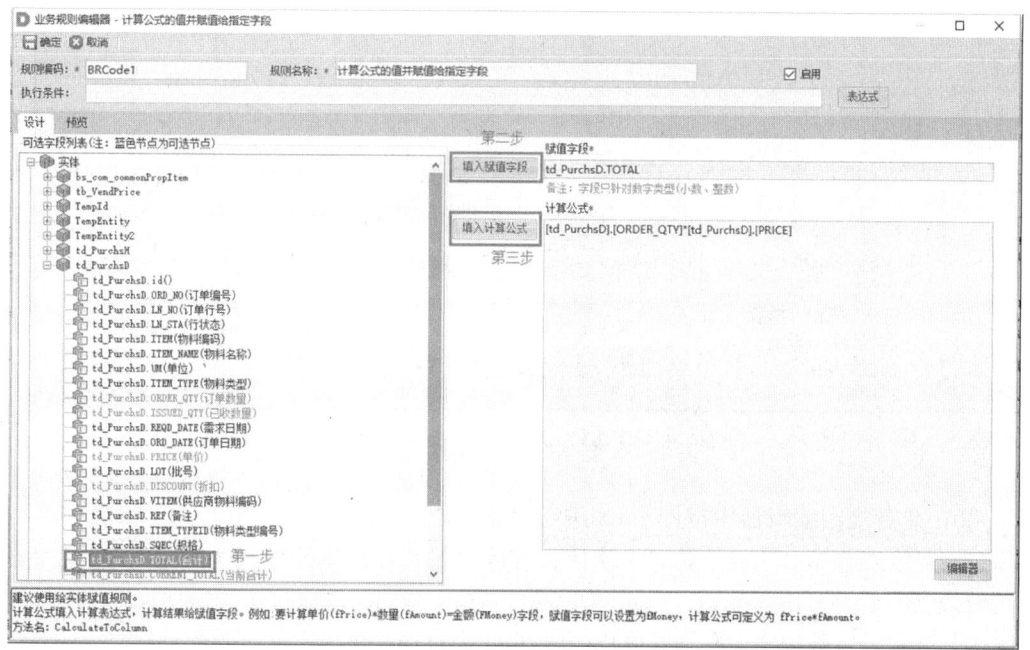

图 4-5 编辑"计算公式的值并赋值给指定字段"业务规则

⑤测试效果，填写不同的订单数量，查看合计列自动计算出的总数，如图4-6所示。

	物料编码	物料名称	规格	*订单数量	单位	单价	合计	用途
1	WSB-0TK-TKH00001	纸箱	50*45*12/44*4.5/48...	6666.00	个	0.60	3999.6	
	物料编码	物料名称	规格	*订单数量	单位	单价	合计	用途
1	WSB-0TK-TKH00001	纸箱	50*45*12/44*4.5/48...	9999.00	个	0.60	5999.4	

图4-6 "计算公式的值并赋值给指定字段"规则测试效果

4.1.2 单据编号生成

(1)规则介绍：按规则生成单据编号，流水号最好在编号的末尾。其中生成流水号又分以下几种情况：

①不缓存流水号：产生编号时每次都会到物理表中求最大的可用流水号；

②缓存流水号：只在产生第一次流水号时计算，后面直接用缓存的流水号+1，缓存有助于提高性能，但可能会产生废号，使流水号不连续；

③值不同重新生成流水号：当这个字段的值不同时，流水号重新生成，例如年份不同而重新生成流水号的情况：2012-001，2012-002，2012-003，2013-001。

(2)规则示例：在保存一张采购订单之前，要先给该订单一个订单编号，以便以后的查询和辨识。该订单编号要求由三部分组成：①固定的字母标识"PUR"；②当前的系统日期(年月日)；③流水号(用于在系统里识别每笔业务的独特性)。

(3)操作如下：①在规则链定义里新增规则"单据编号生成"，如图4-7所示。

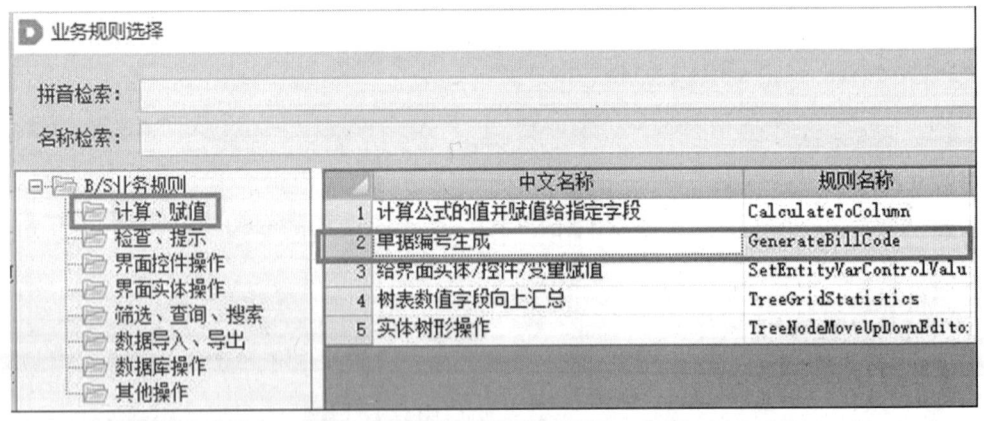

图4-7 新增"单据编号生成"规则

②在业务规则编辑器中按图4-8进行设置：

a. 实体表选择对应的采购订单实体，实体字段选择订单编号，生成范围选择"字段为空的记录"。

b. 流水号位数填3，补位符填0(根据实际需求而改变)。

c. 在"单据编号内容编排"中点击"添加"，类型选择"表达式"，其值填"PUR"；再次点击"添加"，类型选择"当前日期时间"，其值填"yyyyMMdd"；最后一项类型选择"流水号"即可。

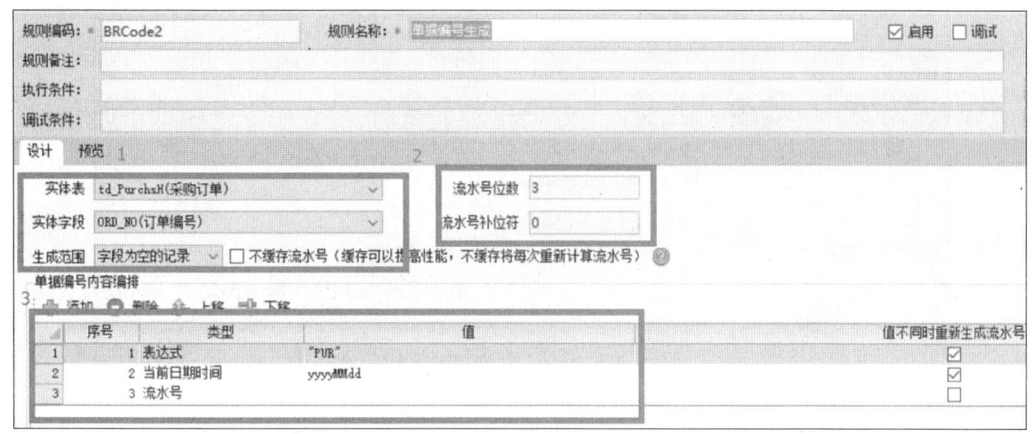

图4-8 编辑"单据编号生成"业务规则

③测试效果，单据编号生成后保存进数据库表后的效果如图4-9所示。

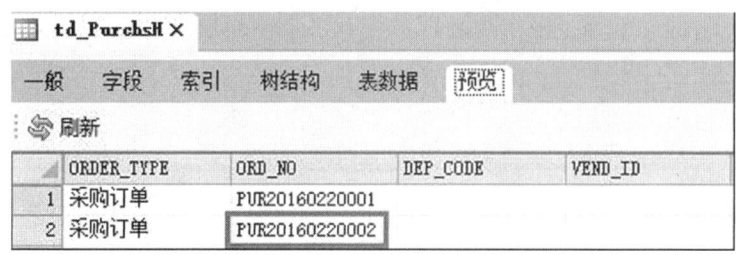

图4-9 "单据编号生成"规则测试效果

4.1.3 给界面实体/控件/变量赋值

（1）规则介绍：给目标赋值，当目标为实体类型时，需设置字段映射；支持的目标类型有构件变量、控件、窗体输入/输出、实体字段、方法变量/输出。

（2）规则示例：开一张新的采购单后，须填写制单人的名字和其部门，常用做法是自动填写当前登录的用户信息。

（3）操作如下：①从开发平台的构件库里引用登录构件，用于获取登录人的信息，如图4-10所示。

②添加两个方法变量"username""orgname"，用于临时保存登录人的信息，如图4-11所示。

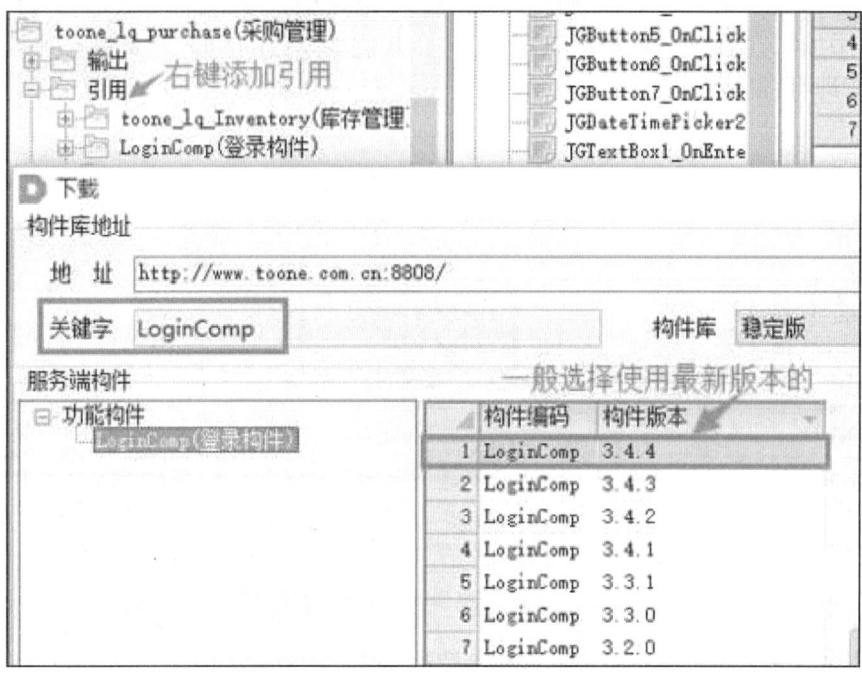

图 4-10　引用登录构件

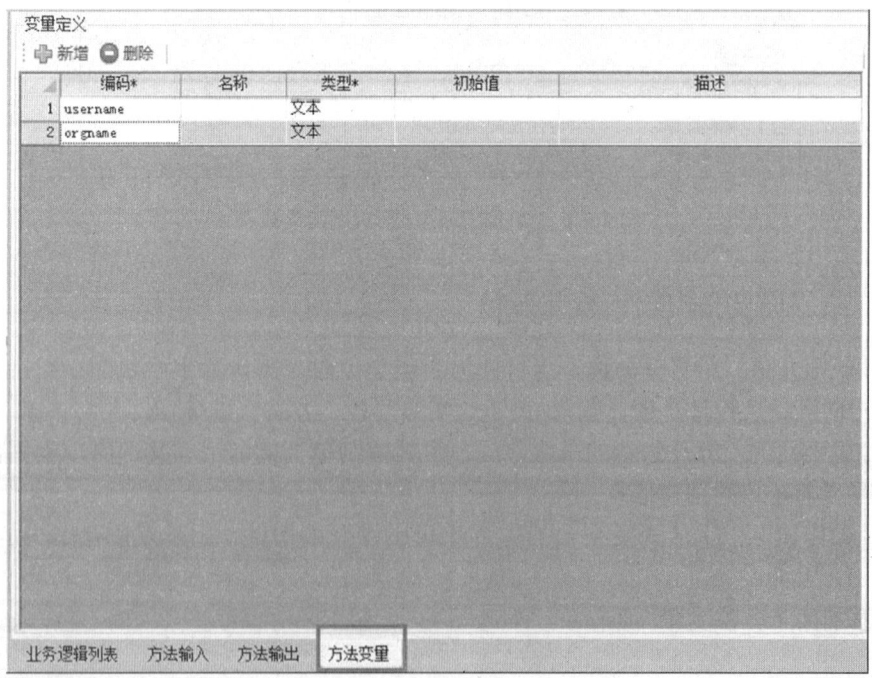

图 4-11　添加方法变量

③在规则链定义中新增"执行方法"规则（如图4－12所示），在方法选择器选择LoginComp构件里的"API_QueryLoginInfo"方法，将其返回值传给刚刚定义的两个方法变量username、orgname（如图4－13所示）。

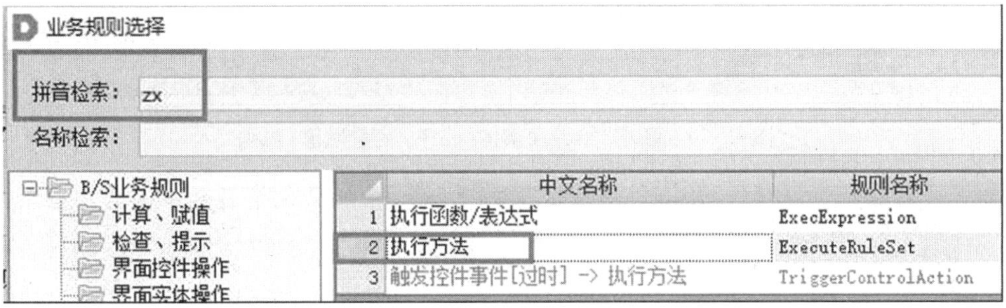

图4－12　新增"执行方法"规则

图4－13　编辑"执行方法"业务规则

④在规则链定义中新增"给界面实体/控件/变量赋值"规则（如图4－14所示），将方法变量username、orgname的值赋值给对应的采购订单的实体字段即可，如图4－15所示。

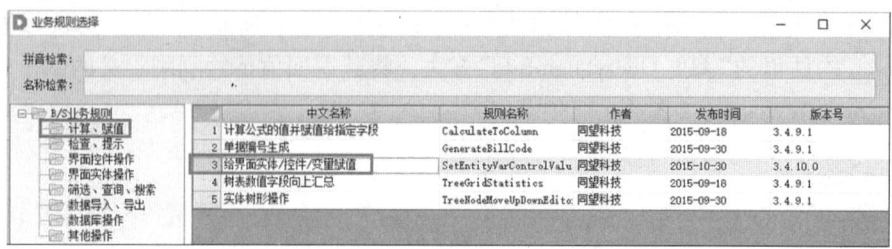

图 4-14 新增"给界面实体/控件/变量赋值"规则

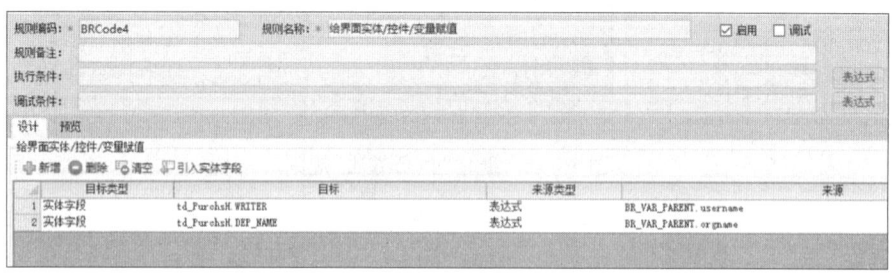

图 4-15 编辑"给界面实体/控件/变量赋值"业务规则

4.1.4 实体树形操作

（1）规则介绍：直接对实体中的树型字段进行计算，重新赋值。包括树形操作的同级新增-前、同级新增-后、下级新增、上移、下移、升级、降级和删除等功能。

（2）规则示例：实现树表新增、删除、保存等基本功能。

（3）操作如下：①新建一个普通窗体，改名为"树表示例"。拖拽 3 个面板控件、9个按钮控件（按钮标题分别改为：同级新增-前、同级新增-后、下级新增、上移、下移、升级、降级、删除和保存）以及 1 个树表控件至窗体中，按图 4-16 布局。

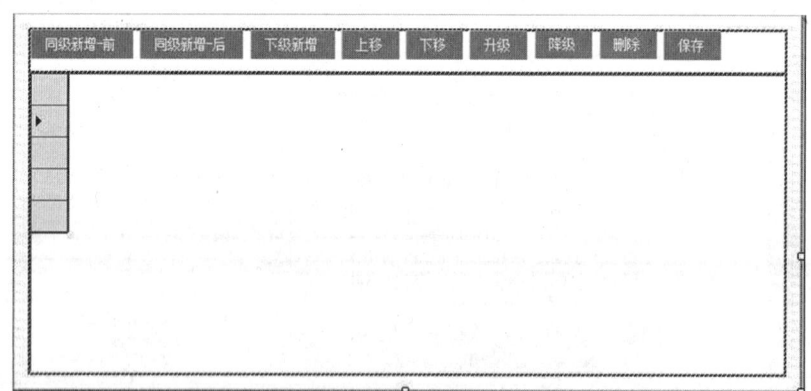

图 4-16 "树表示例"窗体布局

②添加实体，配置要显示的字段，添加固定树字段，然后点击右上角的"生成表"按钮，生成对应的数据库表，最后点击"确定"按钮关闭实体编辑窗口，如图 4-17 所示。

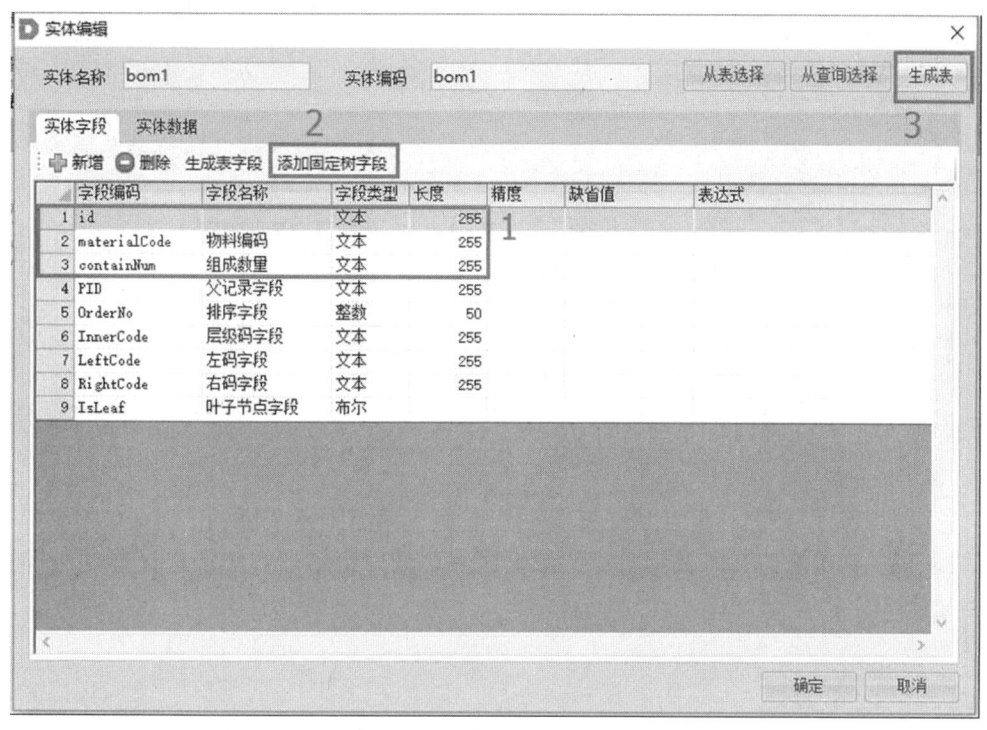

图 4-17 编辑实体

③双击"同级新增-前"按钮,配置其按钮事件,选择"实体树形操作"规则(如图 4-18 所示)。在"实体树形操作"规则配置里,在选择操作下拉选择框中选择"同级新增-前"即可(如图 4-19 所示)。同级新增-后、下级新增、上移、下移、升级、降级、删除按钮的配置类似,因此不再阐述。

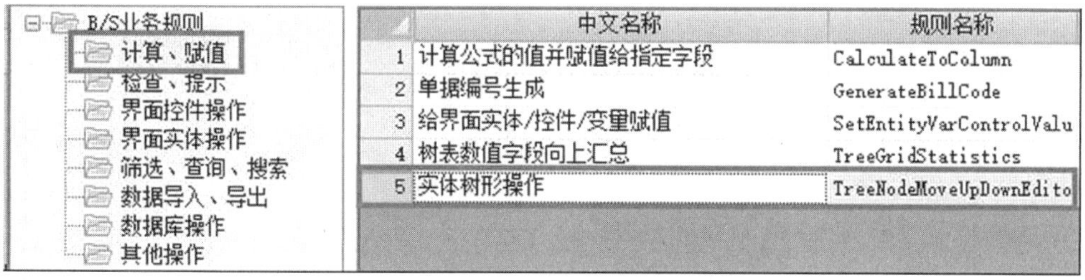

图 4-18 选择"实体树形操作"规则

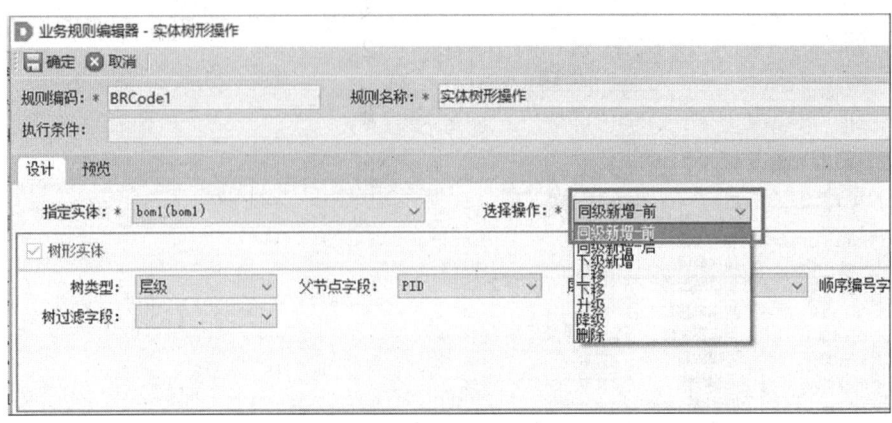

图 4-19　编辑"实体树形操作"业务规则

④双击"保存"按钮，配置其按钮事件，选择"保存实体到数据库"规则（如图 4-20 所示）。在规则里添加实体及其对应的数据库表，最后将树形实体的选择框勾上即可，具体配置如图 4-21 所示。

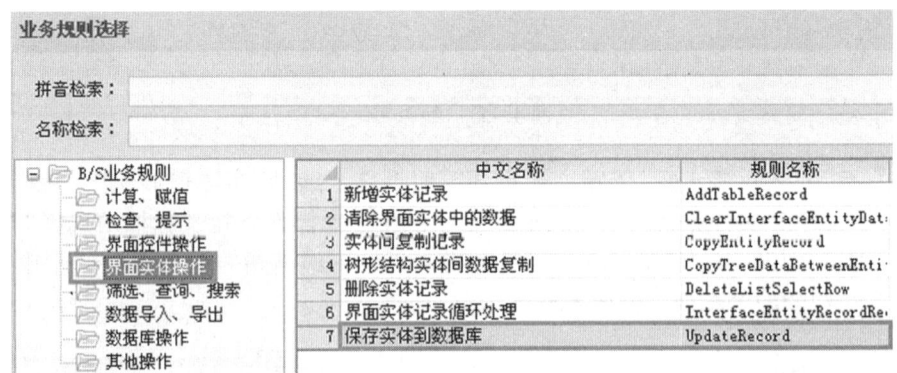

图 4-20　选择"保存实体到数据库"规则

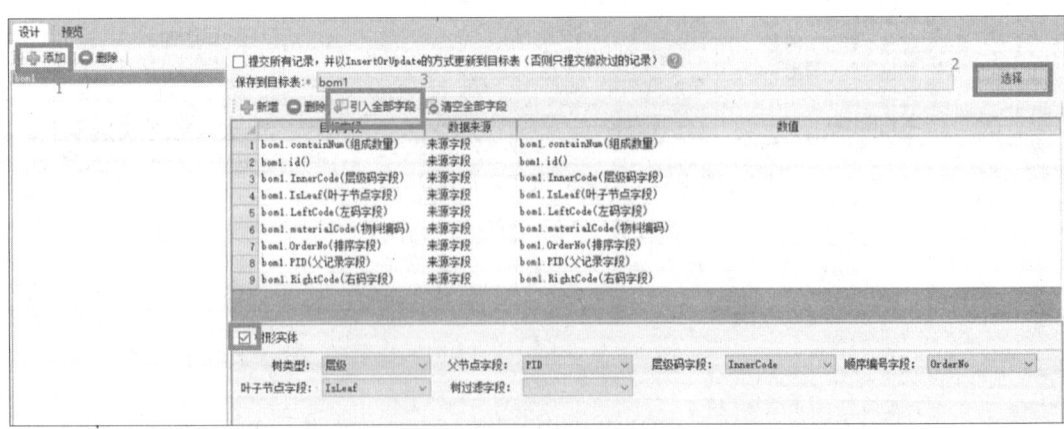

图 4-21　编辑"保存实体到数据库"业务规则

⑤测试效果,同级新增两行记录,并分别为其新增子项,如图 4-22 所示,A 的子项为 A-01 和 A-02,B 的子项为 B-11 和 B-12。

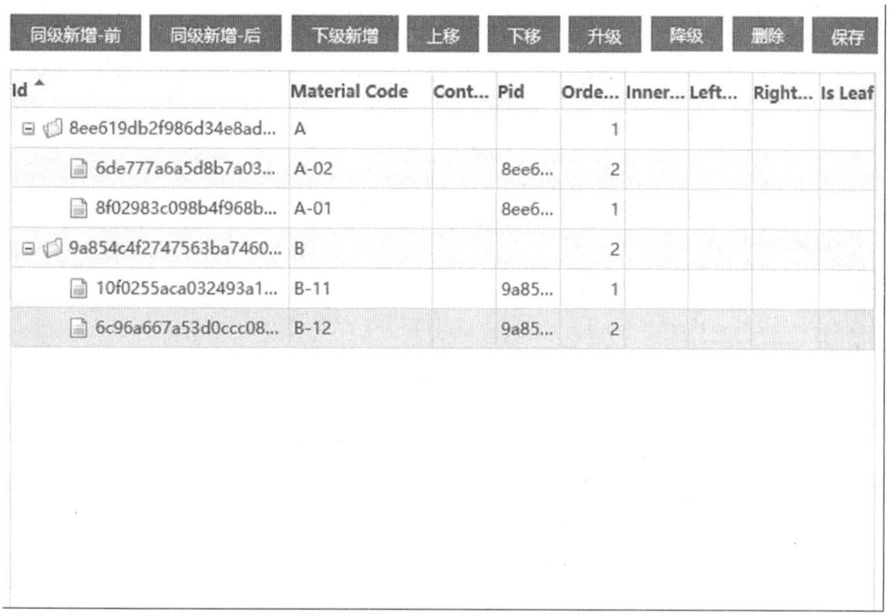

图 4-22 "实体树形操作"规则测试效果

4.2 检查、提示

4.2.1 必填项检查

(1)规则介绍:实体字段必填项检查。规则有两个返回值:

①必填项检查是否通过:如果必填项检查通过,返回 true,否则返回 false;

②确认结果:只有当必填检查未通过,并且询问用户的情况下才有效,用户选择确定时返回 true,选择取消时返回 false,其他情况下此参数无效。

(2)规则示例:保存采购单前需要检查申购部门和交货地点是否填写。

(3)操作如下:①在规则定义链中点击"新增",选择"必填项检查"规则,如图 4-23 所示。

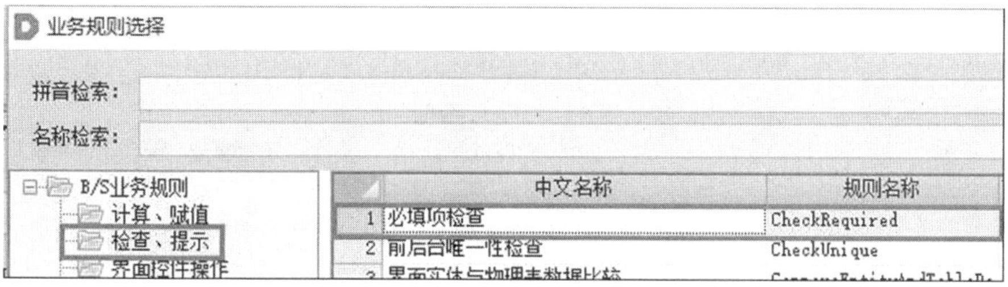

图 4-23 选择"必填项检查"规则

②在数据源集合里面选择采购表的对应字段添加到必填字段列表里面去，提示类型选择"提示，继续执行"，如图4-24所示。

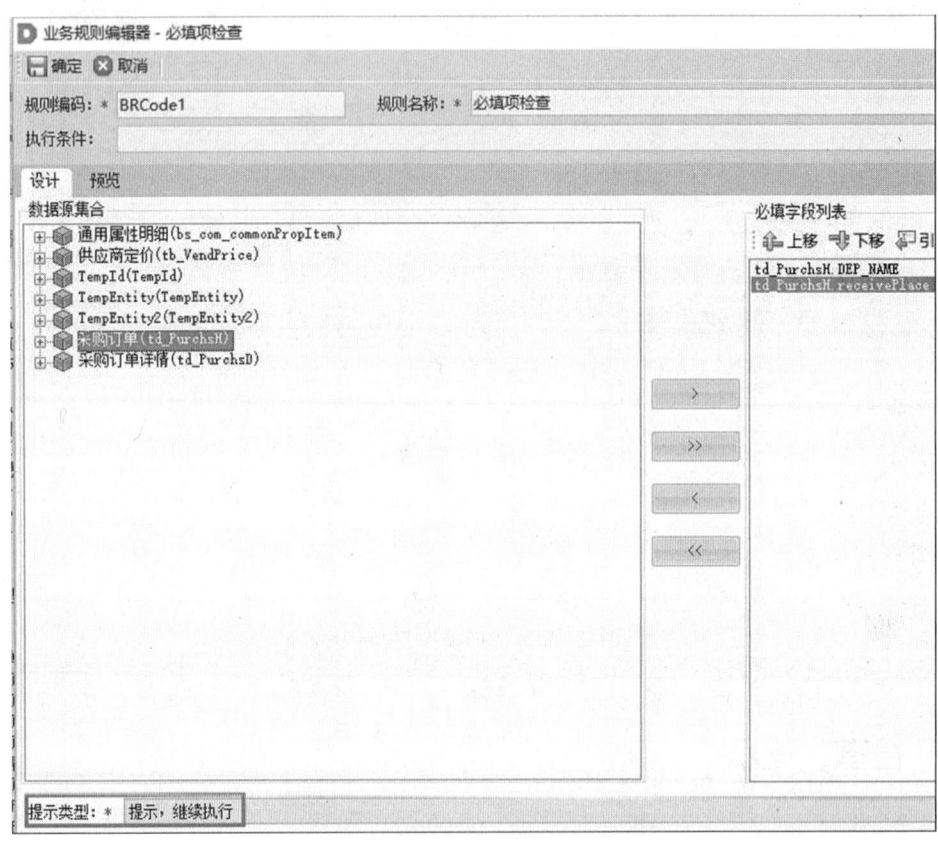

图4-24 编辑"必填项检查"业务规则

③测试效果，单击保存后的结果如图4-25所示。

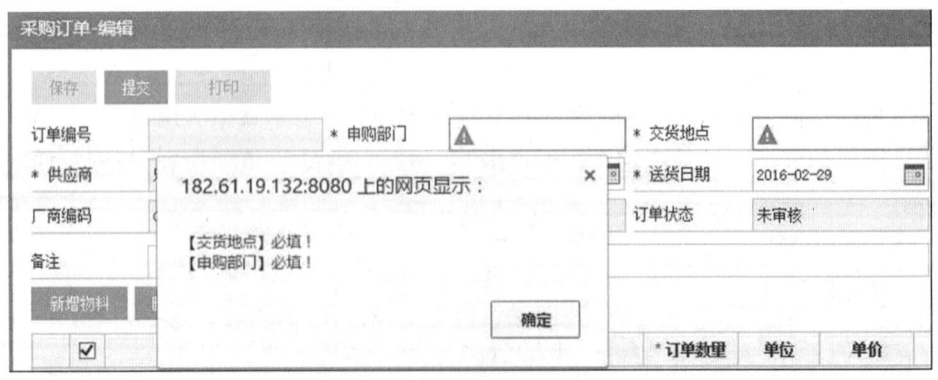

图4-25 "必填项检查"规则测试效果

4.2.2 前后台唯一性检查

(1) 规则介绍：根据配置的实体字段，检查前台实体表的数据唯一性。前台检查：仅在前台范围内进行数据校验。后台检查：通过与后台表、查询的映射，在后台范围检验数据的唯一性。校验结果：数据唯一返回 true，不唯一返回 false。勾选"自动选中重复行"，可以自动选中重复的数据。

(2) 规则示例：同一张采购单明细中不允许出现同一种物料（即重复记录）。

(3) 操作如下：①在规则链定义中点击"新增"，选择"前后台唯一性检查"规则，如图 4-26 所示。

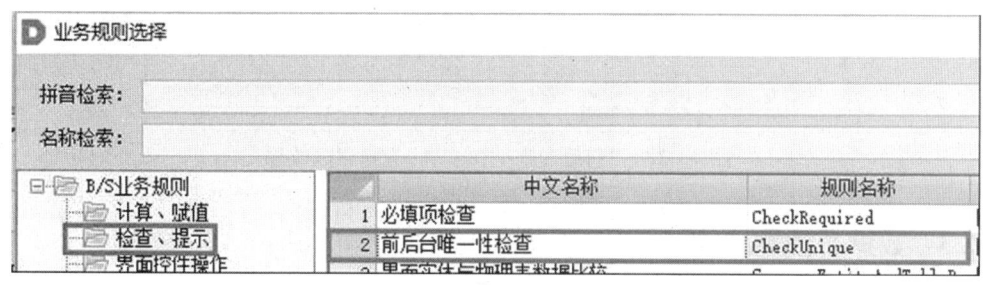

图 4-26　选择"前后台唯一性检查"规则

②在"检查字段/映射关系"框中选择需要检查的字段，这里选的是物料编码，勾选"自动选中重复行"，如图 4-27 所示。

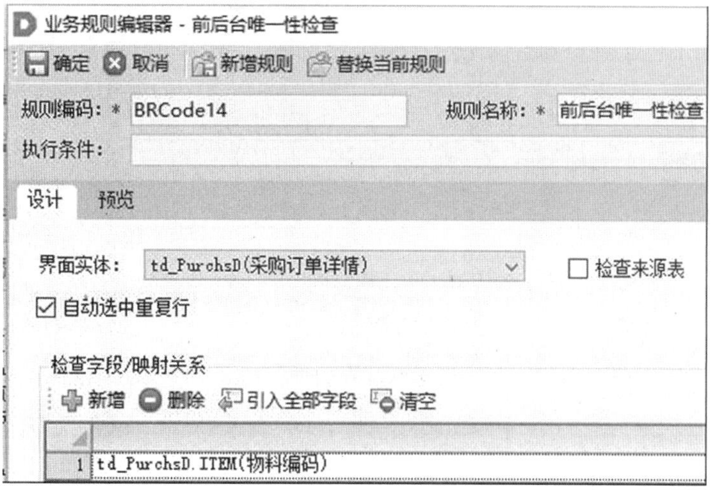

图 4-27　编辑"前后台唯一性检查"业务规则

③测试效果，对于存在重复物料的数据，选择检查字段并点击"保存"后出现如图 4-28 所示结果。

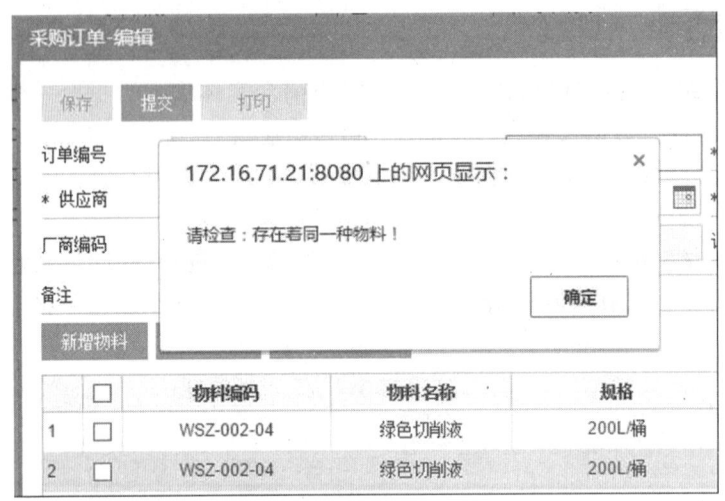

图4-28 "前后台唯一性检查"规则测试效果

4.2.3 数据合法性校验

(1)规则介绍：按指定的规则要求，校验数据合法性。规则返回值：isValidateOK，如果所有数据满足校验条件，则为true，否则为false；Confirm，检验存在不合法性数据时，如果是询问，则点"确定"时为true，点"取消"时为false。

(2)规则示例：在新增一个新的供应商并保存时，至少要检查联系人的手机号码格式是否正确。

(3)操作如下：①在规则定义链中点击产"新增"，选择"数据合法性校验"规则，如图4-29所示。

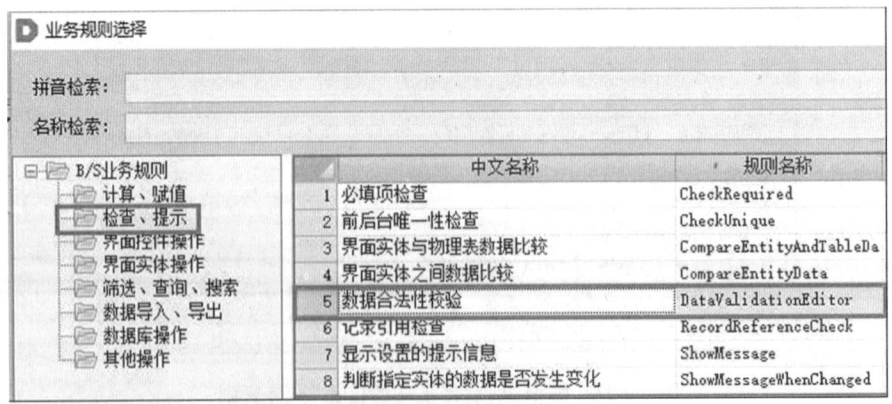

图4-29 选择"数据合法性校验"规则

②将对应的手机号码字段添加进去，校验类型选择"手机号码"，并添加相应的提示信息，提示类型选择"提示，继续执行"，如图4-30所示。

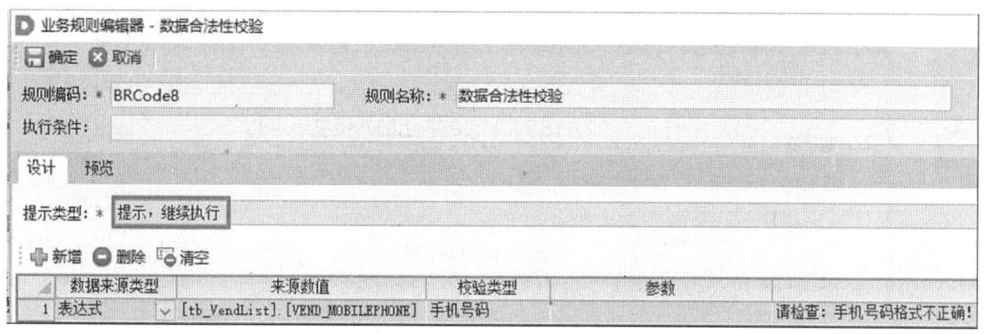

图4-30 编辑"数据合法性校验"业务规则

③在规则链定义中添加一个IF判断语句,如果"数据合法性校验"规则不通过则中断所有的规则。这里的判断表达式为:!BR_OUT.BRCode8.isValidateOK,如图4-31所示。

(a)编辑IF表达式

(b)成功添加IF判断句

图4-31 添加IF判断句

④测试效果,输入非法的电话号码并点击"保存"后的结果如果4-32所示。

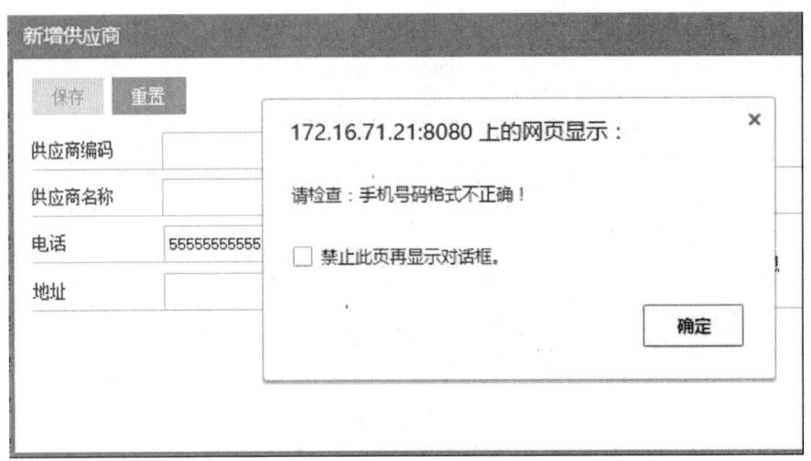

图4-32 "数据合法性校验"规则测试效果

4.2.4 显示设置的提示信息

(1)规则介绍：用于需要提示用户或者询问用户的场景。此规则有一个规则返回值，它只在询问的方式下才有效。如果是询问的提示方式，那么点"确定"时返回 true，点"取消"时返回 false。

(2)规则示例：在删除一张已有的采购订单时，需要提示用户是否确定删除选中的订单。

(3)操作如下：①在"删除"按钮的规则链定义中新增"显示设置的提示信息"规则，具体配置如图4-33所示。

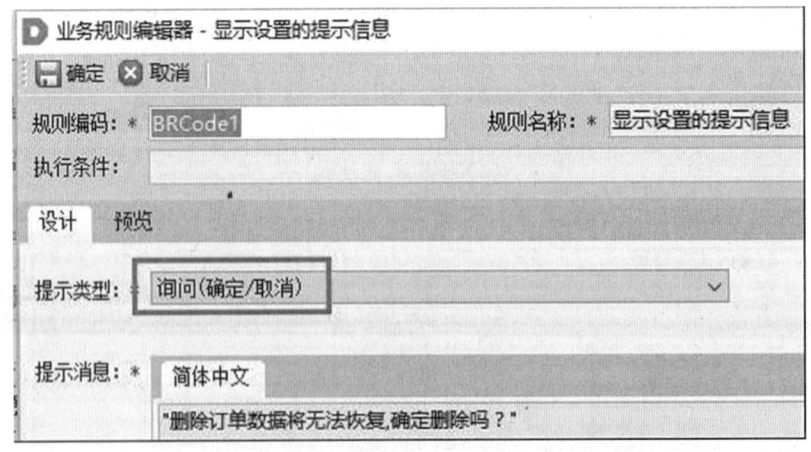

图4-33 编辑"显示设置的提示信息"业务规则

②添加一个 IF 语句，判断表达式是：BR_OUT.BRCode1.confirm == True 或省略成 BR_OUT.BRCode1.confirm，如图4-34所示。

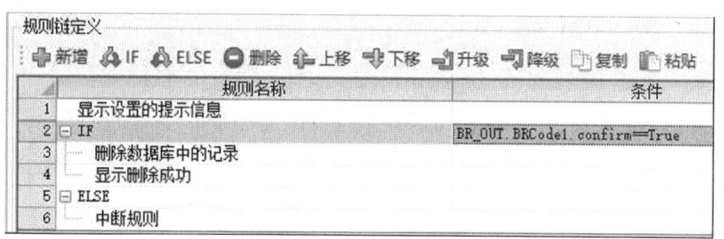

图 4-34 添加 IF 语句

③测试效果,选择订单后点击"删除"按钮的结果如图 4-35 所示。

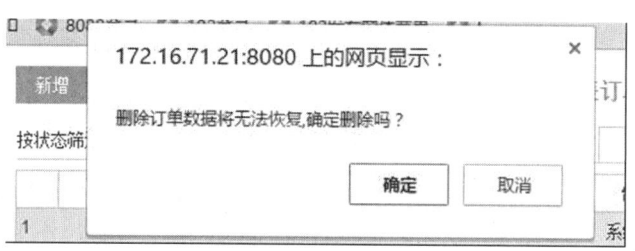

图 4-35 "显示设置的提示信息"规则测试效果

4.2.5 判断指定实体的数据是否发生变化

(1)规则介绍:用于数据修改时需要提示用户或者询问用户的场景。如果界面数据源已变化,返回 true,否则返回 false;发生变化需询问时,点"确定"按钮返回 true,点"取消"按钮返回 false。

(2)规则示例:用户在采购单的编辑窗体点击了"关闭"按钮,需要询问用户是否保存已经填写或修改了的数据,如果是,则保存当前的数据退出窗体,否则直接退出窗体。

(3)操作如下:①在"关闭"按钮的点击事件的规则链定义中,点击"新增",选择"判断指定实体的数据是否发生变化"规则,如图 4-36 所示。

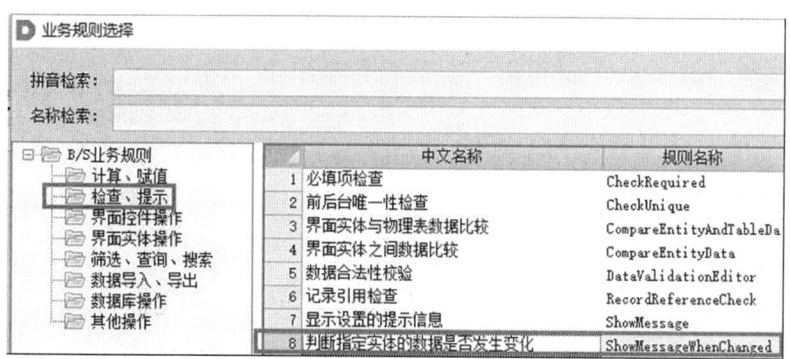

图 4-36 选择"判断指定实体的数据是否发生变化"规则

②双击需要检查的实体,将其选择到"已选实体"中,提示类型选择"询问(确定/取消)",并添加相关的提示信息,如图 4-37 所示。

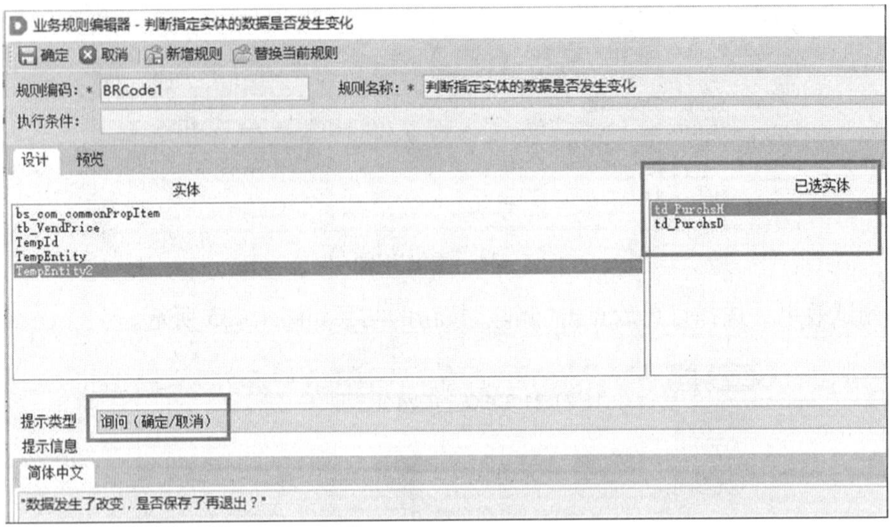

图 4-37 编辑业务规则

③添加 IF 和 ELSE 语句，判断表达式是：BR_OUT.BRCode1.confirm，如图 4-38 和图 4-39 所示。即如果用户点击了"确定"按钮，则执行保存的操作并退出窗体，用户点击"取消"则直接退出窗体。

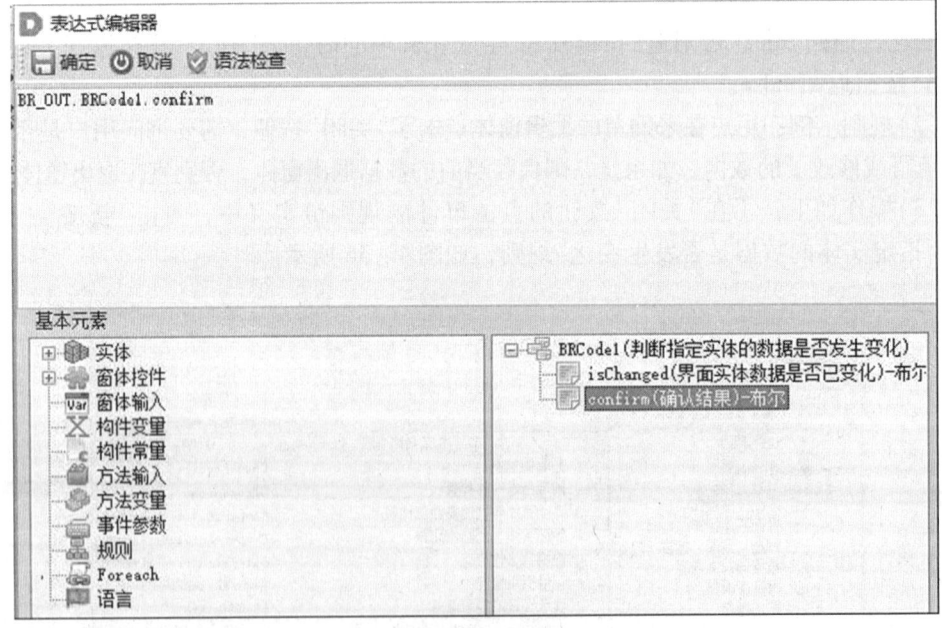

图 4-38 编辑判断表达式

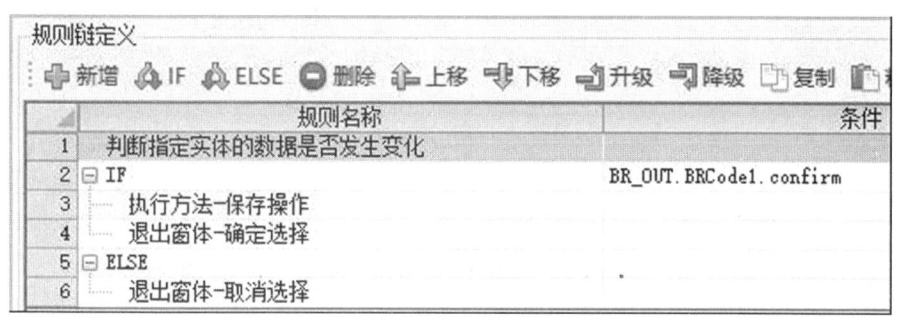

图 4-39　成功添加 IF 和 ELSE 语句

④测试效果，点击"关闭"按钮后的结果如图 4-40 所示。

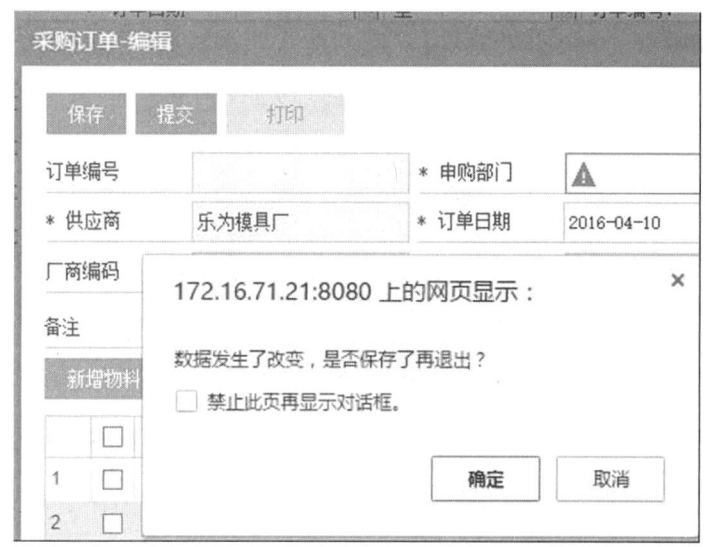

图 4-40　"判断指定实体的数据是否发生变化"规则测试效果

4.3　界面控件操作

4.3.1　附件操作

（1）规则介绍：附件操作，包括上传、下载、删除、预览（Word、PPT、PDF、Excel、图片等类型可以预览）。上传：要选择一个文件上传控件。下载/删除/预览：指定保存附件 ID 的字段名称。

（2）规则示例：上传一张图片。

（3）操作如下：①先添加一个文件控件，再添加一个按钮，选择"附件操作"规则，如图 4-41 所示。

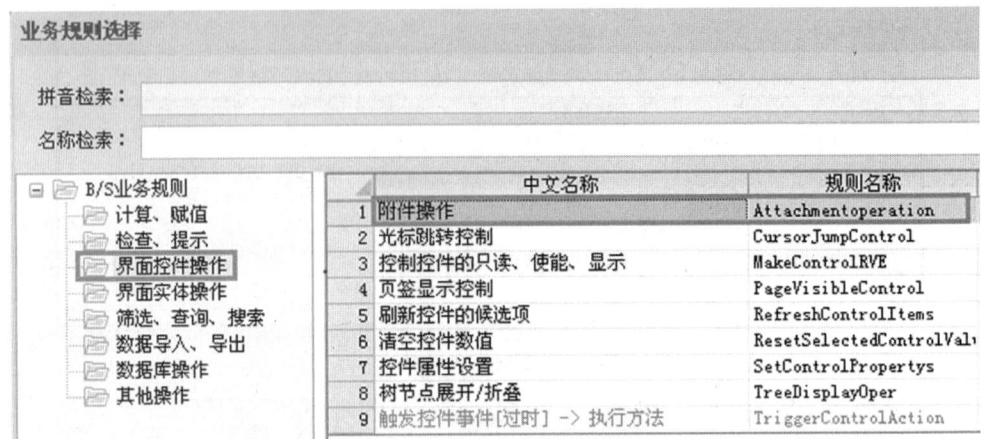

图4-41 选择"附件操作"规则

②在文件列表里面双击文件把文件控件选择到选择列表里面去,操作功能选择"上传",如图4-42所示。

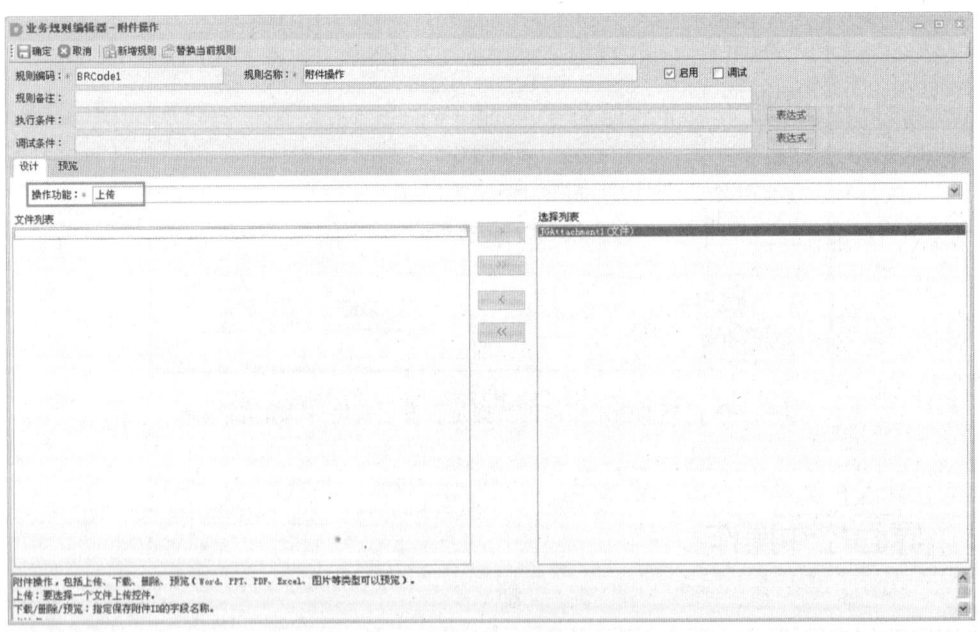

图4-42 编辑"附件操作"业务规则

③测试效果,点击"选择"按钮,出现如图4-43所示的文件选择窗口。

图4-43 "附件操作"规则测试效果

4.3.2 控制控件的只读、使能、显示

(1)规则介绍:该规则用于控制控件的三个属性:只读、使能、显示。具体地说,只读用来控制用户是否只能读取,不能修改控件(文本、长文本、列表等);使能用来控制用户是否能与控件进行交互,最常用的就是控制能不能点击一个按钮;显示则用来控制用户是否能看见这个控件。

(2)规则示例:一张采购订单只有在通过了审核后才可以进行打印操作。

(3)操作如下:①点击"打印"按钮,在右边的属性窗口将其默认的使能设置为"False"。

②在窗体加载事件的规则链定义里配置一个IF判断,表达式是:[td_PurchsH].[ORD_STATUS]=="已审核",即该订单已经通过了审核,如图4-44所示。

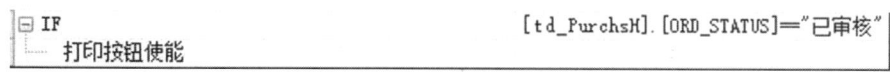

图4-44 配置IF判断

③选中IF规则,在其下级新增一个"控制控件的只读、使能、显示"规则,如图4-45所示。

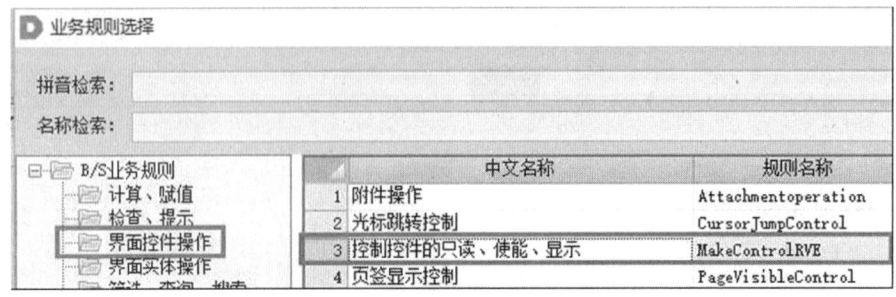

图 4-45　新增"控制控件的只读、使能、显示"规则

④设置选项选择"使能",并将打印按钮选到右边,将其使能打钩,如图 4-46 所示。

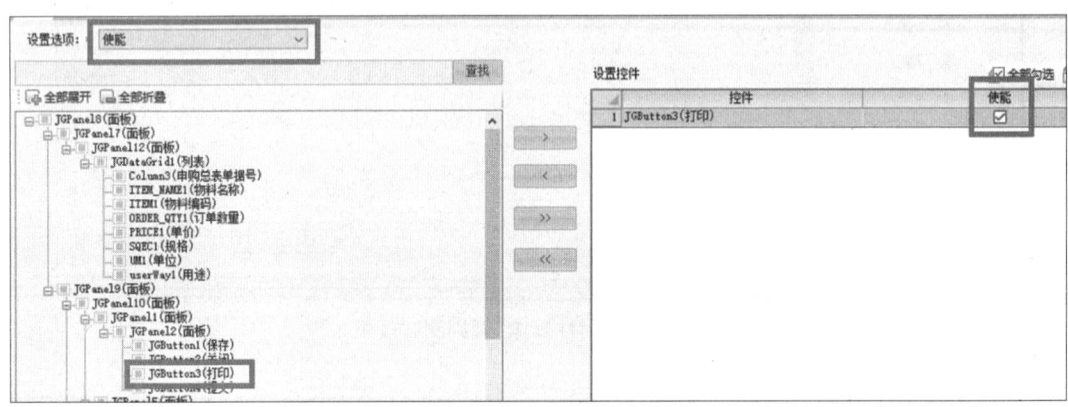

图 4-46　编辑业务规则

⑤测试效果,当前订单处于未审核状态,所以"打印"按钮不可用,如图 4-47 所示。

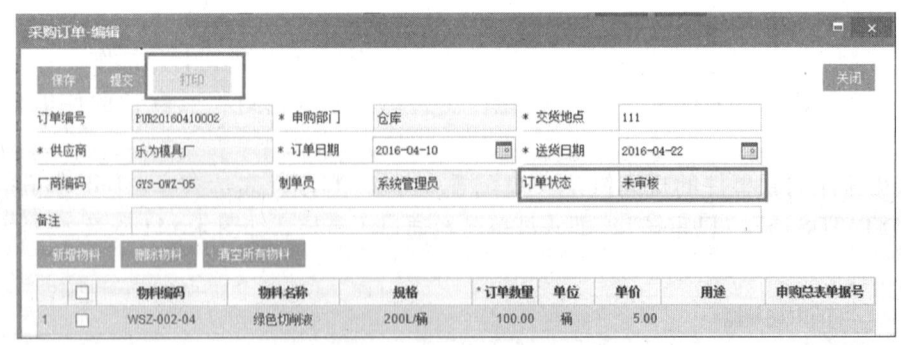

图 4-47　"打印"按钮不可用

4.3.3 控件属性设置

(1)规则介绍：控件属性设置。满足条件列表中的条件，才会执行属性设置。可以设置多个条件，条件之间是相互独立的。

(2)规则示例：采购单如果被审批人退回，需要添加一个重新提交的提示信息。

(3)操作如下：①在窗体上添加一个标签控件，并将其默认的显示属性设置为"False"。

②添加一个 IF 判断，表达式是：[td_PurchsH].[ORD_STATUS]=="不通过"。在 IF 下级新增一个"控件属性设置"规则，如图 4-48 和图 4-49 所示。

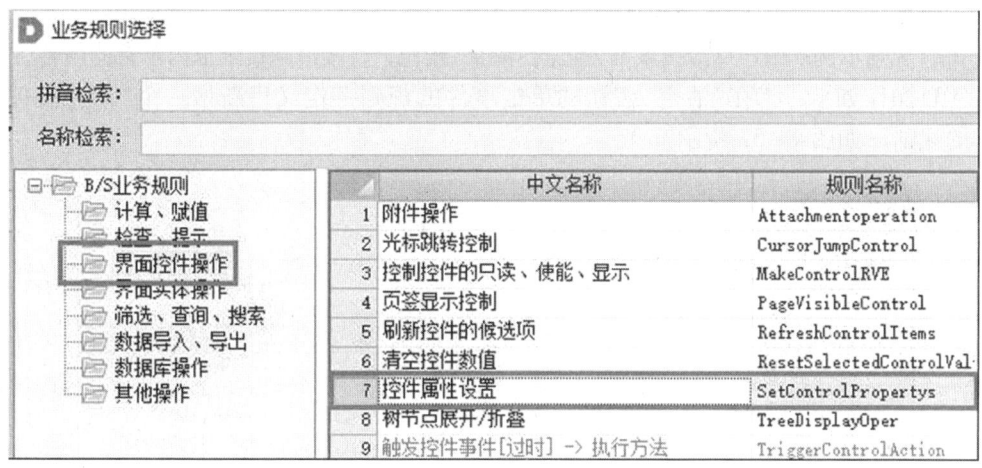

图 4-48 新增"控件属性设置"规则

图 4-49 添加 IF 判断

③条件列表设置新增一个条件：True，即一定执行，控件属性设置将标签控件显示属性设置为 True，标题设置为相应的提示信息，如图 4-50 所示。

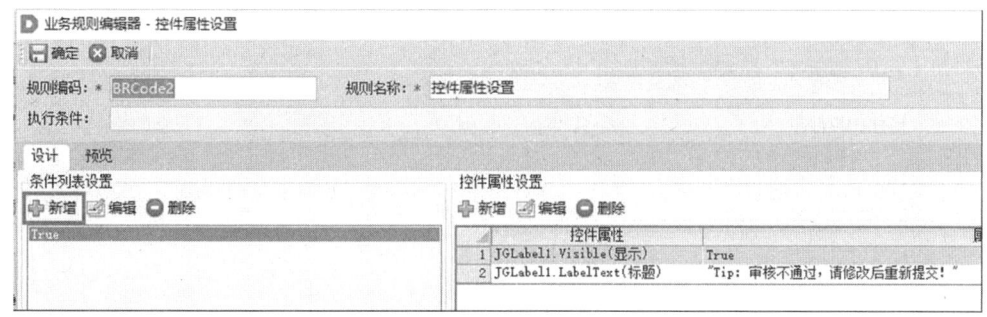

图 4-50 编辑"控件属性设置"业务规则

④测试效果，如图4-51所示。

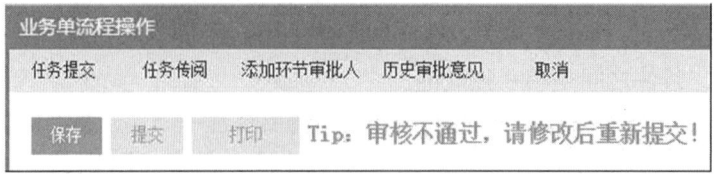

图4-51 "控件属性设置"规则测试效果

4.3.4 清空控件数值

（1）规则介绍：用于清空控件里已有的数值，常用于清空搜索框的数值。

（2）规则示例：用户点击搜索框旁边的"清空"按钮，直接清除搜索框内已有的内容。

（3）操作如下：①在"清空"按钮的单击事件的规则链定义里新增一个"清空控件数值"的规则，如图4-52所示。

图4-52 新增"清空控件数值"规则

②双击选中需要清除内容的控件，点击"确定"，如图4-53所示。

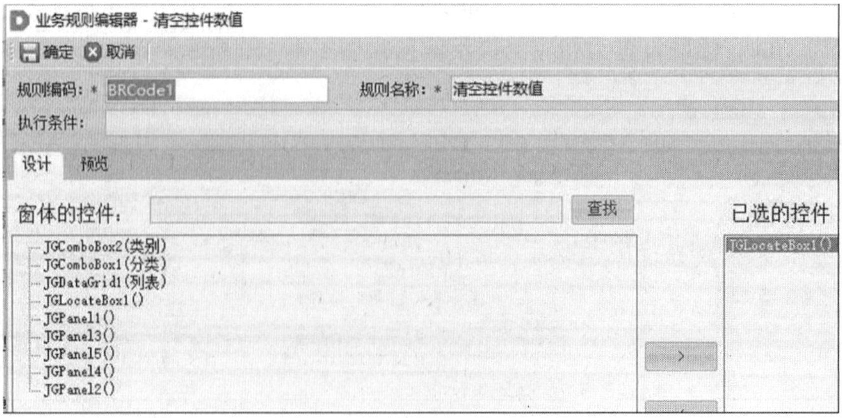

图4-53 选择控件

4.4 界面实体操作

4.4.1 新增实体记录

(1) 规则介绍：对指定实体进行新增行操作，如使用"新增"按钮来增加一行新数据。

(2) 规则示例：在一张签决单（定价单）里添加一种物料。

(3) 操作如下：①在"新增"按钮的单击事件里选择"新增实体记录"规则，如图4-54所示。

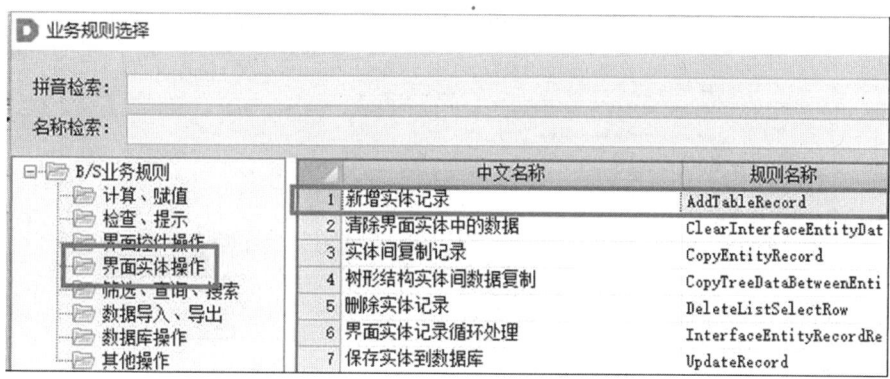

图4-54 新增"新增实体记录"规则

②在新增实体下拉框选择需要新增行的实体，在"缺省赋值字段"里可以赋给新增行的字段初始值，点击"确定"，如图4-55所示。

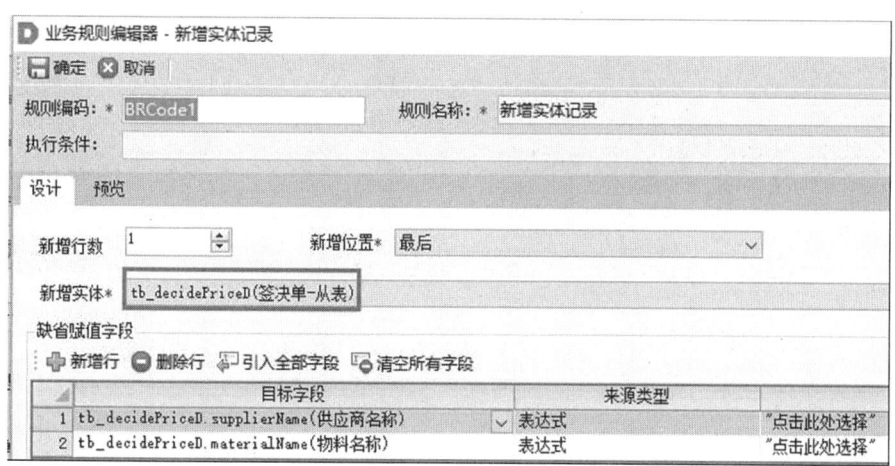

图4-55 编辑"新增实体记录"业务规则

4.4.2 清除界面实体中的数据

(1) 规则介绍：该规则用于清除界面实体中的所有数据，常用于需要一键清空数据的业务场景。

(2) 规则示例：采购单明细里可以添加多种物料，现需用户点击"清空所有物料"按钮并询问时点"确定"后，清除当前采购单明细里的所有物料。

(3) 操作如下：①新增一个用于询问用户是否确定清空所有数据的提示信息规则，如图 4-56 所示。

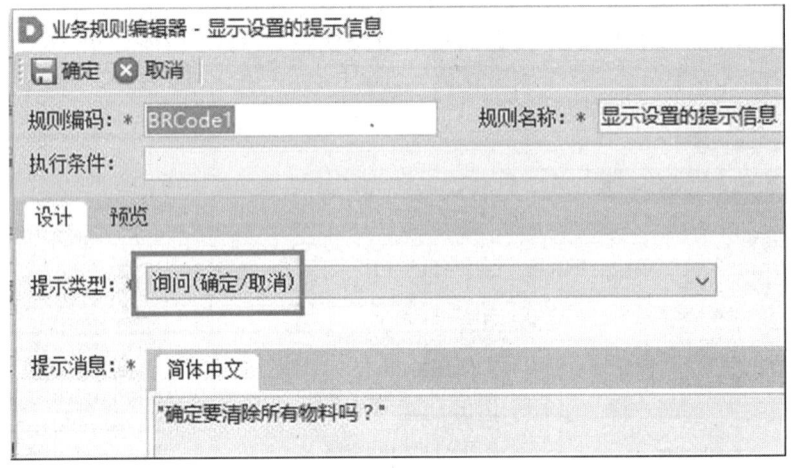

图 4-56 新增提示信息规则

②新增一个 IF 判断，表达式是：BR_OUT.BRCode1.confirm。在 IF 的下级新增"清除界面实体中的数据"规则，将要清除数据的实体选到右边，然后点击"确定"，如图 4-57 和图 4-58 所示。

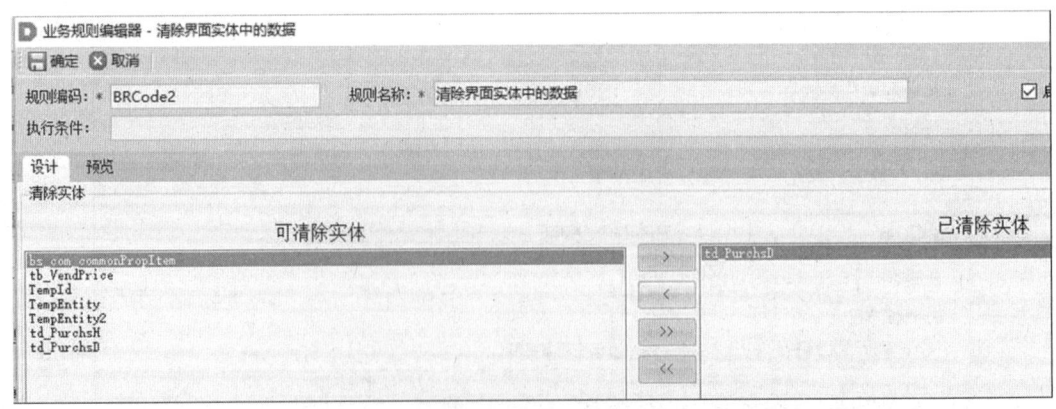

图 4-57 编辑"清除界面实体中的数据"业务规则

图 4-58 新增 IF 判断和规则

4.4.3 实体间复制记录

(1) 规则介绍：实体间复制记录。先对来源实体按复制类型和筛选条件(两者的交集)进行数据过滤，得到要复制的结果集。再根据重复记录处理方式，将结果集复制到目标实体中。追加：将结果集全部新增到目标实体中；忽略：重复的记录不处理，跳过，不重复的追加到目标实体中；替换：如果存在多对一的情况，前面的将会被最后一条记录覆盖；合并：将结果集中的字段值加到目标字段中，如果多对一，将会进行累加。

(2) 规则示例：系统在传递数据时经常要用到临时实体作为中间载体，现需将选中的采购单及采购单明细的数据放进临时实体，以便以后的传递。

(3) 操作如下：①复制采购单及采购单明细两个实体，将其命名为临时实体，如图 4-59 所示。

图 4-59 复制出临时实体

②新增一条"实体间复制记录"规则，如图 4-60 所示。

③来源实体选择采购单(主表)实体，目标实体为对应的临时实体，复制类型选择"选中行"，重复记录处理方式选择"追加"方式，如图 4-61 所示。

④再新增一条"实体间复制记录"的规则，用于复制采购单明细(从表)实体的，这里的筛选条件是采购单和采购单明细两个实体关联的字段相同时才复制，相关配置如图 4-62 所示。

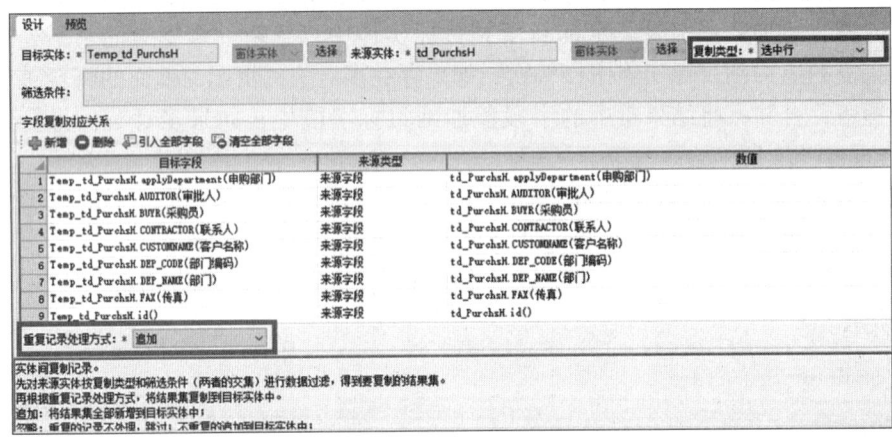

图 4 – 60　新增"实体间复制记录"规则

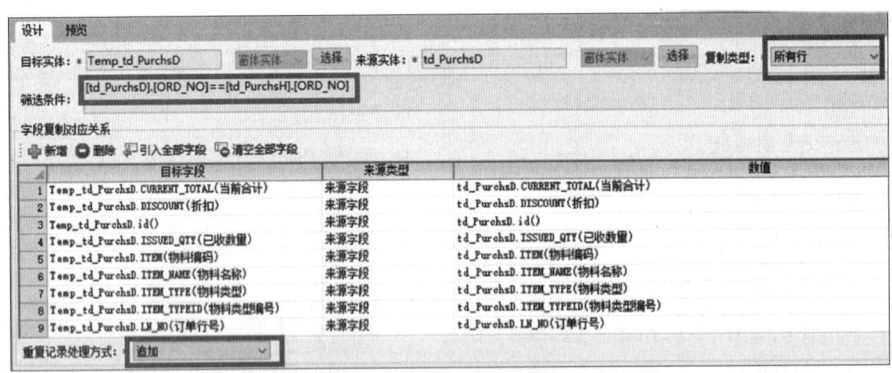

图 4 – 61　编辑"实体间复制记录"业务规则 1

图 4 – 62　编辑"实体间复制记录"业务规则 2

4.4.4　删除实体记录

（1）规则介绍：删除指定实体的记录。当删除类型选择的是"按条件删除记录"，若填写了条件，则按条件删除，不填写条件则删除所有记录。树型结构删除时，会删除记录的所有子节点。

（2）规则示例：用户在采购单明细的编辑窗体中选中物料并点击"删除物料"按钮

后，删除选中的物料。

（3）操作如下：①新增一个提示信息规则用于询问用户是否确定要删除，如图4-63所示。

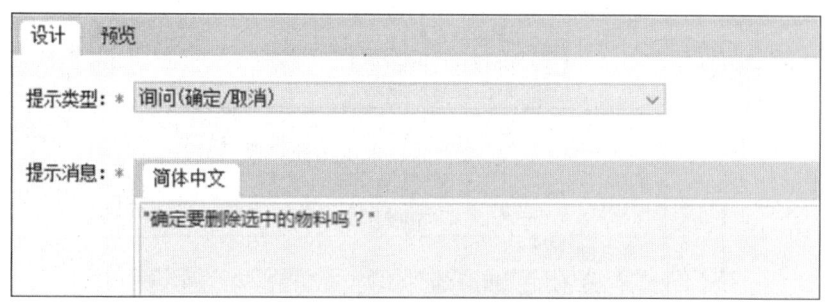

图4-63 设置新增提示信息规则

②新增一个IF判断，表达式是：BR_OUT.BRCodel.confirm。在IF的下级新增"删除实体记录"规则，删除类型是"删除选中记录"，如图4-64所示。

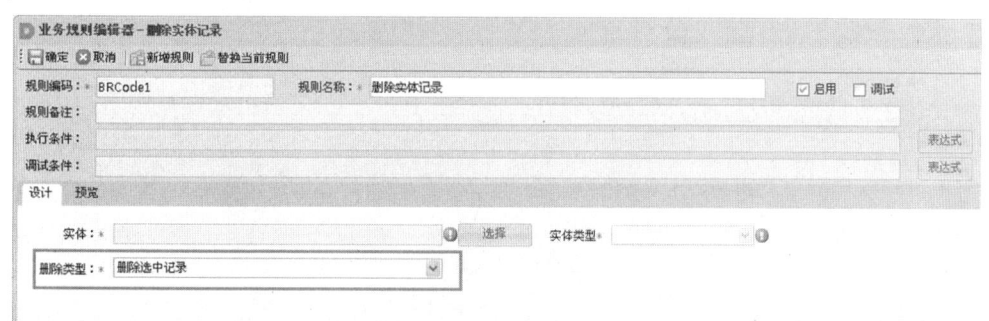

图4-64 编辑"删除选中记录"业务规则

4.4.5 界面实体记录循环处理

（1）规则介绍：每一次循环，都判断记录是否满足给定条件，如果满足，就执行赋值操作。可以指定多个条件，多个条件是相互独立的。

（2）规则示例：一行采购单记录对应着多行采购单明细记录，这两个实体是用订单编号字段来关联的。订单编号是通过使用"单据编号生成"规则生成的，而且存在于采购单（主表）实体中，如何快速地将这个订单编号赋值给明细表实体的所有记录呢？答案是使用"界面实体记录循环处理"这个规则。

（3）操作如下：①在新增"单据编号生成"规则后新增"界面实体记录循环处理"规则，如图4-65和图4-66所示。

②编辑"界面实体记录循环处理"业务规则，实体目标是采购单明细实体（从表），目标字段是从表的订单编号，数值是主表的订单编号，如图4-67所示。

③测试效果，保存进数据库后的效果如图4-68所示。

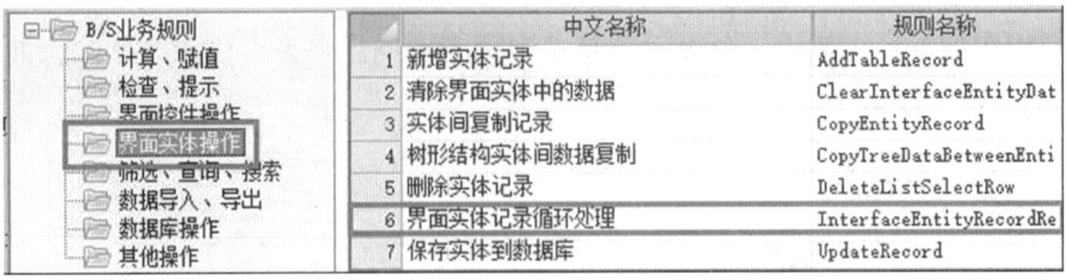

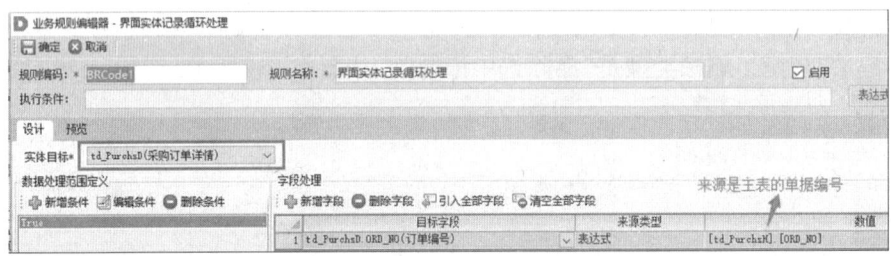

图 4-65　新增"界面实体记录循环处理"规则

图 4-66　新增规则顺序

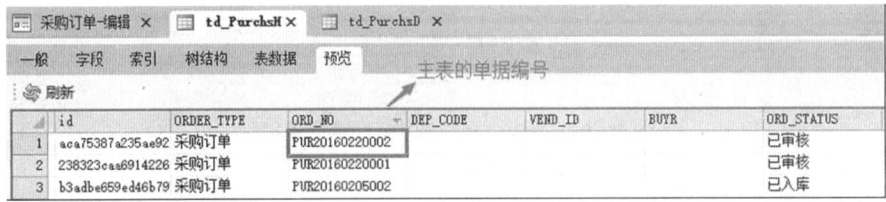

图 4-67　编辑"界面实体记录循环处理"业务规则

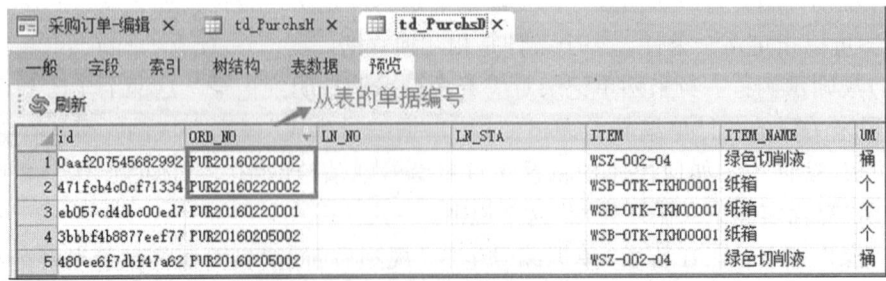

（a）主表单据编号

（b）从表单据编号

图 4-68　测试效果

4.4.6 保存实体到数据库

(1) 规则介绍：将实体数据保存到指定的实体表中。选中树型结构，在保存时会重新计算树型字段的值，以保证保存后树型结构正确。

(2) 规则示例：用户点击"保存"按钮，检查必填项，唯一性没问题后，保存当前采购单和采购明细的数据进数据库。

(3) 操作如下：①在"必填项检查""前后台唯一性检查"规则都通过的条件下新增规则"保存实体到数据库"，如图 4-69 和图 4-70 所示。

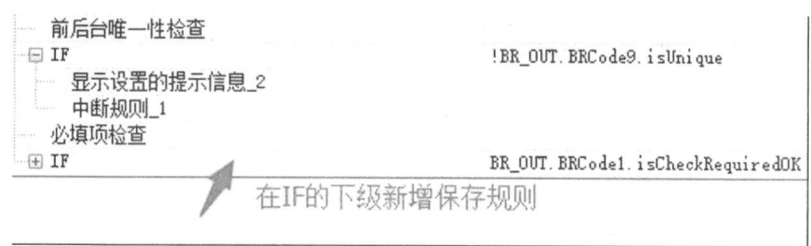

图 4-69 新增规则

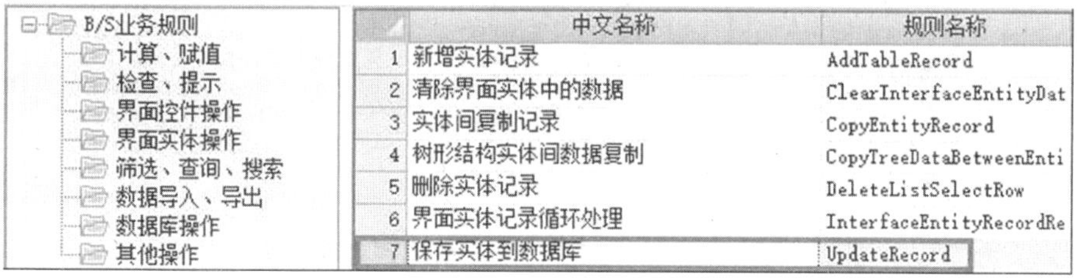

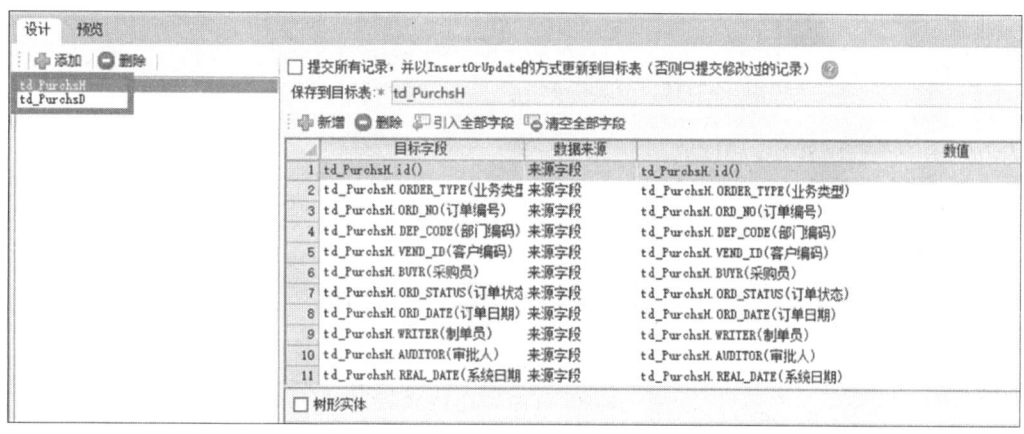

图 4-70 选择"保存实体到数据库"规则

②左边添加需要保存的实体，"保存到目标表"里选择实体所对应的表，并引入全部字段，如图 4-71 所示。

图 4-71 编辑"保存实体到数据库"业务规则

4.5 筛选、查询、检索

4.5.1 从数据库获取数据到实体

(1)规则介绍:从查询或物理表中,根据指定条件获取数据,并将数据放到实体中。

(2)规则示例:获取数据库所有采购单(主表)的数据。

(3)操作如下:①在窗体的加载事件里新增规则"从数据库获取数据到实体",如图4-72所示。

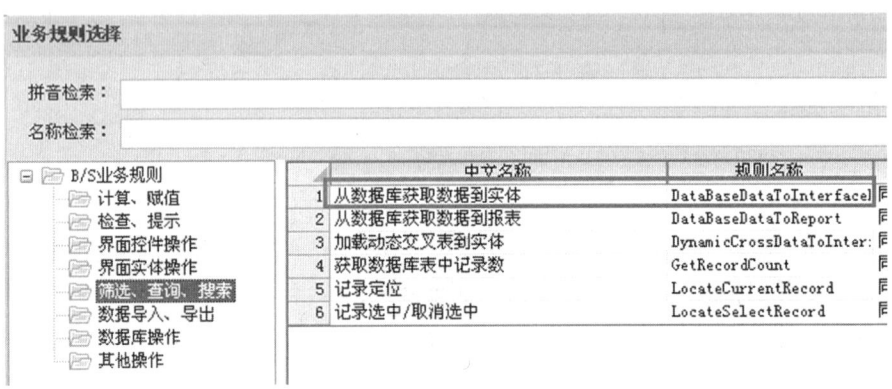

图4-72 新增"从数据库获取数据到实体"规则

②选择采购单的实体,数据源是采购表。如有筛选条件,可在"数据源过滤条件设置"里面编辑,如需要排序则在"排序字段设置"里设置,图4-73为按系统日期降序方式进行排序。

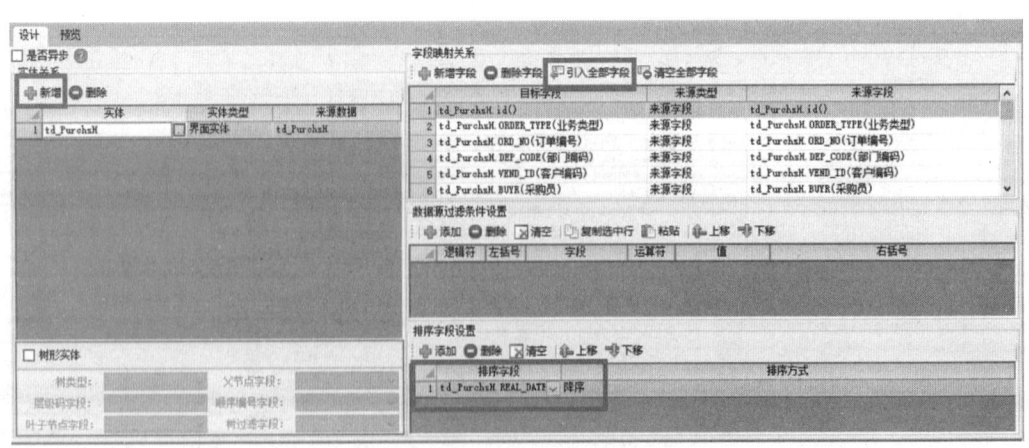

图4-73 编辑"从数据库获取数据到实体"业务规则

4.5.2 从数据库获取数据到报表

(1) 规则介绍：从数据库获取数据加载到报表实体中，并在指定报表控件中展现。

(2) 规则示例：根据订单编号获取对应的采购单报表到窗体。

(3) 操作如下：①在构件视图的报表管理里，新建一张报表，选中单元格，右键设置单元格字段，设置如图 4-74 所示。

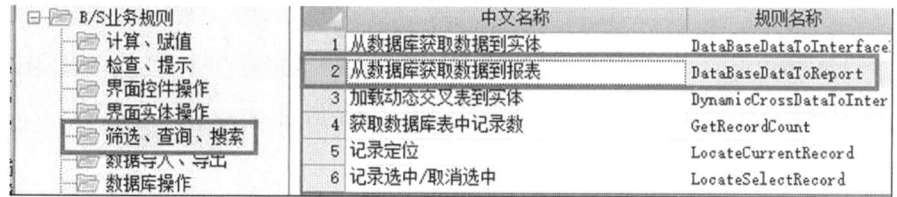

图 4-74 设置单元格字段

②在窗体中添加报表控件。

③在窗体加载事件里新增"从数据库获取数据到报表"规则，加载数据库中数据到报表，如图 4-75 和图 4-76 所示。

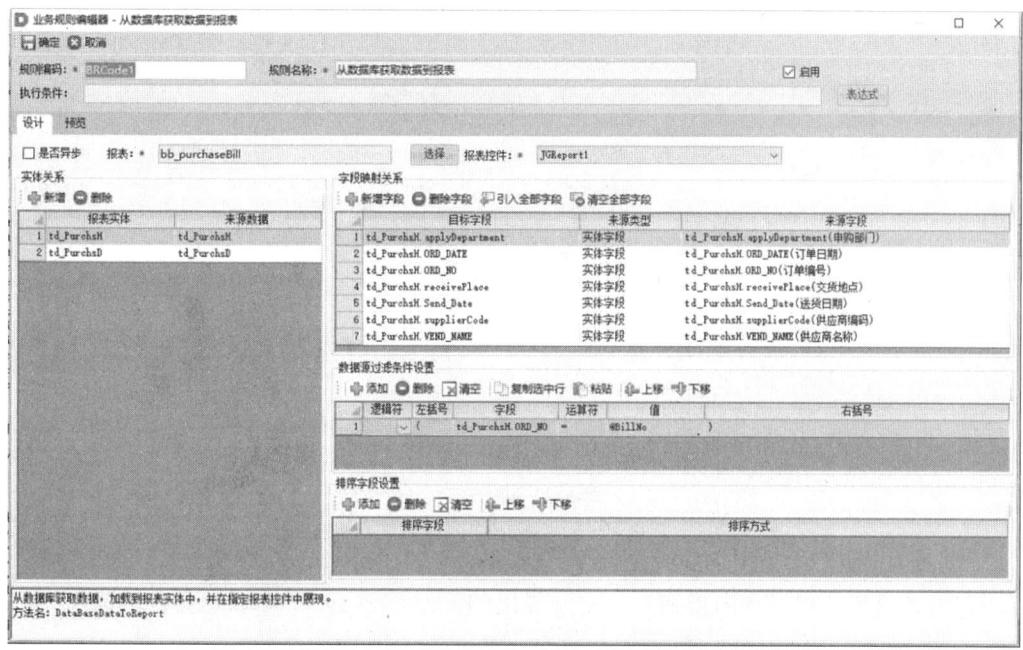

图 4-75 新增"从数据库获取数据到报表"规则

图 4-76 编辑"从数据库获取数据到报表"业务规则

4.6 数据导入、导出

4.6.1 导出数据库数据到 Excel

（1）规则介绍：将表或查询数据导出成 Excel 文件。如果"导出数据"不勾选，这列将会出现在 Excel 中，但没有数据，是空列。

（2）规则示例：将数据库里所有供应商信息导出到 Excel 表格中。

（3）操作如下：①在窗体上添加一个导出按钮，在导出按钮的单击事件的规则链定义里新增"导出数据库数据到 Excel"规则，如图 4-77 所示。

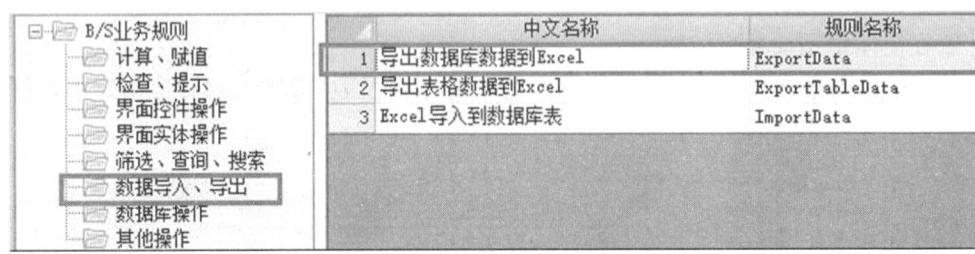

图 4-77 新增"导出数据库数据到 Excel"规则

②默认的文件名写自己想设置的文件名，这里写的是供应商信息+当前日期时间；导出数据源选择需要导出的那个数据库表，这里选择的是供应商信息表；过滤条件按实际需求编辑，这里导出所有供应商数据，所以不填；最后选择要导出的字段以及映射关系选择需要导出的字段，如图 4-78 所示。

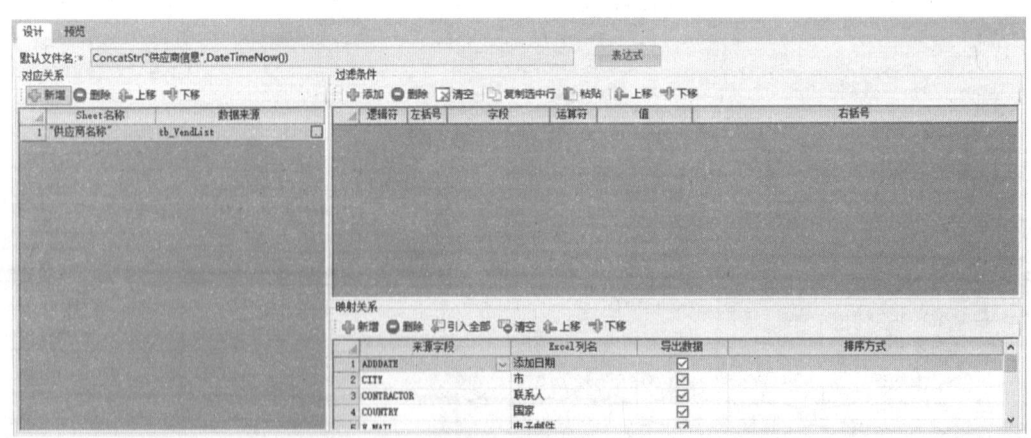

图 4-78 编辑"导出数据库数据到 Excel"业务规则

③测试效果，单击导出按钮后，打开导出的 Excel 表，如图 4-79 所示。

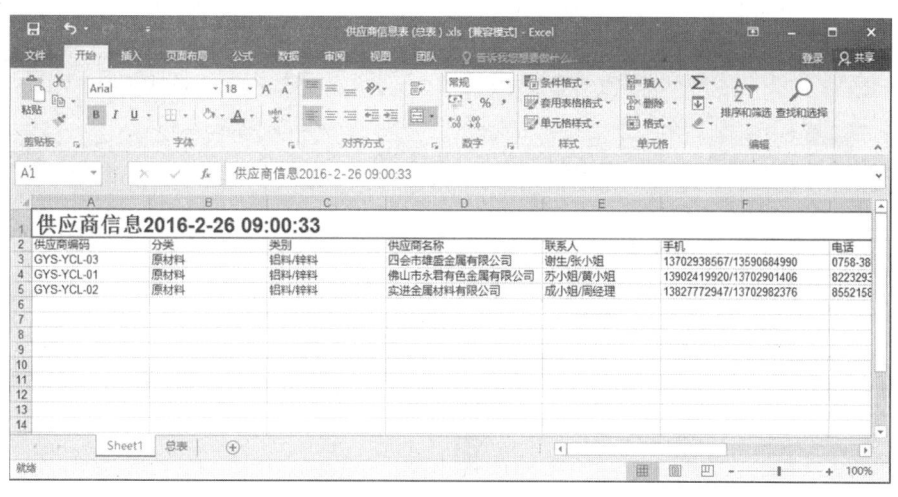

图 4-79 "导出数据库数据到 Excel"规则测试效果

4.6.2 Excel 导入到数据库表

(1) 规则介绍：将 Excel 文件中的数据根据字段的映射关系导入到对应物理表中，当数据来源为空时，此规则会按中文名称去映射。

(2) 规则示例：将供应商信息 Excel 表内的数据导入到数据库。

(3) 操作如下：①在窗体上添加一个文件控件，标题改为"请选择导入文件"，再添加一个按钮，标题改为"导入"，如图 4-80 所示。

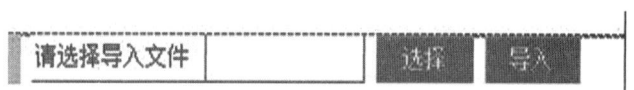

图 4-80 添加控件和按钮

②在导入按钮的单击事件的规则链定义中新增"Excel 导入到数据库表"规则，并配置字段及映射关系（注意，id 列不要勾选，让平台自动生成，以避免造成数据库里主键冲突），如图 4-81 和图 4-82 所示。

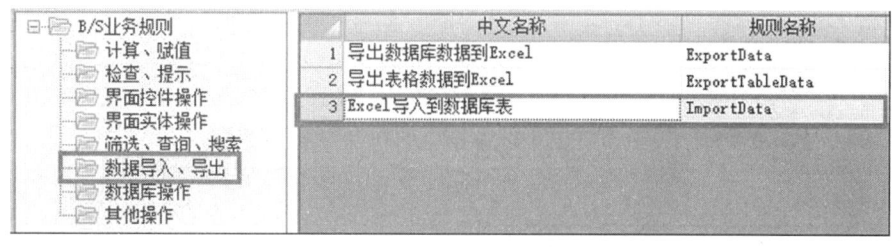

图 4-81 新增"Excel 导入到数据库表"规则

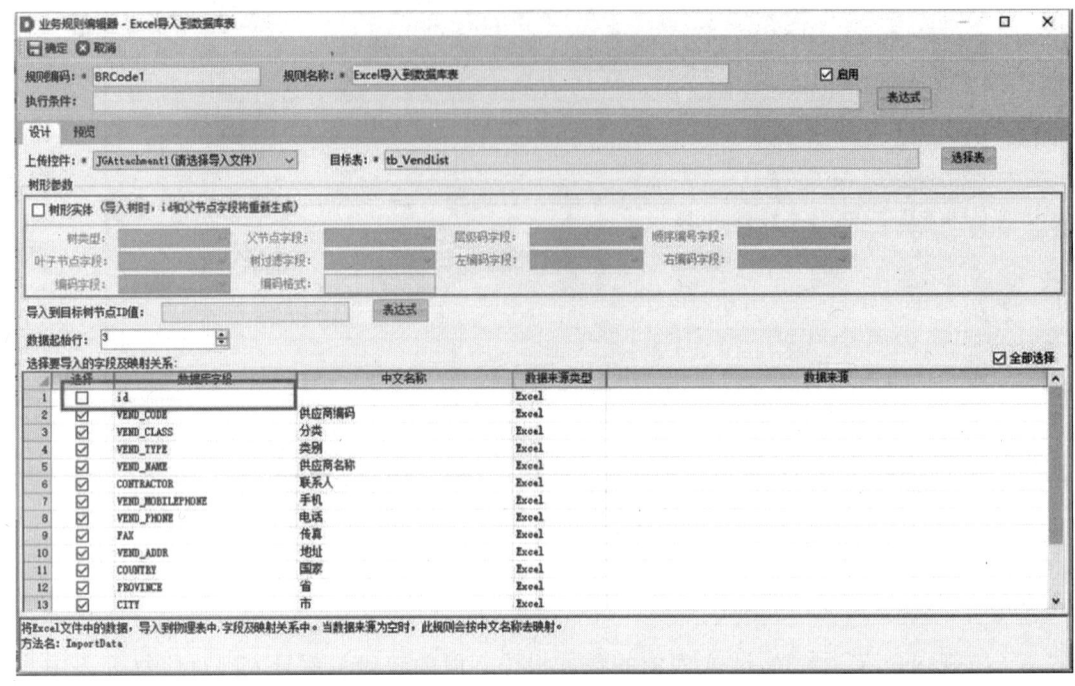

图 4-82　编辑"Excel 导入到数据库表"业务规则

4.7　数据库操作

4.7.1　新增数据库记录

(1) 规则介绍：插入数据到指定数据库物理表。

(2) 规则示例：新增数据库记录。

(3) 操作如下：在窗体上添加一个按钮，在其单击事件的规则链定义中新增"新增数据库记录"规则，并选择目标表和配置字段映射关系，如图 4-83 和图 4-84 所示。

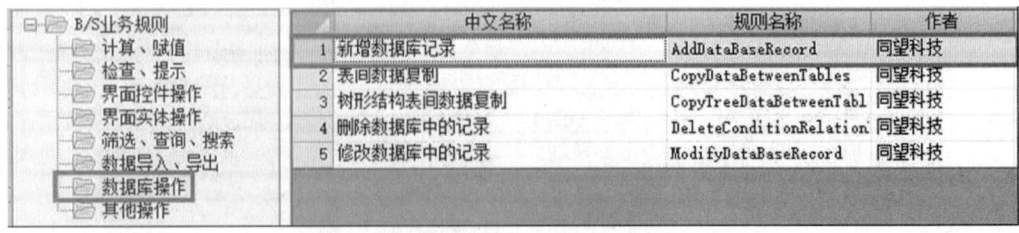

图 4-83　新增"新增数据库记录"规则

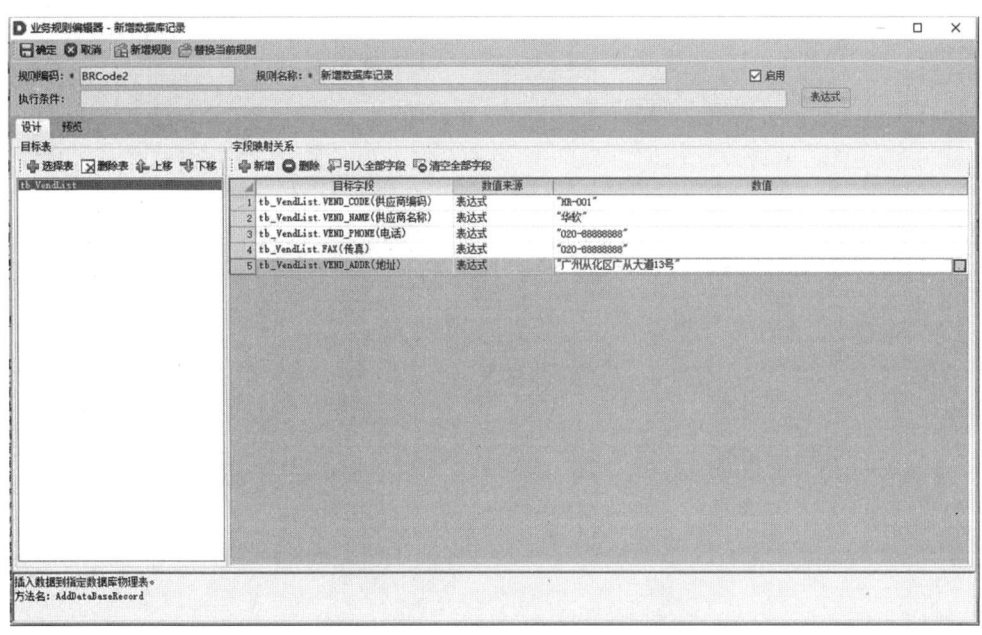

图 4-84　编辑"新增数据库记录"业务规则

4.7.2　表间数据复制

（1）规则介绍：物理表间数据复制。行重复记录：①忽略：跳过，不将记录复制到目标表中；②更新：用源记录更新目标记录，每个字段的更新策略可以在"重复处理"列中再另行指定；③追加：以新记录的方式插入到目标表中。

（2）规则示例：备份供应商数据，以便在发生严重操作错误时能够进行恢复。

（3）操作如下：①复制一个供应商信息表，将其名称改为"供应商信息备份"，如图 4-85 所示。

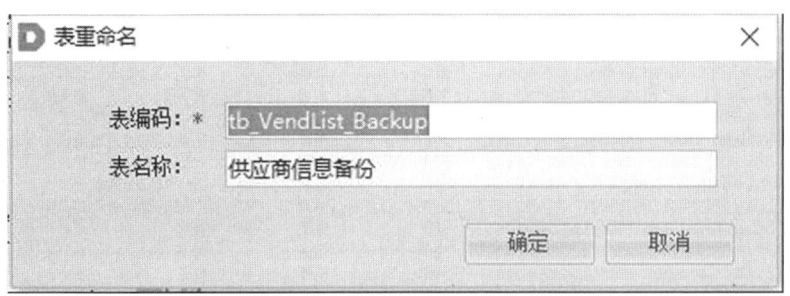

图 4-85　复制供应商信息表并重命名

②在窗体上配置一个"备份"按钮，并为其配置按钮单击事件，新增"删除数据库中的记录"和"表间数据复制"规则，其中，前者用于将上次备份的数据清除掉。"表间数据复制"的具体配置如图 4-86 所示，选择目标表和来源表，引入全部字段，复制条件

为空，即复制全部的记录。

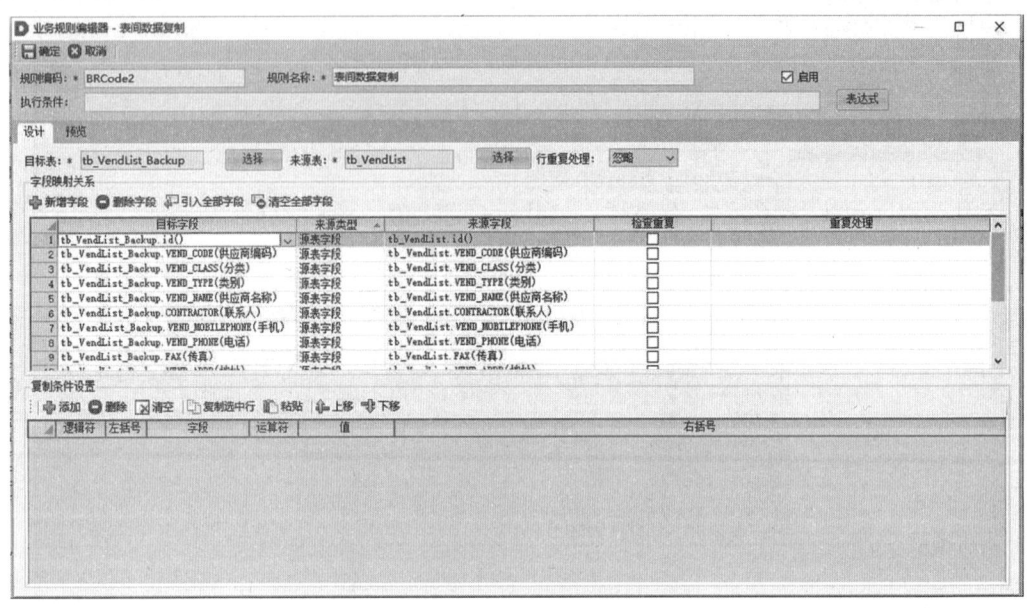

图 4-86 编辑"表间数据复制"业务规则

③测试效果如图 4-87 所示，供应商表的数据复制到了用于备份的表中。接着可以配置"恢复"按钮用于还原数据，配置方法和备份数据的方法一致，这里不再阐述。

图 4-87 "表间数据复制"规则测试效果

4.7.3　删除数据库中的记录

（1）规则介绍：删除数据库中选中表的记录，支持条件筛选。

（2）规则示例：删除采购单及其对应的采购单明细记录。

（3）操作如下：在窗体上配置一个"删除"按钮，并为其配置按钮单击事件，在"显示设置的提示信息"规则后新增"删除数据库中的记录"规则，如图4－88所示。删除表要先删除采购单明细（从表），再删除采购单（主表），顺序调换会导致删除了主表和无法删除从表。具体配置如图4－89和图4－90所示。

	规则名称	条件
1	显示设置的提示信息	
2	IF	BR_OUT.BRCode1.confirm=True
3	删除数据库中的记录	

图4－88　新增"删除数据库中的记录"规则

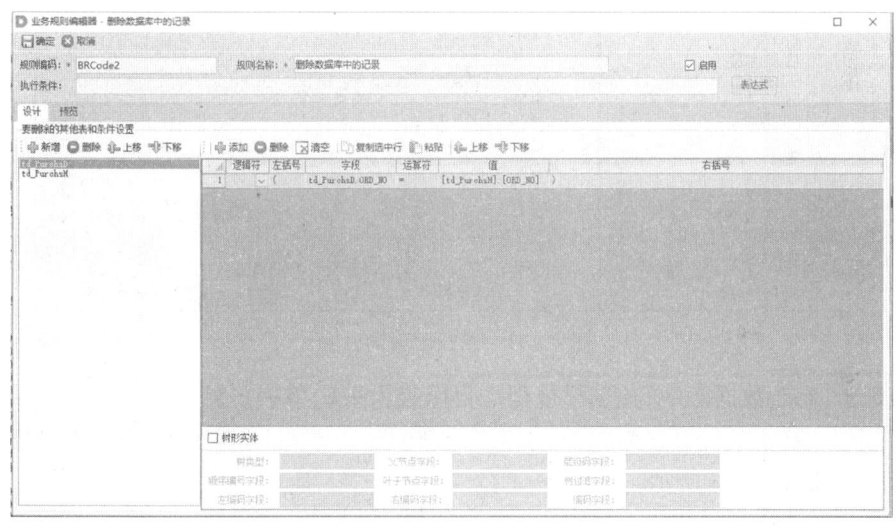

图4－89　删除从表

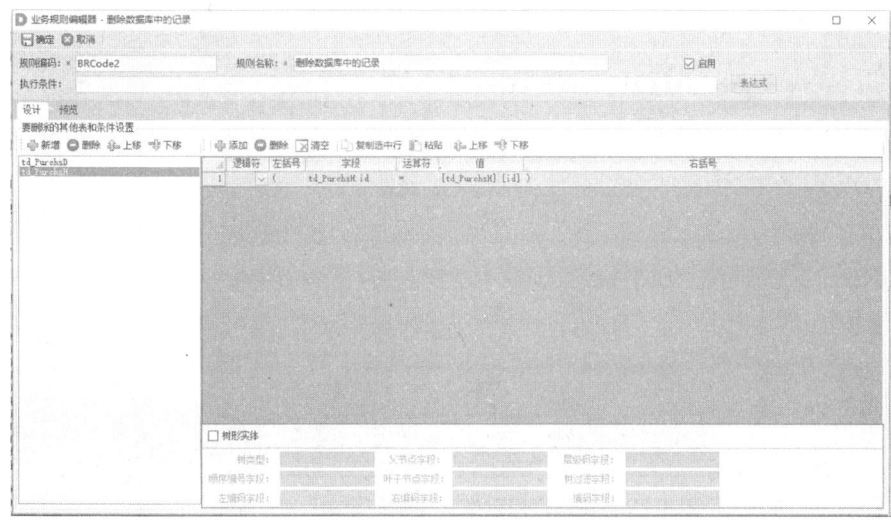

图4－90　删除主表

4.7.4 修改数据库中的记录

(1)规则介绍:修改数据库中的记录。类似"update table set … where …"。

(2)规则示例:采购单提交审批流程启动后,将该单的审批状态改为"审批中"。

(3)操作如下:①由于该规则是要在 Vbase 里直接调用的,所以只能够用服务端方法来完成。双击构件菜单里的"构件方法",新建一个服务端方法,将其命名为"API_PurchaseBegin",如图4-91所示。

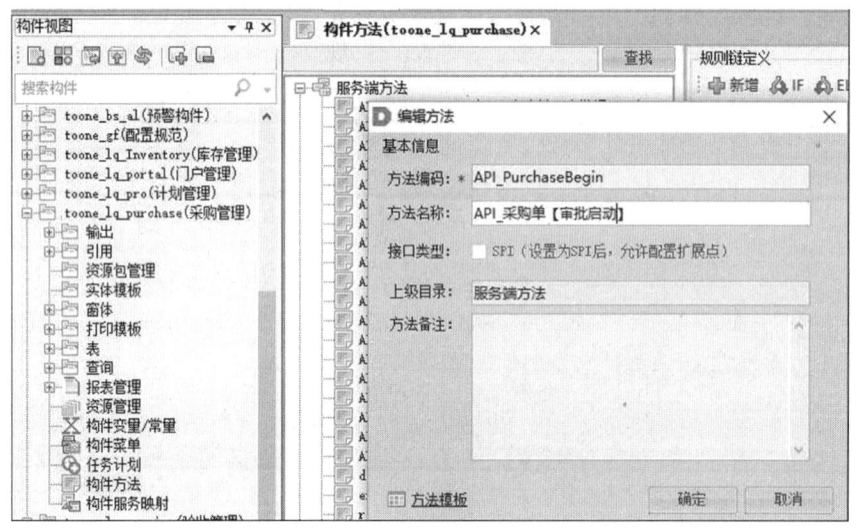

图4-91 新建服务端方法

②新增"修改数据库中的记录"规则,目标表为采购单表,目标字段选择订单状态,数值为"审批中",条件设置为"(采购单)id = #bizId"。"#bizId"为 Vbase 中设置的映射 id 的变量,如图4-92所示。

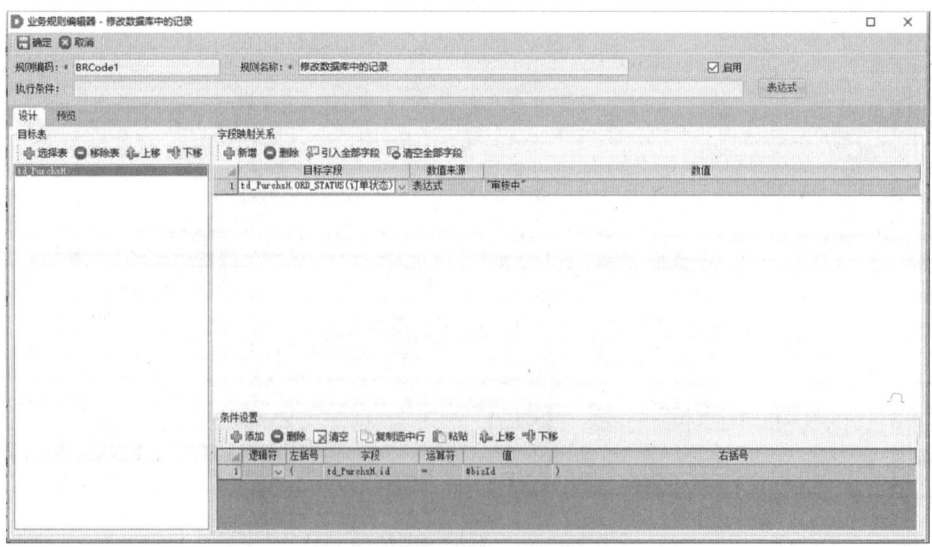

图4-92 编辑"修改数据库中的记录"业务规则

4.8 其他操作

4.8.1 中断规则

(1) 规则介绍：该规则有两种中断的方式："中断本规则链"和"中断所有规则链"，两者的区别是，前者仅中断当前规则链的执行，若后续存在其他规则链，将继续执行；后者则是中断所有规则链的执行，若后续存在其他规则链，也不再执行。

(2) 规则示例：用户保存采购单时，如果前后台唯一性检查不通过则中断后面的保存数据进数据库的操作。

(3) 操作如下：①配置前后台唯一性检查，并添加一个 IF 判断，如图 4-93 所示。

图 4-93 配置"前后台唯一性检查"规则和添加 IF 判断

②在 IF 判断的下级新增"中断规则"规则，相关配置如图 4-94 所示，新增规则结果如图 4-95 所示。

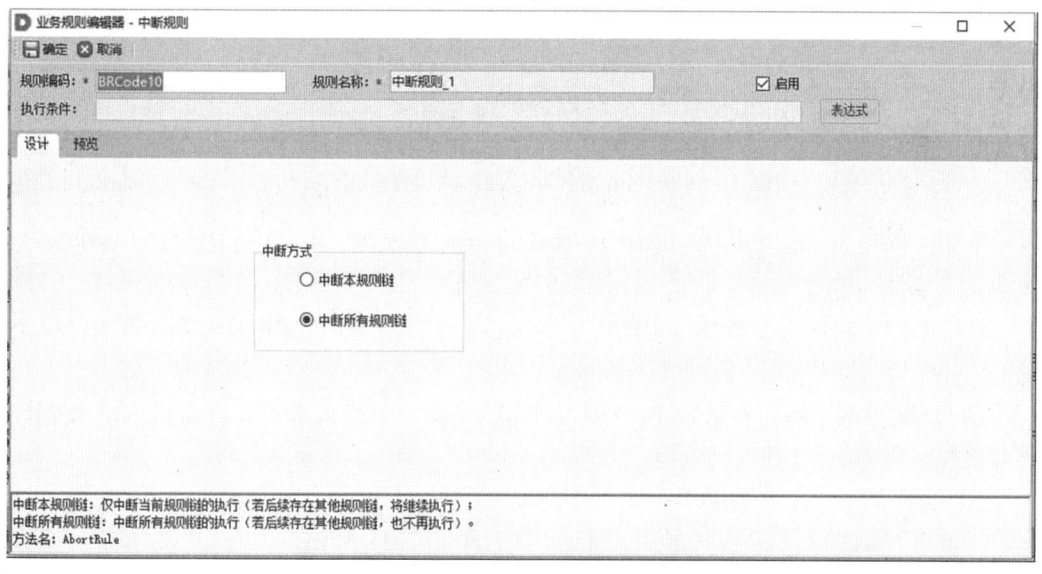

图 4-94 编辑"中断规则"业务规则

图 4-95 新增规则结果

4.8.2 打开窗体并返回数据

(1) 规则介绍：打开窗体并返回数据。①"指定窗体"打开方式的目标容器有 6 种：当前窗体跳转、对话框窗口（静态）、新窗口、指定窗口、窗体容器、浏览器刷新。[注意，目标容器只有选择以对话框窗口（静态）打开时才能接收返回值]。规则编辑页面其他板块功能说明见图 4-96。

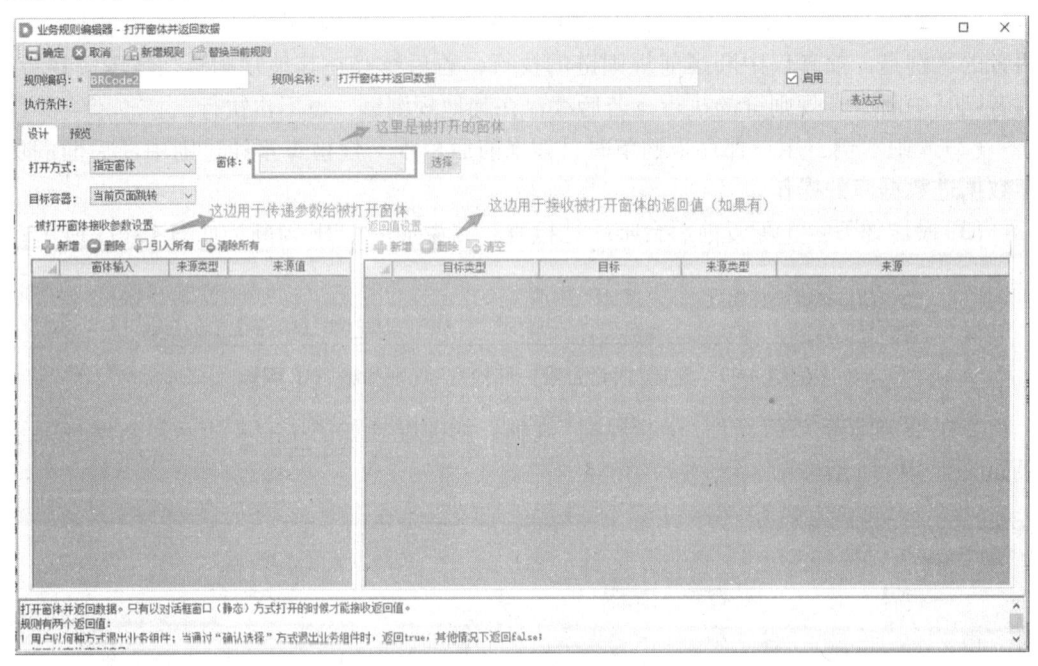

图 4-96 "打开窗体并返回数据"规则编辑界面

②用返回值对实体赋值时，如果指定对 id 列进行赋值，且 id 值相等时，将更新实体记录，其他情况都是新增记录。

③"确定"（配置退出规则-确定）返回 true，"取消"（配置退出规则-取消）返回 false，直接关闭浏览器窗口返回 false。

(2) 规则示例：用户在采购单列表（主界面）里选中一张采购单，点击"修改"按钮能打开修改采购单的页面进行修改订单。

(3) 操作如下：①在采购单列表（主界面）添加按钮，标题为"修改"。

②点击"窗体设计→窗体输入/输出"，为被打开的窗体添加一个窗体输入变量 BizId，用于接收主界面传递过来的 id，如图 4-97 所示。

③在主界面的"修改"按钮的单击事件的规则链定义里新增"打开窗体并返回数据"规则。将主界面选中的采购单的 id 传递给被打开窗体的输入变量，具体设置如图 4-98 所示。

④测试效果，选中订单编号为"20160410002"的记录，点击"修改"按钮后，弹出的窗口会加载该订单的信息，如图 4-99 和图 4-100 所示。

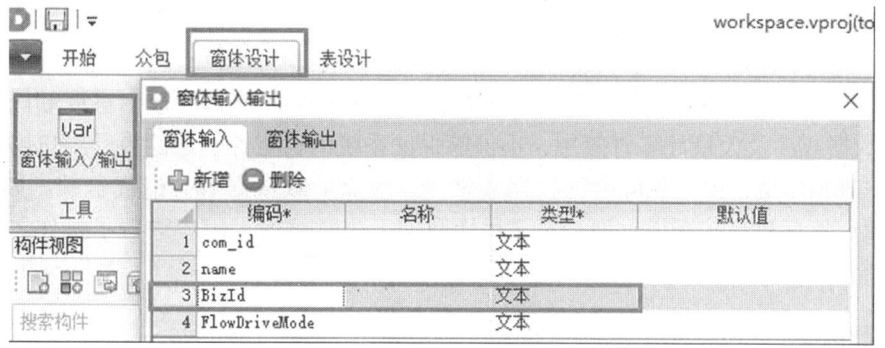

图 4-97　添加窗体输入变量

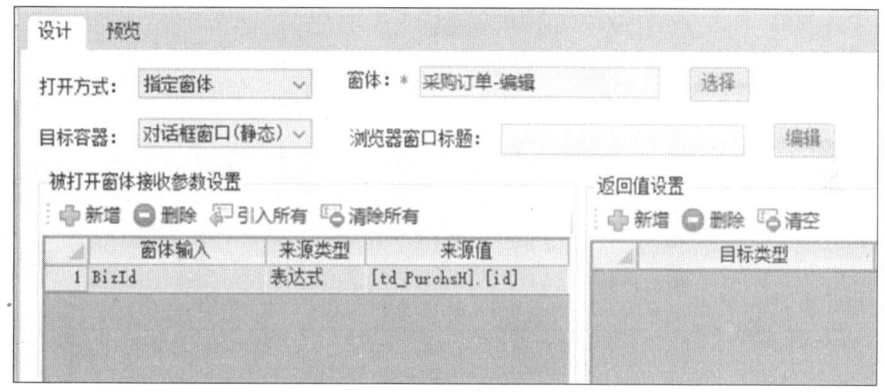

图 4-98　设置规则参数

图 4-99　点击"修改"按钮

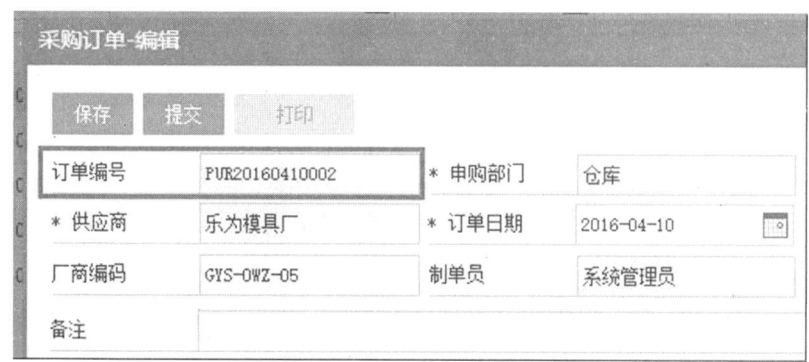

图 4-100　加载订单信息

4.8.3　进度条显示/隐藏

（1）规则介绍：用于显示或隐藏进度条。常用于长时间操作时显示进度动画，在加载大量数据或涉及大量计算时使用，不但能保证系统的稳定性，还能提升用户体验。

（2）规则示例：由于供应商的数据非常多，所以加载数据时会造成卡顿。如图 4 - 101 所示，界面按钮按不了，列表里显示无数据，这时候如果用户进行了操作，可能会造成系统错误或未响应，需要解决这个问题以避免错误的产生。

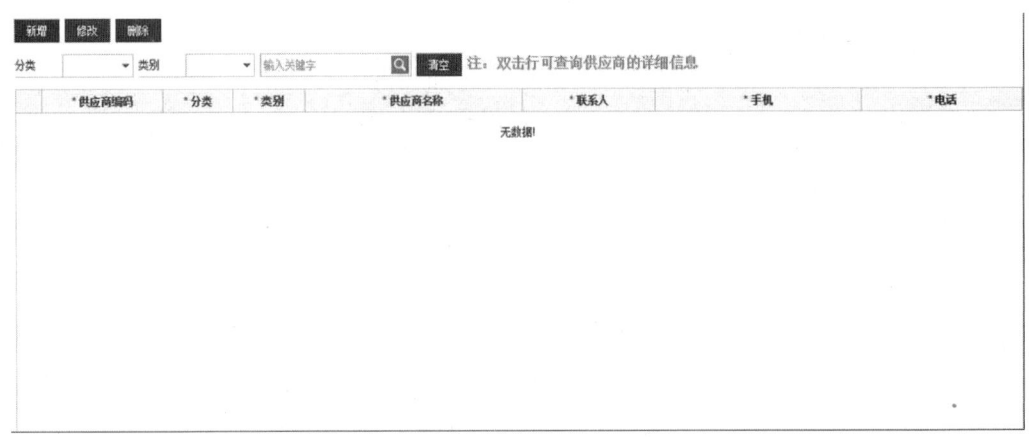

图 4 - 101　列表显示无数据

（3）操作如下：①在"从数据库获取数据到界面实体"规则的前后分别新增"进度条显示/隐藏"规则，前面的是显示，后面的是隐藏，如图 4 - 102 ～图 4 - 104 所示。

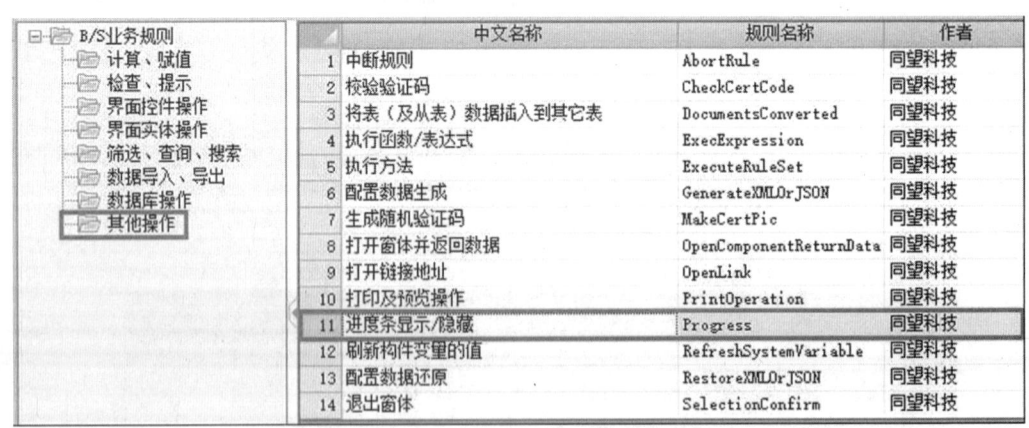

图 4 - 102　新增"进度条显示/隐藏"规则

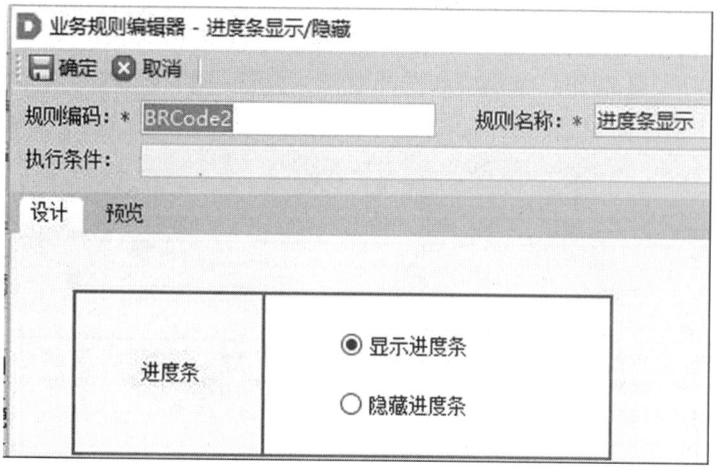

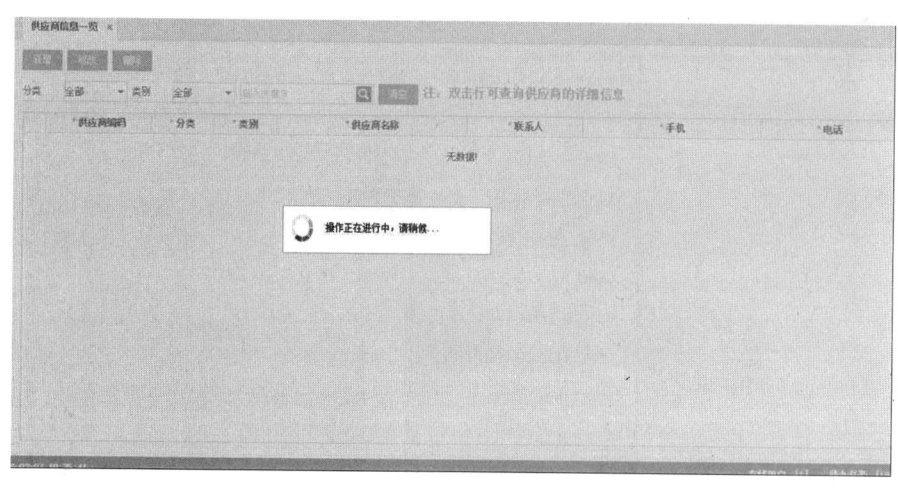

图 4-103　编辑业务规则

图 4-104　新增规则显示

②测试效果，数据加载中如图 4-105 所示，此时用户不可进行任何操作。

图 4-105　数据加载中

4.8.4　退出窗体

（1）规则介绍：本业务规则主要用于关闭弹出的窗体。返回值与窗体的"数据提供源"属性配合一起使用，用于确定关闭窗体时返回数据。

（2）规则示例：采购单上需要填写供应商名称，为了避免用户填错供应商名和提高效率，提供一个用于选择供应商的窗体，在用户选择完供应商后，将供应商的信息（编码、名称）返回到采购单上。

(3)操作如下：①制作一个供应商选择窗口，放置一个"确定"按钮、一个列表、检索控件以及两个供应商信息的实体（一个用于存放用户选择的记录），如图4-106和图4-107所示。

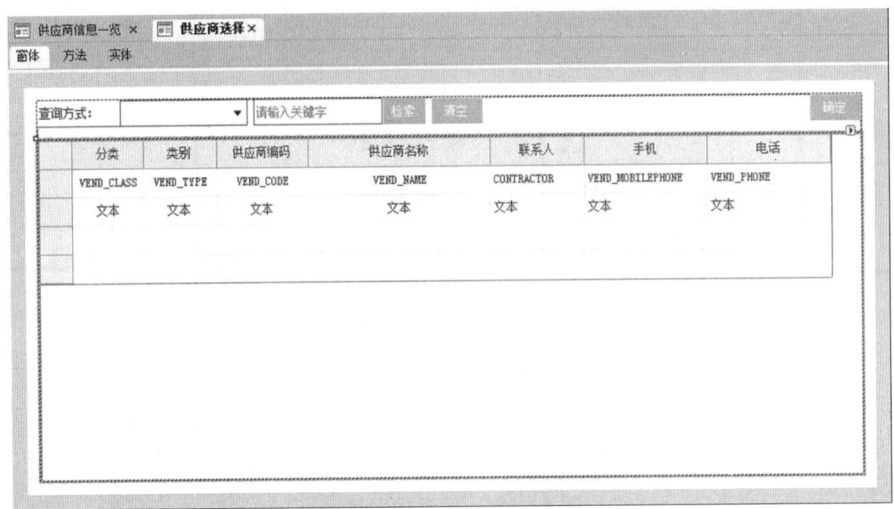

图4-106　制作供应商选择窗口

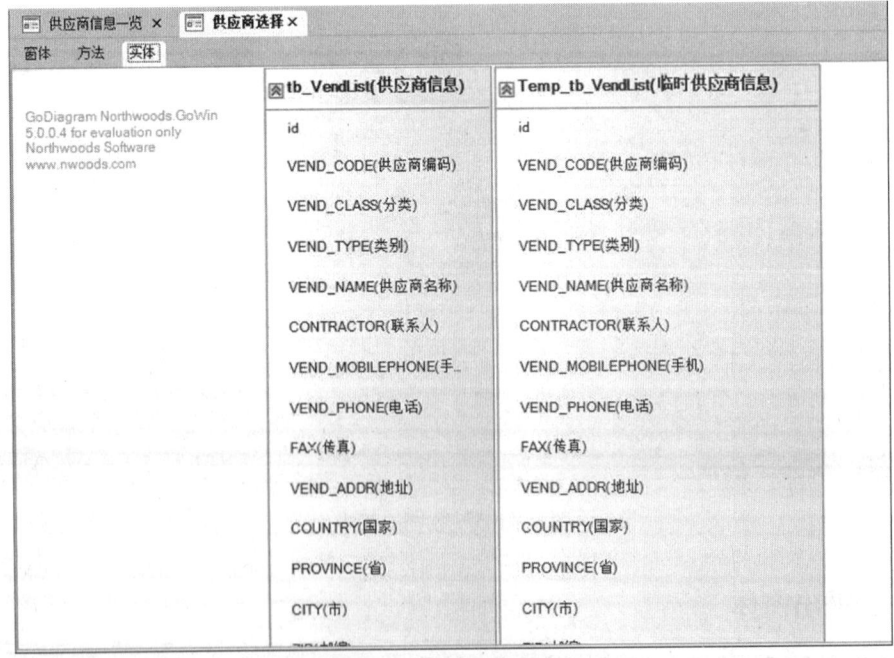

图4-107　供应商信息实体

②在"确定"按钮的单击事件的规则链定义里配置以下规则：a. 实体间复制记录，用于将用户选择的记录复制到第二个实体（临时实体），具体配置请参考第 4.4.3 小节。

b. 给界面实体/控件/变量赋值，用于将第二个实体（临时实体）的值映射到窗体输出变量，配置如图 4-108 所示。

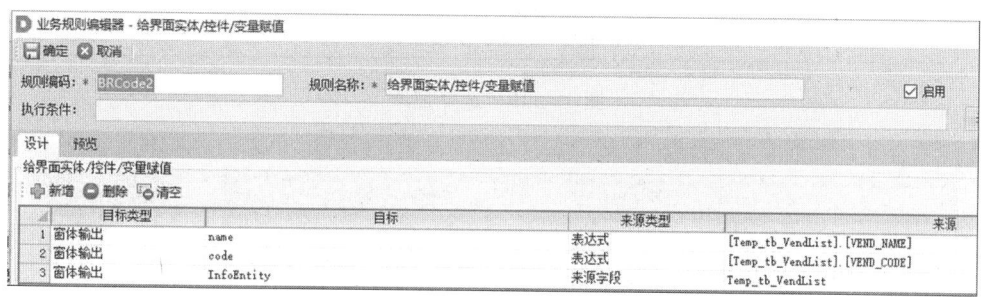

图 4-108　编辑"给界面实体/控件/变量赋值"规则

c. 退出窗体，操作类型一定要选"确定选择"，否则返回不了数据，如图 4-109 所示。

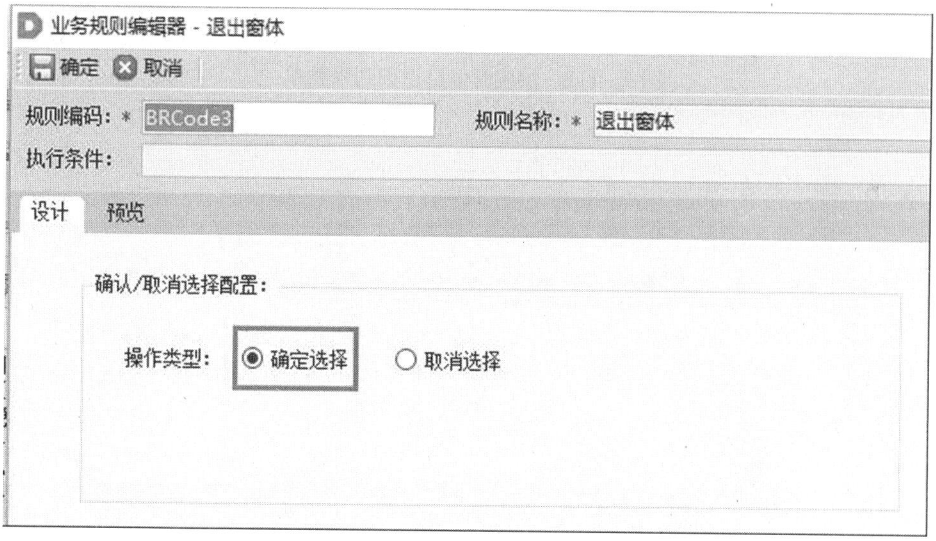

图 4-109　选择"确定选择"

③采购单配置"打开窗体并返回数据"规则，用于接收传回来的数据，具体配置参考第 4.8.2 小节。

④测试效果，在供应商选择窗口选择第一行名称为"诚方模具厂"的记录，点击"确定"按钮，如图 4-110 所示。

选中的供应商信息返回到了采购单上，如图 4-111 所示。

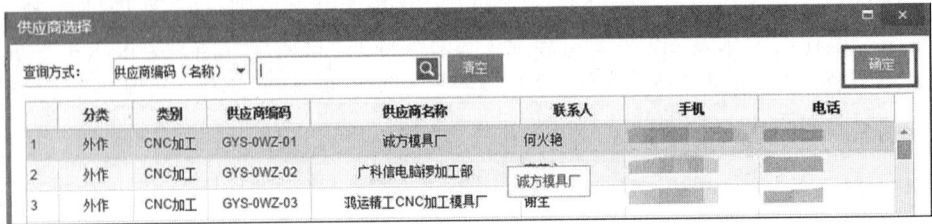

图4-110 选择记录

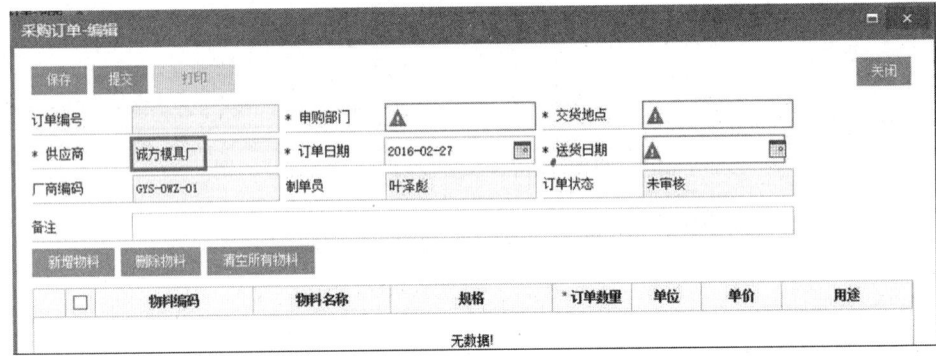

图4-111 供应商信息返回到采购单

5 函数介绍

在开发过程中往往涉及数值、日期和字符串处理等,为了方便开发者对各种数据类型的处理,提高开发效率,平台提供了丰富的函数库,可以方便、快速地实现各种数值、日期和字符串处理需求。

5.1 系统数学函数

平台常用的系统数学函数如表 5-1 所示。

表 5-1 常用的系统数学函数

名 称	功能说明	实 例	结 果
Acos(数值)	反余弦,返回余弦值为指定值的角度	Acos(0.5) * 180/Pai()	60
Asin(数值)	反正弦,返回正弦值为指定值的角度	Asin(0.5) * 180/Pai()	30
Atan(数值)	反正切,返回正切值为指定值的角度	Atan(0)	0
BigMul(整型,整型)	将两个整数相乘,返回值为乘积。乘数支持最大32位	BigMul(5, 5)	25
Ceiling(数值)	返回大于或等于指定小数的最小整数值	Ceiling(2.555)	3
Convert(各种类型,整型)	格式转换,将指定值转换成指定格式返回。参数2为转换的类型,其中1表示数字,2表示字符串,3表示布尔值(整数类型)	Convert(3, 2)	"3"
Cos(数值)	返回角度的余弦值	Cos(0)	1
Cosh(小数)	返回指定角度的双曲余弦值	Cosh(1)	1.54308063481524

续表 5-1

名　称	功能说明	实　例	结　果
Divrem（小数，小数）	返回两个数的商，返回值为整数。参数1为被除数(小数类型)；参数2为除数(小数类型)	Divrem(54,8)	6
E()	返回自然对数的底	E()	2.71828182845905
Exp(数值)	返回e的指定次幂	Exp(2)	7.38905609893065
Floor(小数)	返回小于或等于指定小数的最小整数值	Floor(2.55456)	2
Log(小数)	返回指定数字的自然对数(底为e)	Log(10)	2.30258509299405
Log10(小数)	返回指定数字以10为底的对数	Log10(100)	2
Max(数值,数值)	返回两个数字中较大的一个	Max(3,5)	5
Min(数值,数值)	返回两个数字中较小的一个	Min(3,5)	3
Pow(数值,数值)	返回指定数字的指定次幂。参数1为要乘幂的数；参数2为幂	Pow(3,2)	9
Random（数值,数值,整型）	返回指定区间的随机数。参数1为随机区域的最小值；参数2为随机区域的最大值；参数3为返回值保留的小数位数	Random(1.5,2.5,3)	1.508
Remainder(小数,小数)	返回一指定数字被另一指定数字相除的余数。参数1为被除数；参数2为除数	Remainder(5,2)	1
Round(小数,数值)	将浮点数保留指定小数位进行四舍五入。参数1为要舍入的数；参数2为保留位数	Round(3.555,2)	3.56

续表 5-1

名 称	功能说明	实 例	结 果
Sign(小数)	返回表示浮点数字的符号的值。参数 1 为要取符号的数	Sign(-99)	-1
Sin(小数)	返回角度的正弦值。	Sin(0)	0
Sinh(小数)	返回指定角度的双曲正弦值	Sinh(1)	1.1752011936438
Sqrt(数值)	返回指定数字的平方根	Sqrt(9)	3
Tanh(小数)	返回指定角度的双曲正切值	Tanh(1)	0.7615941559557649
Truncate(小数)	取指定数值的整数部分	Truncate(1.99)	1

5.2 系统业务函数

常用的系统业务函数如表 5-2 所示。

表 5-2 常用的系统业务函数

名 称	功能说明	实 例	结 果
AvgColumn(字符串,字符串)	计算指定实体的字段的平均值并返回。参数 1 为实体名；参数 2 为字段名	AvgColumn("EntityName","ColumnName")	"EntityName"的ColumnName字段的字段平均值
DeleteCookie(字符串)	根据名称删除cookie,成功删除返回True,删除出错返回False	DeleteCookie("cookieName")	True
EvalExpression(字符串)	校验执行表达式的函数	EvalExpression("@@userName")	系统变量 userName 的值
GenerateUUID()	生成一个 UUID	GenerateUUID()	系统自动生成的唯一编码
GetContextPath()	获取当前应用上下文	GetContextPath()	上下文内容

续表 5-2

名 称	功能说明	实 例	结 果
GetCookie(字符串，字符串)	从客户端获取 cookie 值。参数1为 cookie 名称；参数2为取 cookie 为空使用默认值	GetCookie ("CookieName", "default")	cookie 的内容
GetEntityCurrentColumnValue(字符串，字符串)	从指定的界面实体获取当前记录的某字段值。返回类型为实体字段所代表的类型。参数1为实体表名；参数2为字段名	GetEntityCurrentColumnValue("EntityName", "ColumnName")	当前行该字段值
GetEntityRowCount(字符串，字符串)	从指定的界面实体获取记录数。参数1为实体表名；参数2是一个字符串，其运算结果应该是布尔值。如果该参数省略，则返回实体总记录数	GetEntityRowCount ("TableName", "[TableName].[FieldValue]==1")	符合条件的实体记录数
GetIPAddress()	返回当前客户端的 IP 地址（注意返回的是服务器端获取到的请求 IP 地址）	GetIPAddress()	192.168.1.105
GetloginUserNum()	返回当前的在线用户数（实时获取）	GetloginUserNum()	10
GetSelectedRecordNum()	从指定的界面实体获取选中行的记录数。参数1为实体名	GetSelectedRecordNum ("EntityName")	实体选中的记录数
GetSerialNumber(字符串，字符串，字符串，整型，字符串)	根据前缀，取出表里的最大流水号加1后，补齐位数返回字符串。参数1为表名；参数2为字段名；参数3为前缀字符串；参数4为流水号长度；参数5为补位符(长度必须为1)	GetSerialNumber ("TableName", "ColumnName", "19980105--", 3, "0")	001

续表 5-2

名 称	功能说明	实 例	结 果
HasRecord(字符串)	检查指定表的记录行数。参数1为表名	HasRecord("TableName")	表的记录行数
IsLeaf(字符串，字符串，字符串)	判断实体中，指定ID的记录是否叶子节点，如果nodeId为空，则判断当前控件的选中节点，是叶子则返回True，否则返回False。参数1为实体名称；参数2为记录ID；参数3为树结构配置项。各配置项之间以逗号隔开，配置项以"名称：值"的形式表示；异常情况：实体不存在、实体没有记录、指定ID的记录	IsLeaf("EntityName", "ID", "type：1, pidField：PID, treeCodeField：InnerCode, orderField：orderNo, isLeafField：isLeaf, busiFilterField：busiFilter")	True/False
IsLogin()	判断当前用户是否已登录，是则返回True，否则返回False	IsLogin()	True/False
IsNull(数值，数值)	检查输入的参数是否为空值，不为空返回原值，为空返回默认值。参数1为被检查的值；参数2为为空时的缺省值	IsNull(arg, defaultVal)	第一个参数不为空值时返回第一个参数，为空值时返回默认值
IsNullOrEmpty(字符串，任意类型)	arg是否为空或0长度字符串，如果是则返回默认值defaultVal，否则返回指定的参数arg。参数1为被检查的值；参数2为缺省值	IsNullOrEmpty(arg, defaultVal)	第一个参数不为空或0长度字符串直接返回第一个参数，为空时返回默认值

续表 5-2

名　称	功能说明	实　例	结　果
MaxColumn（字符串，字符串）	查询指定实体的字段的最大值并返回。参数1为实体名；参数2为字段名	MaxColumn("EntityName","ColumnName")	实体"EntityName"的 ColumnName 字段的最大值
MD5Encrypt（字符串）	对字符串进行加密，加密算法为 MD5 算法	MD5Encrypt("myExample")	加密后的字符串
MinColumn（字符串，字符串）	查询指定实体的字段的最小值并返回。参数1为实体名；参数2为字段名	MinColumn("EntityName","ColumnName")	"EntityName"的 ColumnName 字段的最小值
SetCookie（字符串，字符串）	向客户端发送 cookie 值，如果成功，则返回 True，否则返回 False。参数1为 cookie 名称；参数2为 cookie 的值	SetCookie("CookieName","Value")	True/False
TotalColumn（字符串，字符串）	计算指定实体的字段的汇总值并返回。参数1为实体名；参数2为字段名	TotalColumn("EntityName","ColumnName")	"EntityName"的 ColumnName 字段的汇总值
TreeNodePath（字符串，字符串，字符串，字符串）	返回树选中节点的路径，如果选中多个节点时候只返回第一个选中节点的路径。参数1为树型实体名；参数2为字段名；参数3为间隔；参数4为树结构配置项	TreeNodePath("Table1","Table1.Column1","\","type：1,pidField：PID,treeCodeField：InnerCode,orderField：orderNo,isLeafField：isLeaf")	根节点 Column1 字段的值 \ 第一级节点 Column1 字段的值 \ 第二级节点 Column1 字段的值 \ … \ 选中节点 Column1 字段的值
V3If（字符串，各种类型，各种类型）	先计算条件表达式的结果，再根据结果返回参数值。参数1为条件表达式；参数2为条件表达式为 true 时的返回值；参数3为条件表达式为 false 时的返回值	V3If(1==1,20,30)	结果为 true，则返回第2个参数，否则返回第3个参数

5.3 系统字符串处理函数

平台常用的系统字符串处理函数如表 5-3 所示。

表 5-3 常用的系统字符串处理函数

名称	功能说明	实例	结果
CheckChinese(字符串)	检查指定字符串是否包含中文字符,有则返回 True,无则返回 False	CheckChinese("a 你好 bc")	True
Compare(字符串,字符串,true)	比较两个字符串是否一致,返回比较结果,相等则返回 True,不等则返回 False	Compare("ab","Ab",true)	True
ConcatStr(字符串,字符串)	按参数顺序合并字符串。可以任意多个参数	ConcatStr("hello"," ","world")	"hello world"
Contains(字符串,字符串)	检查指定的字符串中是否包含另一指定的字符串,包含则返回 True,否则返回 False。参数 1 为原字符串;参数 2 为指定的字符串	Contains("V3 开发平台","平")	True
EndsWith(字符串,字符串)	检查指定的字符串是否以另一指定的字符串结尾,是则返回 True,不是则返回 False。参数 1 为被检查字符串;参数 2 为指定的字符串	EndsWith("V3 开发平台","平台")	True
EntityToVar(字符串,字符串)	将一个或者多个实体序列化成字符串	EntityToVar("para1,para2,…,para$n$")	序列化后的字符串
Format(字符串,字符串)	在格式串内拼接指定字符串,返回结果串。参数 1 为模式串;参数 2 为拼接串;参数 n 为拼接串[链接参数为 n($n \geq 2$)个时]	Format("ab{0}cd{1}","12","3")	"ab12cd3"

续表 5-3

名 称	功能说明	实 例	结 果
GenerateTextByTemplate（字符串）	传入带有动态标签的模板字符串，从当前数据源中获取数据并填充到模板中，返回填充后的文本字符串	模板字符串："你好 ${table1.name}"，当前拥有数据源 table1，当前行中 name 这一列的数据为"张三"。GenerateTextByTemplate("你好 ${table1.name}")	"你好张三"
GetLength()	返回字符串的长度	GetLength("asccc")	5
GetPeriodChineseName（字符串，整型）	获取期次中文名称。参数1为期次；参数2为期次类型（1—年，2—半年，3—季，4—月，5—旬，6—周）	GetPeriodChineseName("2012", 1)	"年"
IndexOf(字符串，字符串，整型)	检查指定字符串在被检查串中的指定位置后的第一个匹配项的位置（0基准），返回查找结果，没有找到返回-1。参数1为原字符串；参数2为指定字符串；参数3为起始检查位置，可忽略，忽略则从头开始检查	IndexOf("abcabbaab", "bc", 0)	1
Insert(字符串，整型，字符串)	在指定字符串的指定位置插入另外一指定的模式串，返回插入指定串后的结果字符串。参数1为原字符串；参数2为插入指定字符串的位置；参数3为指定插入的字符串	Insert("abc", 1, "oo")	"aoobc"

续表 5-3

名　称	功能说明	实　例	结　果
IsEmpty(字符串)	检查输入的参数是否为空串，为空串则返回 True，否则返回 False	IsEmpty("")	True
IsWhiteOrSpace（字符串）	检查字符串是否为空串或者全部是空格，如果是返回 True，否则返回 False	IsWhiteOrSpace("")	True
LastIndexOf（字符串，字符串，整型）	从头到指定索引位置(0 基准)之间，找到最后一个匹配串，并返回其索引位置；没有找到返回 -1。参数 1 为原字符串；参数 2 为查找字符串；参数 3 为检查截止位置，可忽略，忽略则检查到末尾	LastIndexOf("abcabbcadabc","bc",9)	5
ListToString（字符串，字符串，字符串，整型，布尔值）	将实体某个字段拼接成一个字符串返回。参数 1 为实体名称；参数 2 为字段名称；参数 3 为拼接时的分隔符，可以省略，省略时默认使用分号作为分隔符；参数 4 为记录筛选条件(0：全部记录；1：选中记录；默认为 0)返回值为字符串类型；参数 5 为函数增加是否过滤空值的选项，默认 true 处理，如果参数 = false，则不去掉空值记录	ListToString("EntityName","ColumnName",";",0,true)	拼接后的字符串

续表 5-3

名 称	功能说明	实 例	结 果
NumberCodeAdd（字符串，整型）	对数值型的字符串进行数值加减操作，并依照原格式返回字符串。参数1为能转换成数值的编码字符串；参数2为累加的数值	NumberCodeAdd("0010203"，-3)	"0010200"
PadLeft（字符串，整型，字符串）	左填充字符串，使其达到指定长度，返回填充后的字符串。参数1为原字符串；参数2为指定的长度；参数3为填充字符串（长度只能为1）	PadLeft("abc"，5，"1")	"11abc"
PadRight（字符串，整型，字符串）	检查指定字符串长度是否达到指定长度，未达到则用指定字符在末尾填充，返回填充好的字符串。参数1为原字符串；参数2为指定的长度；参数3为填充字符串（长度只能为1）	PadRight("abc"，5，"1")	"abc11"
Remove（字符串，整型，整型）	移除指定索引(0基准)位置、指定长度的字符，返回移除后的字符串。参数1为原字符串；参数2为开始移除的索引位置（不能小于0，第一个字符索引为0）；参数3为移除字符串的长度（大于0）	Remove("abcdefg"，2，3)	"abfg"

续表 5-3

名 称	功能说明	实 例	结 果
Replace(字符串,字符串,字符串)	用指定的字符串替换原始字符串中的子串,返回替换后的结果。参数 1 为原字符串;参数 2 为模式串;参数 3 为替代串	Replace("abcabbaab","ab","123")	"123c123ba123"
ReplaceByIndex(字符串,字符串,整型,整型)	按位置替换字符串。替换位于指定位置范围的字符串。索引超出指定范围的不变,beginIndex < endIndex,并且为有效范围才替换。参数 1 为原始字符串(必填);参数 2 为替换字符串(必填);参数 3 为替换开始下标(包含,从 0 开始,必填不能忽略);参数 4 为替换结束下标(不包含,从 0 开始,可以忽略,忽略时表示替换到结尾)	ReplaceByIndex("abcdefg","12345",0,3)	"12345defg"
StartsWith(字符串,字符串)	检查指定的字符串是否以另一指定的模式串开头,是则返回 True,不是则返回 False。参数 1 为被检查字符串;参数 2 为指定的字符串	StartsWith("V3 开发平台","V 平")	True
Substring(字符串,整型,整型)	从字符串指定索引(0 基准)位置开始提取指定长度的该字符串的子串,返回提取出的子串。参数 1 为原字符串;参数 2 为开始提取子串的索引位置;参数 3 为提取子串的长度	Substring("abcdefg",2,3)	"cde"

续表 5-3

名　称	功能说明	实　例	结　果
ToLower(字符串)	将指定字符串转换成小写形式(非英文忽略),返回小写字符串	ToLower("ABC")	"abc"
ToUpper(字符串)	将指定字符串转换成大写形式(非英文忽略),返回大写字符串	ToUpper("abc")	"ABC"
TrimEnd(字符串)	移除字符串末尾的空格,返回移除后的字符串	TrimEnd(" abc ")	" abc"
TrimStart(字符串)	移除字符串开头的空格,返回移除后的字符串	TrimStart(" abc ")	"abc "
VarToEntity(字符串)	将一个或者多个实体的 json 字符串反序列化成一个或者多个实体	VarToEntity(str)	返回值为实体

5.4 系统时间日期函数

平台常用的系统时间日期函数如表 5-4 所示。

表 5-4　常用的系统时间日期函数

名　称	功能说明	实　例	结　果
DateAdd(字符串,数值,字符串)	将时间加上一定的时间间隔,返回计算后的时间字符串。参数 1 为时间,格式为 yyyy-MM-dd HH:mm:ss;参数 2 为增加的时间数;参数 3 为时间数的单位(s:秒,m:分,H:时,d:日)	DateAdd("2012-03-05 18:20:30",30,"H")	"2012-03-07 00:20:30"

续表 5-4

名 称	功能说明	实 例	结 果
DateConver(数值,字符串,字符串)	将一时间的单位转换成另一种单位后的时间数。参数1为时间数;参数2为原时间的单位(s:秒,m:分,H:时,d:日);参数3为目标时间的单位(s:秒,m:分,H:时,d:日)	DateConvert(30,"s","m")	0.5
Datediff(字符串,字符串,字符串)	返回两个日期之间的时间间隔(参数2-参数1),参数3为差值的单位(s:秒,m:分,H:时,d:日)	Datediff("2012-11-25 01:00:32","2012-11-24 05:55:33","d")	-0.7951273148148148
DateSub(字符串,数值,字符串)	将时间减去一定的时间间隔,返回计算后的时间字符串。参数1为转换的日期,格式为yyyy-MM-dd HH:mm:ss;参数2为减少的时间数;参数3为时间数的单位(s:秒,m:分,H:时,d:日)	DateSub("2012-03-05 18:20:30",30,"H")	"2012-03-04 12:20:30"
DateTimeNow()	返回服务器当前的日期和时间,格式为yyyy-MM-dd HH:mm:ss	DateTimeNow()	"2011-10-19 12:03:44"
DateToString(字符串,数值类型)	根据指定格式,将时间格式化为字符串返回。参数1为格式串;参数2为时间	DateToString("yyyy-MM-dd HH:mm:ss",DateTimeNow())	"2012-04-19 12:03:44"

续表 5-4

名　称	功能说明	实　例	结　果
LocateDateTimeNow( )	获取客户端当前的日期时间，并格式化为字符串返回，格式为 yyyy－MM－dd HH：mm：ss	LocateDateTimeNow( )	当前客户端的时间字符串
ShortDateNow( )	返回服务器当前时间的短日期格式，格式为 yyyy－MM－dd	ShortDateNow( )	"2011－10－19"

6 报表介绍

报表是用于向上级报告情况的表格。它是企业管理的基本措施和途径，是企业的基本业务要求，报表可以帮助企业访问、格式化数据，并把数据信息以可靠和安全的方式呈现给使用者。深入洞察企业运营状况，是企业发展的强大驱动力。

在没有计算机以前，人们利用纸和笔来记录数据，比如常常说的“豆腐账”，最初就是指卖豆腐的商贩每天将自己卖出的豆腐数量记在一个本子上，然后每月都要汇总计算。这种情况下，报表数据和报表格式是紧密结合在一起的，都在同一个本子上。数据也只能有一种几乎只有记账的人才能理解的表现形式，且这种形式难以修改。

当计算机出现之后，人们利用计算机处理数据和利用界面设计的功能来生成、展示报表。计算机上的报表的主要特点是数据动态化、格式多样化，并且实现报表数据和报表格式的完全分离，用户可以只修改数据或者只修改格式。

V3 开发平台共有五种报表，分别是普通报表、主从报表、交叉报表、分组报表和分组交叉报表，如图 6－1 ～图 6－5 所示。

销售订单月度汇总表

公司名称	广州铭泰船舶科技有限		月份	2016-11			月销售额		
销售订单编号	报价日期	成交日期	客户名称	联系人	销售合同号	数量	金额	销售人员	订单状态
MT20161101001	2016-11-01	2016-11-01	广州铭泰船舶	测试1		30	30000	系统管理员	已成交
MT20161118001	2016-11-18	2016-11-18	广州铭泰船舶	测试1		200	222200	系统管理员	已成交

图 6－1　普通报表

良 骐 压 铸 五 金 制 品 有 限 公 司

订 购 单

TEL：0757-85622899　　FAX：0757-85601876

厂名		厂商编号		交货日期		申购	
商称		订购日期		交货地点		单位	
品名	型号及规格	颜色	订购数量	单位	单价	用途说明	备注
总（副）							

图 6－2　主从报表

按客户与产品交叉分析报表

横向表格

客户编号	客户名称	苹果计	牛奶	蕃茄酱	盐	麻油	酱油	海鲜粉	合计
ANATR	东南实业				60.00				60.00
AROUT	国顶有限公司		285.00						285.00
BERGS	通恒机械	630.00			264.00				894.00
BLONP	国皓	450.00							450.00
BONAP	祥通				1,100.00			1,500.00	2,600.00
BOTTM	广通				200.00				200.00
WOLZA	汉典电机	108.00	380.00						488.00
纵向合计		5,295.60	7,600.00	1,760.00	5,737.60	405.65	2,500.00	9,444.00	32,742.85

图 6-3 交叉报表

银行结售汇统计月报表－结汇

填报单位：001001   时间：2005-8-27

代码	项目	合计	银行自身 01	小计	银行代客					
					金融机构 02	中资机构 03	外资机构 04	居民个人 05	非居民个人 06	第三个 07
	合计		11008		540	374	297	1011	0	0
001	经常项目	120	10	1034	110	44	-120	1000	0	0
002	货物贸易	10240	10020	990	220	330	440	0	0	0
003	服务贸易	310	200	-23	110	0	-133	0	0	0
004	其中：银行卡	3	3	121	0	0	110	11	0	0
005	运输	145	45	100	100	0	0	0	0	0
006	旅游	660	660	0	0	0	0	0	0	0
007	金融和保险服务	70	70	0	0	0	0	0	0	0
008	专有权利使用费和特许费	0	0	0	0	0	0	0	0	0
009	咨询服务	0	0	0	0	0	0	0	0	0
010	其他服务	0	0	0	0	0	0	0	0	0
330	收益和经常转移	0	0	0	0	0	0	0	0	0
331	添加测试	0	0	0	0	0	0	0	0	0

填表人：   负责人：   联系电话：

图 6-4 分组报表

	A	B	C	D	E	F
1	创银					
2		项目名称	单价	201201	201202	横向统计
3		项目B	20	666		666
4		项目C	30	5555		5555
5		项目A	10		8888	8888
6			纵向合计	6221	8888	15109
7	同望					
8		项目名称	单价	201201	201202	横向统计
9		项目A	10	555		555
10		项目B	40		9999	9999
11		项目C	50		77777	77777
12			纵向合计	555	87776	88331
13	远光					
14		项目名称	单价	201208		横向统计
15		项目D	40	70000		70000
16			纵向合计	70000		70000

图 6-5 分组交叉报表

报表一般开发步骤：①根据实际业务需求设计对应的实体和数据表；②设置报表的格式并配置数据源；③取数据并将其展现到报表载体上。报表开发步骤可用以下的图6-6所述流程来简单描述。

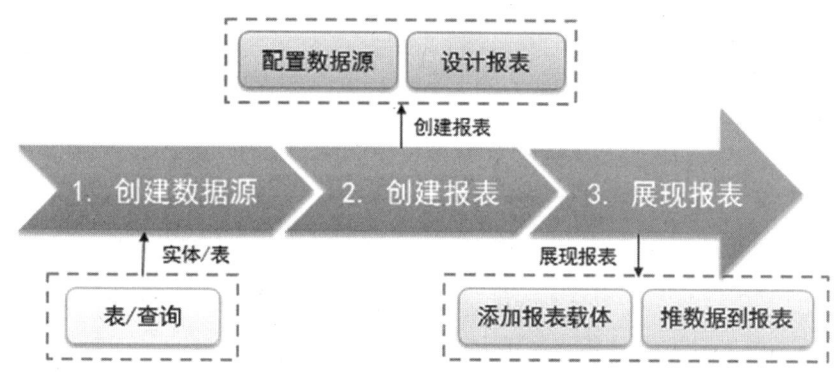

图6-6　报表开发步骤

6.1　报表面板及报表管理工具

V3开发平台的报表开发面板如图6-7所示，该面板分为五大管理模块：即报表基础配置、设置、格式、行列属性、打印设置，使用该面板能制作出各式各样适用于业务场景的报表，下面介绍上述常用的管理工具。

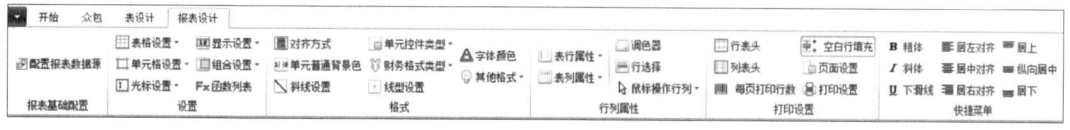

图6-7　报表面板

6.1.1　报表基础配置面板

该管理模块只有一个按钮：配置报表数据源，用于给报表设置数据的来源和选择报表的类型。在配置报表数据源的页面里（见图6-8），可以新增、删除、复制、粘贴数据源。新增数据源时需要选择报表的类型和主表，V3开发平台支持的报表类型有普通报表、主从报表、交叉报表、分组报表和分组交叉报表，其中普通报表和主从报表在业务场景中是最常用的。每个类型的报表都有其特殊的参数可设置，如普通报表可以作为分组报表的子数据源，分组报表可以选择分组的范围等，在实际的开发过程中则需要根据业务需求进行相应的设置。

图 6-8 配置报表数据源页面

6.1.2 基础设置面板

该管理模块包含了表格设置、显示设置、单元格设置、组合设置、光标设置、函数列表等功能。

在表格设置中，可以设置报表表格的行列数（有效行数 1～999999 行，有效列数 1～702 列）、页面背景色、表格线（类型、颜色）等。

在显示设置中，可以设置是否显示行列头、表格线以及行定义菜单。

在单元格设置中，可以设置单元用户自定义数值和字符值，可以设置可输入的最大字符数等。可用于控制用户的使能和限制用户输入的数据，以保证数据的完整性、正确性。

在组合设置中最常用的功能是单元格组合和单元格取消组合，该功能与 Excel 表格里合并单元格的效果是一样的，在制作表格的表头时，一个单元格太小放不下，就可以使用该功能进行合并多个单元格。

而函数列表里则提供了大量的函数可供开发者调用，有数学函数、日期与时间函数、文本函数等，具体函数的使用方法可参考函数说明，如图 6-9 所示。

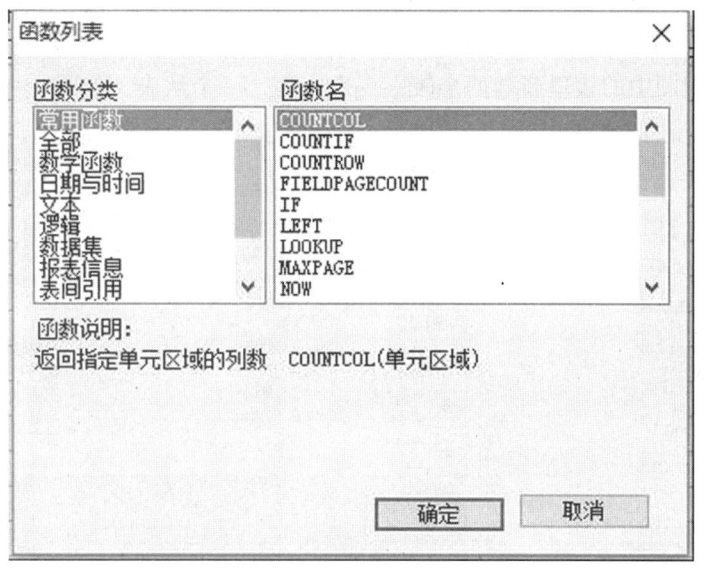

图 6-9 函数列表选择界面

6.1.3 格式面板

该管理模块主要用于控制某个单元格的输出格式，如对齐方式、单元格的颜色、斜线等。可在"单元控件类型"里选择在单元格里插入的控件，可插入的控件有下拉框、日期时间选择框、单选框、超级链接等。在"其他格式"里可以设置特殊的单元格格式，常用的是单据条形码。这里介绍其生成过程：在选择条形码菜单后，需选择条形码的类型。平台支持的条码类型有 Code39、Code93、EAN13 等，接着调节条形码间距和线性宽度使条形码正常显示，效果如图 6-10 所示。

图 6-10 生成单据条形码

6.2 配置主从报表

主从报表的数据是由两个表的数据组成的，主表用于记录不常变的数据，如单据编号、联系人、联系电话等；而从表用于记录每一行都不同的数据，如商品名、数量、金额等。两个表之间通过外键进行关联，一般最后查询数据时把主表与从表进行关联查询。使用主从报表能够清晰地展现出主要信息（主表）和拓展信息（从表）。

【例 6-1】分别创建一个主表和从表，并将其组合成一个简单的主从报表（主表的字段如下：入库编号、仓库、入库时间、供应商、仓库标识、合计金额、备注和状态。从表的字段如下：外键、材料编号、材料名称、规格型号、计量单位、单价、数量和单项合价）。其配置步骤如下：

①在构件视图中的表里新建两个表，一个主表，一个从表，如图6-11所示。

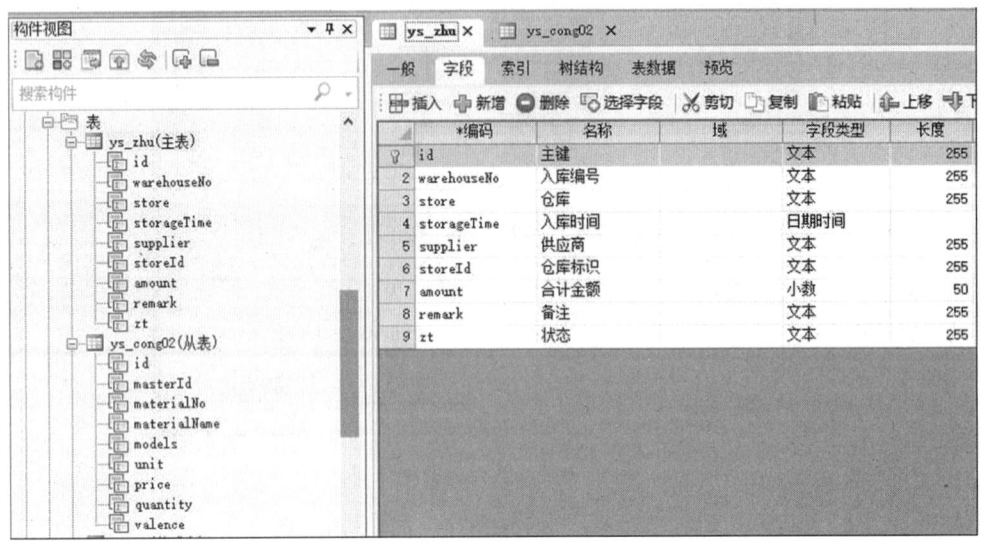

图6-11 新建数据库表

②右键单击构件视图里的"报表管理"，新建报表，并填写报表编号和报表名称。

③配置报表数据源，报表类型选择"主从报表"，并选择刚刚新建的主表和从表，如图6-12所示。

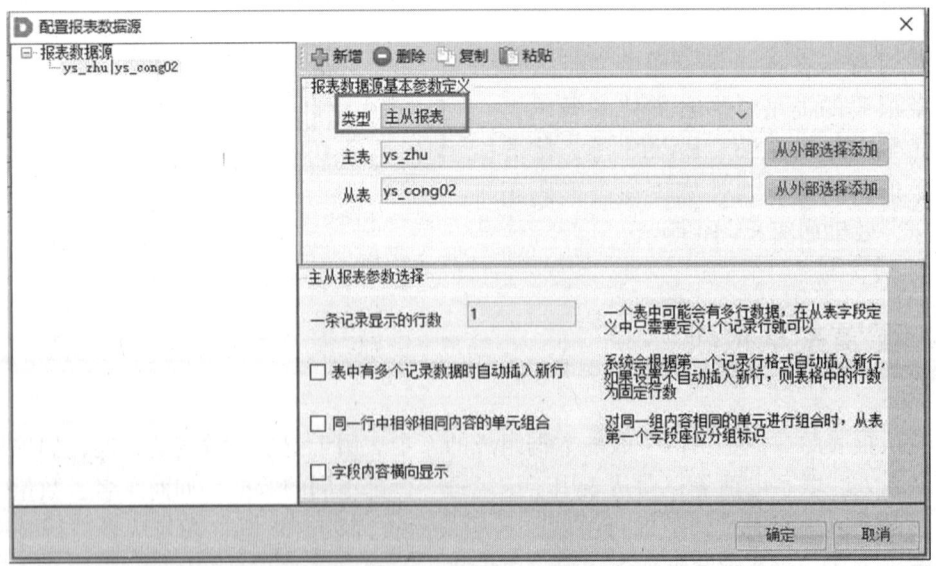

图6-12 配置报表数据源

④在构件视图的报表管理里新建报表后，将表的各个列名填在表格上后，右键选择"设置单元格的字段"，设置对应字段，将列名及其字段对应上，如图6-13所示。

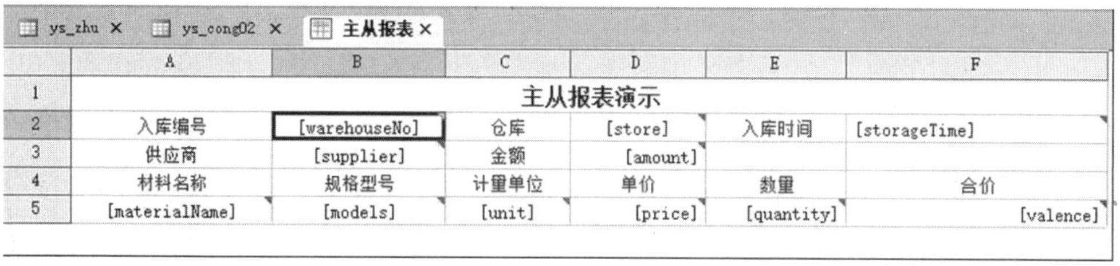

图6-13　报表编辑最终效果

⑤新建一个普通窗体，并拖拽一个报表控件到界面。然后在窗体加载方法中新建规则"从数据库获取数据到报表"，规则使用方法可参照4.5.2小节。

运行效果如图6-14所示。

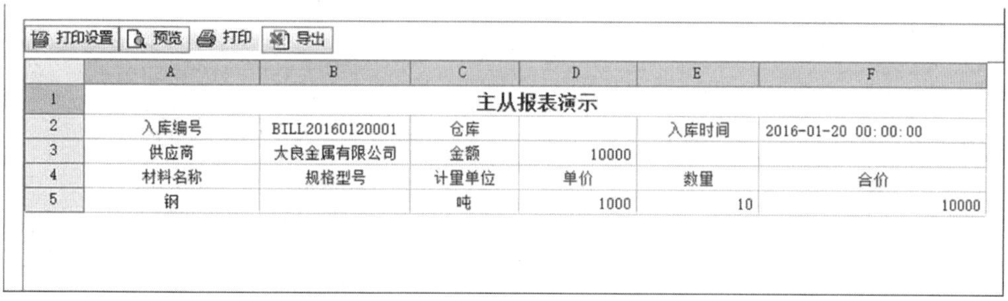

图6-14　运行效果

6.3　配置分组报表

分组报表和普通报表、主从报表的区别是多了汇总数据的功能，多用于数据的汇总统计。如按男女生统计语数英的成绩、按日期统计售出商品的数量等。

【例6-2】新建一个学生信息表，其包含的字段有：班别、姓名、学号、语文成绩、数学成绩和英语成绩，制作分组报表，根据班级分别统计各班的语数英平均分以及统计年级的语数英平均分。具体配置步骤如下：

①在构件视图的表里新建一张表，用作报表的数据来源，如图6-15所示。

②在表数据中点击"新增"录入数据，如图6-16所示。

③右键点击构件视图里的"报表管理"，新建报表，并填写报表编号和报表名称。

④配置报表数据源，报表类型选择"分组报表"，并选择刚刚新建的表。在"分组范围定义"中，分组起始行从第2行开始，结束行为第3行(第1行为固定的列名)，如图6-17所示。

图 6-15 新建表

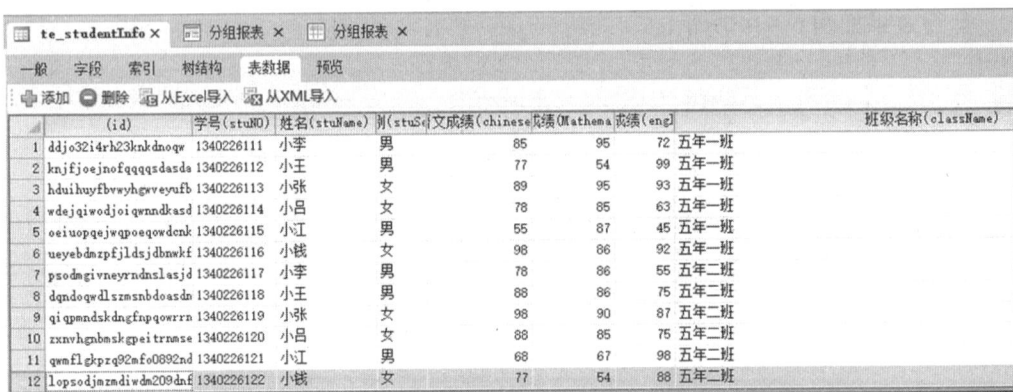

图 6-16 录入数据

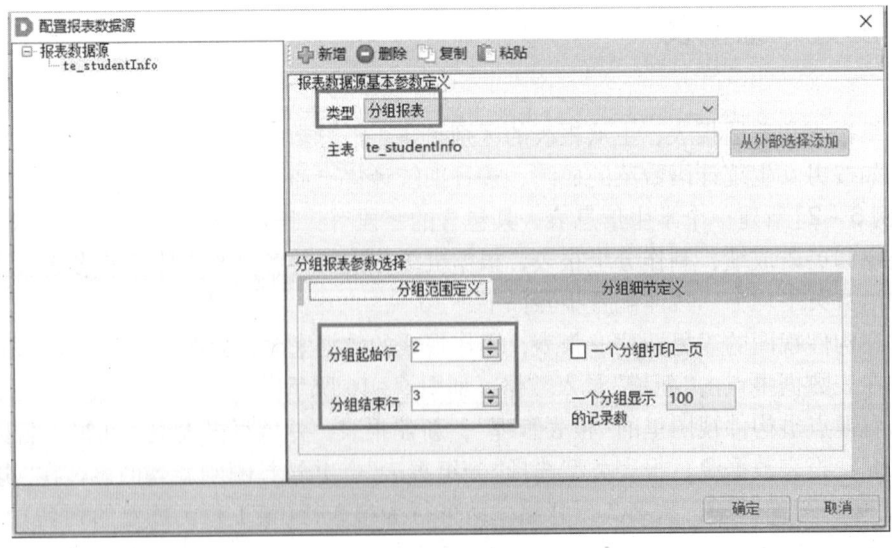

图 6-17 配置报表数据源

⑤在第一行单元格里填写固定的列名，第二行设置对应的字段。其中班别为分组头字段，其余五个字段为分组明细字段，如图 6-18 所示。

	A	B	C	D	E	F
1	班别	学号	性别	语文	数学	英语
2	[className]	[stuNO]	stuSex	[chinese]	[Mathematics]	[english]

图 6-18 填写列名和设置字段

⑥D3 至 F3 单元格分别设置为分组小计求语文、数学、英语字段的平均值，D4 至 F4 则为分组总计求语文、数学、英语字段的平均值，图 6-19 为设置分组小计语文成绩字段，以此类推。

图 6-19 设置分组小计字段

⑦新增一个普通窗体，拖拽一个报表控件至窗体中，并在此窗体加载方法中配置"从数据库获取数据到报表"规则，具体配置请参考 4.5.2 小节。

运行效果如图 6-20 所示。

	A	B	C	D	E	F
1	班别	学号	性别	语文	数学	英语
2	五年一班	1340226111	男	85	95	72
3	五年一班	1340226112	男	77	54	99
4	五年一班	1340226113	女	89	95	93
5	五年一班	1340226114	女	78	85	63
6	五年一班	1340226115	男	55	87	45
7	五年一班	1340226116	女	98	86	92
8			小计：	80.3333333333333	83.6666666666667	77.3333333333333
9	五年二班	1340226117	男	78	86	55
10	五年二班	1340226118	男	88	86	75
11	五年二班	1340226119	女	98	90	87
12	五年二班	1340226120	女	88	85	75
13	五年二班	1340226121	男	68	67	98
14	五年二班	1340226122	女	77	54	88
15			小计：	82.8333333333333	78	79.6666666666667
16			总计：	81.5833333333333	80.8333333333333	78.5
17						
18						
19						
20						

图 6-20 运行效果

6.4 配置分组交叉报表

分组交叉报表可以称之为分组报表的"升级版",它除了可以纵向统计外,还可以进行横向统计,适用于需要汇总横、纵轴交叉部分的数据的业务场景。

【例6-3】新建一个表,该表包含的字段有:公司名称、项目名称、期次、单价和金额,数据如图6-5所示。将其组合成一个分组交叉报表,要分别统计出每家公司每个项目同期的金额和同一项目所有期次的金额。具体配置步骤如下:

①在构件视图的表里新建一张表,用于存放该报表所需的基础数据,如图6-21所示。

图6-21 新建表

②右键单击构件视图里的"报表管理",新建报表,并填写报表编号和报表名称。

③配置报表数据源,报表类型选择"分组交叉报表",并选择刚刚新建的表,如图6-22所示。

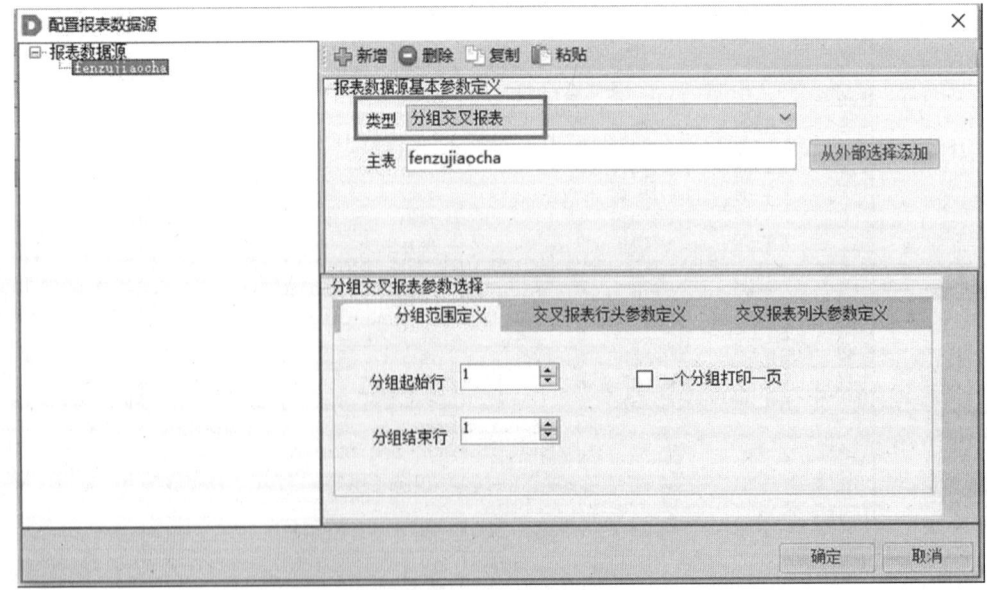

图6-22 配置报表数据源

④在表数据中点击"添加"录入基础数据,如图6-23所示。

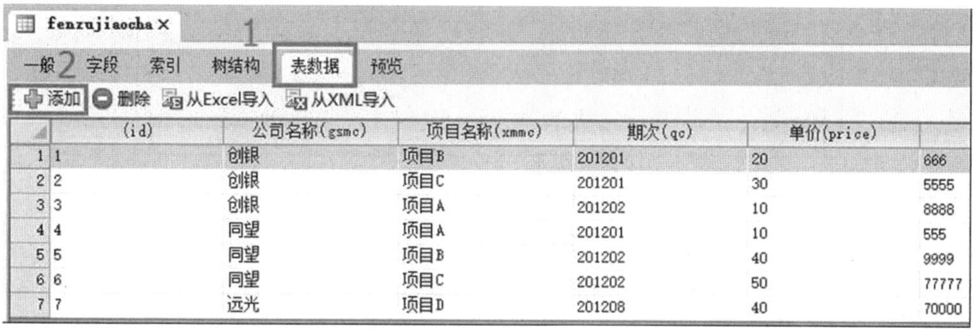

图6-23 添加基础数据

⑤在构件视图里的报表管理里新建报表后,首先设置报表的分组字段:在A1单元格设置单元格字段,字段名选择"gsmc"(公司名称),参数定义中选中"分组头字段定义"和"分组标识字段是否显示",如图6-24所示。

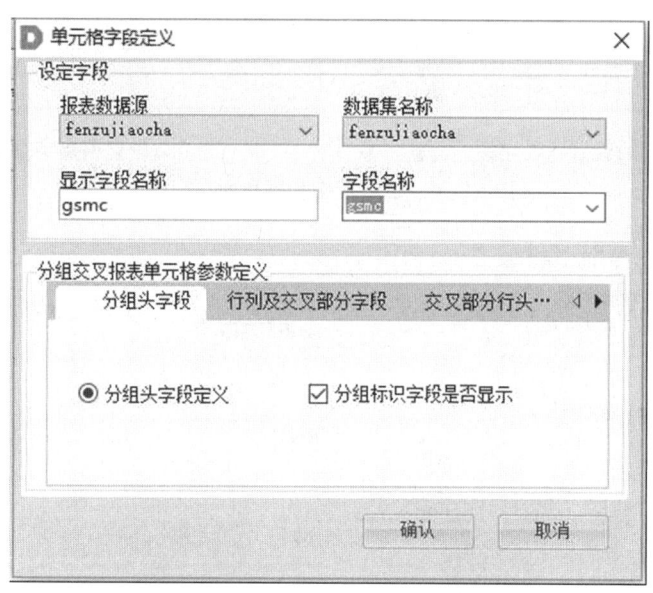

图6-24 设置报表分组字段

⑥将固定的列名(项目名称、单价、横向统计、纵向统计)填到相应的单元格(B2、C2、E2、C4)里,如图6-25所示。

⑦在D2单元格里设置行头字段(qc),在B3、C3单元格里设置列头字段(xmmc和price)的字段,如图6-26所示。

⑧在D3单元格里设置交叉部分字段(cost),如图6-27所示。

图 6-25 填入列名

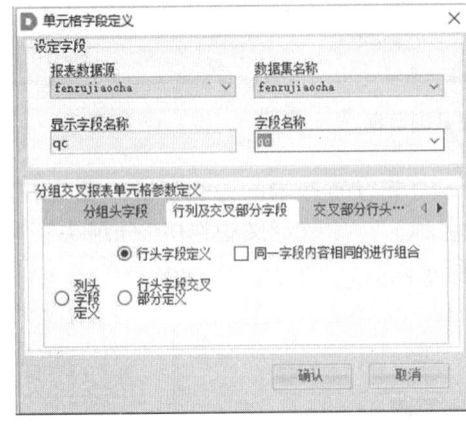
(a)设置行头字段

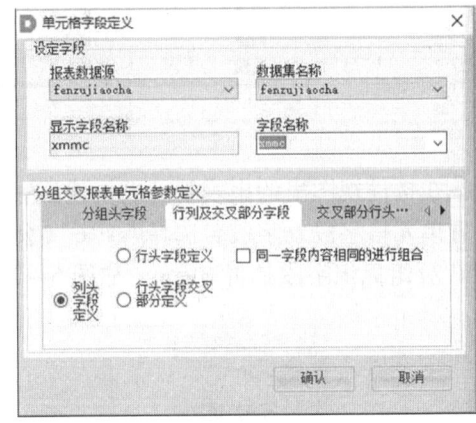
(b)设置列头字段

图 6-26 设置行头字段和列头字段

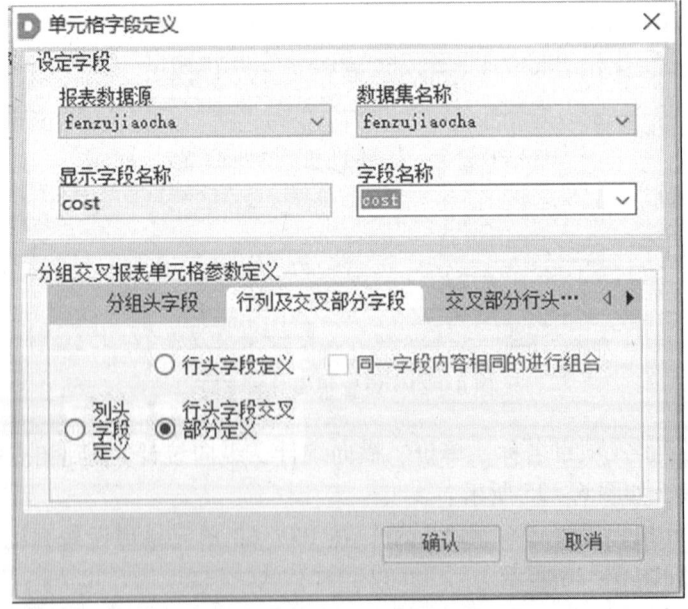

图 6-27 设置交叉部分字段

⑨在 E3 单元格里设置横向求和（字段名称要选择"gsmc"），在 D4、E4 单元格里设置纵向求和，如图 6-28 所示。

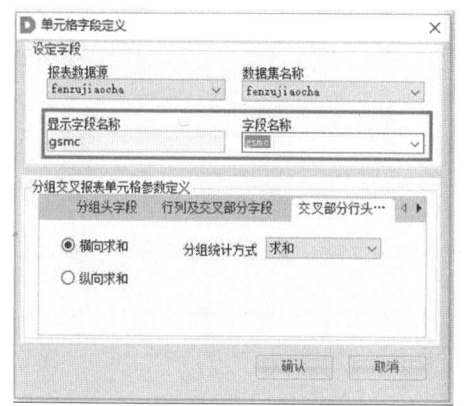 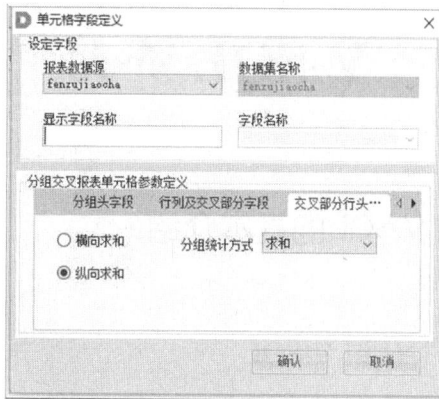

（a）设置横向求和　　　　　　　　　（b）设置纵向求和

图 6-28　设置横向求和和纵向求和

最终配置效果和运行效果如图 6-29 所示。

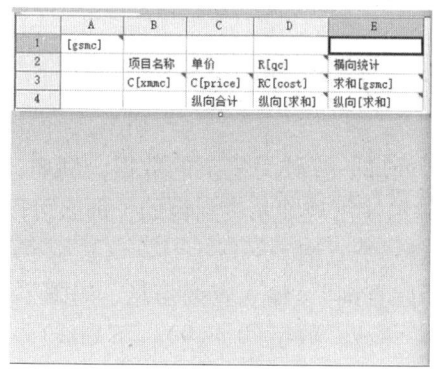

（a）最终配置效果　　　　　　　　　（b）运行效果

图 6-29　效果图

7 V-SQL 介绍

7.1 V-SQL 的基本介绍

7.1.1 认识 V-SQL

V-SQL 是对同望 V3 开发平台实现多数据库支持非常重要的基础引擎。因为各个数据库的查询语句的语法有所不同，V-SQL 的功能是把查询语句解析为执行系统连接的数据库（MSSQL、Oracle、DB2）语言。

所有与同望 V3 开发平台支持的数据库通信的应用程序都通过向服务器发送 V-SQL 语句来实现通信，与应用程序的用户界面无关。V-SQL 抽取了 SQL92 的部分语法来满足 V3 开发平台的最大功能集合。

7.1.2 使用 V-SQL

在 V3 平台开发的过程中，很多时候会需要处理一些较为复杂的数据，例如，获取多表查询后的数据、制作报表等等，这时无法单独使用规则来达到目的，那么可以选择使用 V-SQL 查询。下面来看看如何在构件中新建一个查询。

①右键单击构件树的"查询"节点，选择"新建查询"，输入查询信息，如图 7-1 所示。[注意，查询编码只能包含字母（A～Z，a～z）、数字（0～9）、下划线（_），只能以字母开头，且不能以下划线结尾。]

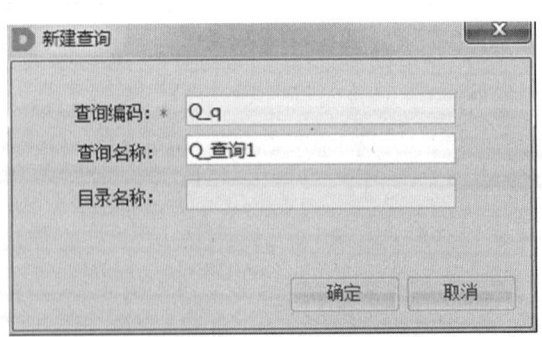

图 7-1 新建查询

②新建查询后，即可在查询面板（如图7-2所示）处写V-SQL语句。面板右侧显示的是查询参数，单击"修改"按钮，可以为查询参数设置调试值，调试值只对查询预览的结果产生影响，在实际使用查询的过程中没有影响。面板下方显示查询结果。

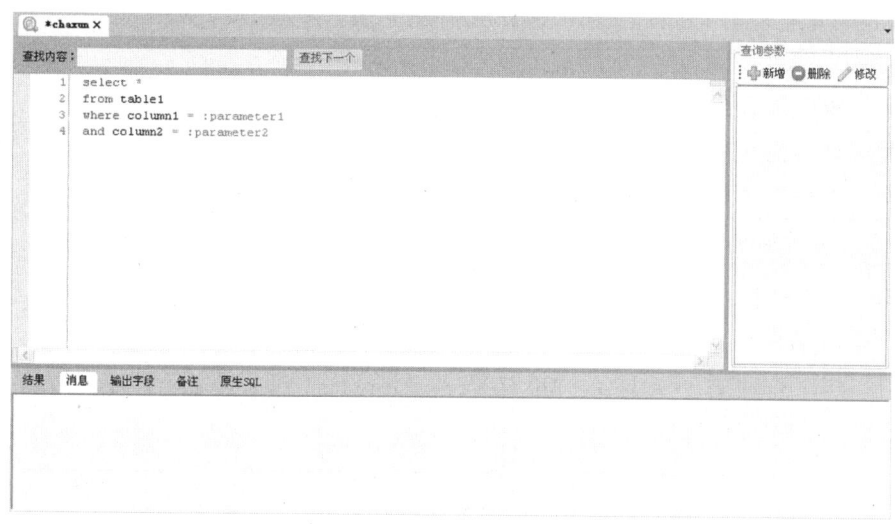

图7-2 查询面板

7.2 V-SQL同标准SQL的主要语法区别

7.2.1 基本语法差别

由于V-SQL是为实现多数据库支持的基础引擎，而各个数据库的查询语句的语法有所不同，因此V-SQL在语法上与标准SQL语言有所差别。

（1）V-SQL里支持直接写查询名称便能引用查询，目前遵从数据库视图的用法，只实现在select查询中的from，join子句引用，并且查询插件无法实现。

```
SELECT a.a1
FROM query1 a
LEFT JOIN query2 b ON a.id = b.id
```
其中query1查询：
```
SELECT a.a1
FROM a
```
其中query2查询：
```
SELECT b.b1
FROM b
```

（2）V-SQL里取消表直接连接的方式，必须用inner join替代。

标准 SQL	V-SQL
SELECT a.field1 FROM table1 a, table2 b WHERE a.field1 = b.field2	SELECT a.field1 FROM table1 a INNER JOIN table2 b ON a.field1 = b.field2

（3）V-SQL 里函数必须用文档里规定的函数。

（4）V-SQL 里参数名称需要以字母开头。

（5）V-SQL 里子查询在 from 或者 join 后面的必须增加别名。

标准 SQL	V-SQL

SELECT field1
FROM (
    SELECT b.field2
    FROM table2 b
)
	SELECT field1
	FROM (
	    SELECT b.field2
	    FROM table2 b
	) b

（6）V-SQL 里 union all 使用时需要使用子查询。

标准 SQL	V-SQL

SELECT field1
FROM table1
 	
UNION ALL
 	
SELECT field1
FROM table2
	SELECT b.field1
	FROM (
	    SELECT field1
	    FROM table1
	
	    UNION ALL
	
	    SELECT field1
	    FROM table2
	) b

Union all 之后，如果还需连接其他表或者查询，则使用 inner join 子句。

```
SELECT e.field1, d.field1 AS field2
FROM (
    SELECT b.field1
    FROM (
        SELECT field1
        FROM table1

        UNION ALL
```

```
            SELECT field1
            FROM table2
        ) b
    ) e
    INNER JOIN table3 don e.field1 = d.field1
```

(7) V-SQL 里分页使用 limit，使用时如果没有 order by 则会缺省加上 id 字段排序，如果该查询没有 id 字段则必须有 order by 子句。

标准 SQL	V-SQL
SELECT TOP 10 a.field1 FROM table1 a ORDER BY a.field2	SELECT a.field1 FROM table1 a ORDER BY a.field2 Limit 10, 1 - -指按每页十条记录从第一条开始取

注：可用此方法实现 TOP 功能。

(8) V-SQL 里由于 Oracle、DB2 不支持查询语句结果字段中的子查询里的子查询直接引用主查询字段，即只支持一级子查询引用主查询字段，因此查询语句结果字段中存在子查询并且是分页(如取第一条记录)以及存在主查询关联字段需要改写法。

```
        - -如下面的查询 price 表示查找 b 表和 a 表中相同的 code 按时间倒序排
        序的第一条记录的 price。
SELECT a.code, a.NAME, (
        SELECT b.price
        FROM WORK b
        WHERE b.code = a.code
        ORDER BY b.TIME DESC limit 1, 1
        ) price
FROM contact a
改为：
SELECT a.code, a.NAME, (
        SELECT b.price
        FROM (
            SELECT rownum("partition by b.code order by b.time
desc") num, b.code
            FROM WORK b
            ) b
        WHERE b.num =1
            AND b.code = a.code
        ) price
FROM contact a
        - -这里使用了 rownum 函数先对 b 表的相同 code 按时间倒序排序，建
        立序号，再查出第一条记录。
```

(9) V-SQL 里不使用关键字或者函数名命名字段。

标准 SQL	V-SQL
SELECT uuid FROM table1	SELECT a.id FROM table1 a

(10) 目前 V-SQL 里 between 前面只能是字段、常量、参数，不能是函数或者表达式。

标准 SQL	V-SQL
SELECT* FROM table1 WHERE Isnull(MONEY, 0) BETWEEN 1 AND300	SELECT a.* FROM table1 a WHERE Isnull(a.MONEY, 0) >=1 　　AND Isnull(a.MONEY, 0) <=300

(11) V-SQL 里字符串连接用"｜｜"代替，不用"＋"。

标准 SQL	V-SQL
SELECT* FROM table1 WHERE NAME LIKE 'toone'+'%'	SELECT a.* FROM table1 a WHERE a.NAME LIKE'toone'｜｜'%'

(12) V-SQL 里不等于使用"＜＞"，不用"！＝"。

标准 SQL	V-SQL
SELECT* FROM table1 WHERE NAME != 'toone'	SELECT a.* FROM table1 a WHERE a.NAME <> 'toone'

(13) V-SQL 里 in、not in 里的子查询必须加两个括号"(())"。

标准 SQL	V-SQL
SELECT u FROM table1 a WHERE a.id IN (　　SELECT id 　　FROM b)	SELECT u FROM table1 a WHERE a.id IN (　　(　　SELECT id 　　FROM b 　　))

(14) V-SQL 里 like 表达式中如果有特殊字符如"'%[]"，应使用参数形式。注意：

Sqlserver 中 "/" "%" "_" "[" "]" 需要转义；而 DB2、Oracle 中只有 "%" "_" 需要转义。

标准 SQL	V-SQL
SELECT id FROM table1 a WHERE a.id LIKE '% /[/_' '% 'ESCAPE'/'	SELECT a.id FROM table1 a WHERE a.id LIKE:parm1 ESCAPE:parm2 - -"_ _% /[/_""% "和"/"由参数替代

注：ESCAPE 定义转义符

（15）V-SQL 里常量查询需要使用 dual 表来查（注：Dual 为常量表）。

标准 SQL	V-SQL
SELECT 1	SELECT 1 AS a FROM dual

（16）V-SQL 里 "*" 号不能和其他字段一起使用。

标准 SQL	V-SQL
SELECT* , field1 FROM table1	SELECT a.id, a.NAME, a.MONEY, a.field1 FROM table1 a

（17）V-SQL 中的 over 统计函数使用 rownum 函数以及统计函数中的参数来体现，详细见 7.3.4 节统计函数。

7.2.2 DB2 问题处理

（1）AIX 下的 Unrecognized JDBC type：0. ERRORCODE = -4228，SQLSTATE = null 错误。

原因：有参数为 null 值，如果是更新语句则是因为更新语句系统不会自动去掉 null 值条件。

解决方法：在开发系统增加 isnull 函数转换为指定值。

（2）AIX 下的 SQLCODE：-204，SQLSTATE：42704 错误。

原因：由于 DB2 不支持结果字段为子查询时，子查询里的子查询使用主查询表。

解决方法：参照 7.2.1 节基本语法差别第 8 点。

（3）所有系统的 DB2 中，如下语句查不出数据。

```
SELECT* FROM (
SELECT'1'TYPE FROM BA_menu
UNION ALL
SELECT'cmd'TYPE FROM BA_menu) a WHERE a.TYPE = '1'
```

原因：常量 union all 后 DB2 会按数据里的最大字符长度填充空格，所以"1"就变成了"1 "。

解决方案：

```
SELECT* FROM (
SELECT'1'TYPE FROM BA_menu
UNION ALL
SELECT'cmd'TYPE FROM BA_menu) a WHERE trim(a.TYPE) = '1'
```

7.2.3 Oracle 问题处理

Oracle 10g 中如果 to_date 方法字段参数中使用了 casewhen 语法，在外层再使用 to_char 方法将返回错误信息，这时要使用 to_char 函数内部先转成字符，涉及的函数主要是 datadiff 函数，由于 V-SQL 未提供 to_date、to_char 函数，需要用户使用自定义函数在数据库里定义，如 vsqlfunc_todate，vsqlfunc_tochar。示例如下：

```
SELECT TO_CHAR(TO_DATE(a, 'yyyy-MM-dd'), 'yyyy-MM-dd')
FROM (
    SELECT CASE WHEN NVL('2', '1') ! = '2'THEN TO_CHAR(SYSDATE,
'yyyy-MM-dd') ELSE'2013-08-13'END a
    FROM dual
    ) a
--结果 0000-00-00
SELECT TO_CHAR(TO_DATE(a, 'yyyy-MM-dd'), 'yyyy-MM-dd')
FROM (
    SELECT to_char(CASE WHEN NVL('2', '1') ! = '2'THEN SYSDATE ELSE
to_date('2013-08-13', 'yyyy-MM-dd') END, 'yyyy-MM-dd') a
    FROM dual
    ) a
--改成这样,结果是对的
```

7.2.4 V-SQL 对参数 null 值的处理

V-SQL 将会自动对 SQL 里参数值为 null 值的进行特殊处理，处理逻辑如下：当条件表达式中的逻辑比较符为 >，> =，<，< =，=，< >，like，或者是 in 操作符并且 in 里面只有一个参数时，V-SQL 将会删除参数中值为 null 的表达式（当表达式里有函数除外），即根据 and、or 逻辑符替换为指定的表达式（如 1 = 1 或者 1 = 2），如：

```
SELECT a1
FROM a
WHERE a2 =:param1
    AND a3 =2
处理成：
SELECT a1
```

```
FROM a
WHERE 1 = 1
    AND a3 = 2
```

```
SELECT a1
FROM a
WHERE a2 LIKE '%' || :param1 || '%'
    OR a3 = 2
```

处理成：

```
SELECT a1
FROM a
WHERE 1 = 2
    OR a3 = 2
```

```
SELECT a1
FROM a
WHERE a2 IN (:param1)
```

处理成：

```
SELECT a1
FROM a
WHERE 1 = 1
```

如果出现在 case when 中也会替换，如：

```
SELECT CASE WHEN a1 = :param1
        AND a2 = 2 THEN a1 ELSE a2 END
FROM a
```

处理成：

```
SELECT CASE WHEN 1 = 1
        AND a2 = 2 THEN a1 ELSE a2 END
FROM a
```

注意，如果条件表达式里面参数存在于函数里则不处理，如：

```
SELECT a1
FROM a
WHERE a2 = isnull(:param1, 1)
    AND a3 = 2
```

7.2.5　V-SQL 对参数为空字串的处理

V-SQL 将会自动对 SQL 里参数值为空字串的进行特殊处理，处理逻辑如下：当条件表达式中的逻辑比较符为 >，> =，<，< =，=，< >，like，V-SQL 将会替换参数中值为空字串的表达式（当表达式里有函数除外），如：

```
SELECT a1
FROM a
WHERE a2 =:param1
    AND a3 =2
```
处理成：
```
SELECT a1
FROM a
WHERE (
    a2 ISNULL
    OR a2 =:param1
    )
```

```
SELECT a1
FROM a
WHERE a2 LIKE'%'||:param1||'%'
```
处理成：
```
SELECT a1
FROM a
WHERE (
    a2 ISNULL
    OR a2 LIKE'%'||:param1||'%'
    )
```

如果出现在 case when 中也会替换，如：
```
SELECT CASE WHEN a1 =:param1
        AND a2 =2 THEN a1 ELSE a2 END
FROM a
```
处理成：
```
SELECT CASE WHEN (
            a1 ISNULL
            OR a1 =:param1
            )
        AND a2 =2 THEN a2 ELSE a1 END
FROM a
```

如果条件表达式里面参数存在于函数里，或者逻辑比较符为 in 的则不处理，如：
```
SELECT a1
FROM a
WHERE a2 =isnull(:param1,1)
    AND a3 =2
```

```
SELECT a1
FROM a
WHERE a2 IN (:param1)
```

7.3 函数

7.3.1 数值函数

(1) ABS

说明	返回给定数字表达式的绝对值
语法	ABS(numeric_expression)
参数	numeric_expression： 精确数字或近似数字数据类型类别的表达式
返回类型	返回与 numeric_expression 相同的类型
示例	SELECT ABS(-1.0), ABS(0.0), ABS(1.0)

(2) CEILING

说明	返回大于或等于所给数字表达式的最小整数
语法	CEILING(numeric_expression)
参数	numeric_expression： 精确数字或近似数字数据类型类别的表达式
返回类型	INT
示例	SELECT CEILING(123.45), CEILING(-123.45), CEILING(0.0)

(3) COS

说明	一个数学函数，返回给定表达式中给定角度(以弧度为单位)的余弦值
语法	COS(float_expression)
参数	float_expression： DECIMAL 类型的表达式
返回类型	DECIMAL
示例	SELECT COS(14.78) FROM sample

(4) EXP

说明	返回所给的 float 表达式的指数值
语法	EXP(float_expression)
参数	float_expression： DECIMAL 类型的表达式
返回类型	DECIMAL
示例	SELECT EXP(37.615) FROM sample

(5) FLOOR

说明	返回小于或等于所给数字表达式的最大整数
语法	FLOOR(numeric_expression)
参数	numeric_expression： 精确数字或近似数字数据类型类别的表达式
返回类型	INT
示例	SELECT FLOOR(123.45), FLOOR(-123.45) FROM sample

(6) LOG

说明	返回给定 float 表达式，指定底的自然对数
语法	LOG(float_expression, float_base)
参数	float_expression： DECIMAL 类型的表达式 float_base： DECIMAL 指定底，如 10 为底
返回类型	DECIMAL
示例	SELECT LOG(5.1756, 10) AS LOGs FROM sample

(7) PI

说明	返回 PI 的值
语法	PI()
参数	DECIMAL
返回类型	DECIMAL
示例	SELECT PI() AS "PIis" FROM sample

(8) SIGN

说明	返回给定表达式的正（+1）、零（0）或负（-1）号
语法	SIGN(numeric_expression)
参数	numeric_expression： 精确数字或近似数字数据类型类别的表达式
返回类型	DECIMAL
示例	`SELECT SIGN(-1), SIGN(10), SING(0)` `FROM sample`

(9) SIN

说明	以近似数字（float）表达式返回给定角度(以弧度为单位)的三角正弦值
语法	SIN(float_expression)
参数	float_expression： DECIMAL 类型的表达式
返回类型	DECIMAL
示例	`SELECT SIN(45.1756) AS sd` `FROM sample`

(10) SQRT

说明	返回给定表达式的平方根
语法	SQRT(float_expression)
参数	float_expression： DECIMAL 类型的表达式
返回类型	DECIMAL
示例	`SELECT SQRT(9)` `FROM sample`

(11) TAN

说明	返回输入表达式的正切值
语法	TAN(float_expression)
参数	float_expression
返回类型	float 或 real 类型的表达式
示例	`SELECT TAN(1.0)` `FROM sample`

(12) ROUND

说明	返回数字表达式并四舍五入为指定的长度或精度
语法	ROUND(numeric_expression, length)
参数	numeric_expression： 精确数字或近似数字数据类型类别的表达式 length： numeric_expression 将要四舍五入的精度。length 的类型必须是 INT(INTEGER)。当 length 为正数时，numeric_expression 四舍五入为 length 所指定的小数位数，当 length 为负数时，numeric_expression 则按 length 所指定的在小数点的左边四舍五入
返回类型	返回与 numeric_expression 相同的类型。ROUND 始终返回一个值。如果 length 是负数且大于小数点前的数字个数，ROUND 将返回 0。如 ROUND(748.58, -4) 返回 0
示例	SELECT ROUND(123.9994, 3), ROUND(123.9995, 3) FROM sample

(13) TRUNC

说明	返回数字表达式为指定的长度或精度，不四舍五入
语法	TRUNC(numeric_expression, length)
参数	length： numeric_expression 将要四舍五入的精度。length 的类型必须是 INT(INTEGER)。当 length 为正数时，numeric_expression 为 length 所指定截取的小数位数
返回类型	如果 length >0，则返回 DECIMAL，否则为整数
示例	SELECT TRUNC(123.9994, 3), TRUNC(123.9995, 3) FROM sample

(14) MOD

说明	返回两个整型数值相除的余数
语法	MOD(int_expression, int_expression)
参数	int_expression： 整型数据类型类别的表达式
返回类型	INT
示例	SELECT MOD(11, 2) FROM sample

（15）ISNULL

说明	如果第一个表达式的值为空，则返回第二个表达式的值，否则，返回第一个表达式的值
语法	ISNULL(expression, expression)
参数	expression： 常量、列名、函数、子查询或算术运算符的任意组合
返回类型	返回类型与第一个 expression 相同。如果第一个表达式的值为空，ISNULL 返回第二个 expression 的值；否则，ISNULL 返回第一个 expression 类型的值
示例	SELECT ISNULL(FMoney, 0) AS FMoney FROM sample

（16）ISNUMERIC

说明	是否数字，包括正负实数，是返回 1，不是返回 0
语法	ISNUMERIC(expression)
参数	expression： 常量、列名、函数、子查询或算术运算符的任意组合
返回类型	是则返回 1，不是则返回 0
示例	SELECT ISNUMERIC(FMoney) AS A FROM sample

7.3.2 字符函数

（1）CHAR

说明	将 int ASCII 代码转换为字符的字符串函数
语法	CHAR(integer_expression)
参数	integer_expression： 介于 0 和 255 之间的整数。如果整数表达式不在此范围内，将返回 NULL 值
返回类型	CHAR(1)
示例	SELECT CHAR(65) FROM sample

（2）LOWER

说明	将大写字符数据转换为小写字符数据后返回字符表达式
语法	LOWER(character_expression)

续上表

参数	character_expression： 字符或二进制数据表达式，可以是常量和列。它必须是可以隐式转换成 CHAR 和 VARCHR 的数据类型，否则使用 CAST 显式转换 character_expression
返回类型	VARCHAR
示例	SELECT LOWER('IT IS NONE OF YOU BUSINESS') FROM sample

（3）LEFT

说明	返回从字符串左边开始指定个数的字符
语法	LEFT(character_expression, integer_expression)
参数	character_expression： 字符或二进制数据表达式，可以是常量和列。它必须是可以隐式转换成 CHAR 和 VARCHR 的数据类型，否则使用 CAST 显式转换 character_expression integer_expression： 正整数。如果 integer_expression 为负，则返回空字符串
返回类型	VARCHAR
示例	SELECT LEFT('Take care, baby', 2) FROM sample

（4）LENGTH

说明	返回给定字符串表达式的字符(而不是字节)个数，其中不包含尾随空格
语法	LENGTH(string_expression)
参数	string_expression： 要计算的字符串表达式
返回类型	INT
示例	SELECT LENGTH('How are you') FROM sample

（5）LTRIM

说明	删除起始空格后返回字符表达式
语法	LTRIM(character_expression)
参数	character_expression： 字符或二进制数据表达式，可以是常量和列。它必须是可以隐式转换成 CHAR 和 VARCHR 的数据类型，否则使用 CAST 显式转换 character_expression

返回类型	VARCHAR
示例	SELECT LTRIM('Nobody loves you more than I do') FROM sample

(6) RIGHT

说明	返回字符串中从右边开始指定个数的 integer_expression 字符
语法	RIGHT(character_expression, integer_expression)
参数	character_expression： 字符或二进制数据表达式，可以是常量和列。它必须是可以隐式转换成 CHAR 和 VARCHR 的数据类型，否则使用 CAST 显式转换 character_expression integer_expression： 正整数，开始返回字符串的起始位置。如果 integer_expression 为负，则根据目标数据库的环境返回相应的错误信息
返回类型	VARCHAR
示例	SELECT RIGHT('You are an apple', 2) FROM sample

(7) RTRIM

说明	截断所有尾随空格后返回一个字符串
语法	RTRIM(character_expression)
参数	character_expression： 由字符数据组成的表达式，可以是常量，也可以是字符或二进制数据的列
返回类型	VARCHAR
示例	SELECT RTRIM('I always laugh') FROM sample

(8) TRIM

说明	截断所有起始或尾随空格后返回一个字符串
语法	TRIM(character_expression)
参数	character_expression： 由字符数据组成的表达式，可以是常量，也可以是字符或二进制数据的列
返回类型	VARCHAR
示例	SELECT TRIM('I always laugh') FROM sample

(9) UPPER

说明	返回将小写字符数据转换为大写的字符表达式
语法	UPPER(character_expression)
参数	character_expression： 由字符数据组成的表达式，可以是常量，也可以是字符或二进制数据的列
返回类型	VARCHAR
示例	SELECT UPPER('I always laugh OFF setback') FROM sample

(10) REVERSE

说明	返回颠倒字符串顺序的字符串
语法	REVERSE(character_expression)
参数	character_expression： 字符或二进制数据表达式，可以是常量和列。它必须是可以隐式转换成 CHAR 和 VARCHR 的数据类型，否则使用 CAST 显式转换 character_expression
返回类型	VARCHAR
示例	SELECT REVERSE('Take') FROM sample

(11) SUBSTRING

说明	返回字符 CHAR, VARCHAR, CLOB, BLOB 或具有其类型的结果表达式的一部分
语法	SUBSTRING(expression, start, length)
参数	expression： 字符串、字符串大对象、列或包含列的表达式。不使用包含聚合函数的表达式 start： 一个整数，指定子串的开始位置 length： 一个整数，指定子串的长度（要返回的字符数或字节数）
返回类型	返回字符数据
示例	SELECT SUBSTRING('So said,so done', 1, 10) FROM sample

（12）CONCAT

说明	返回连接两个字符型表达式的结果
语法	CONCAT（expression1，expression2）
参数	expression1： 字符串、字符串大对象、列或包含列的表达式。不要使用包含聚合函数的表达式 expression2： 字符串、字符串大对象、列或包含列的表达式。不要用包含聚合函数的表达式
返回类型	返回字符数据
示例	SELECT CONCAT ('TO nod politely is one thing ,','and to follow what you say is quite another') FROM sample

（13）REPLACE

说明	返回在指定的字符串中用某一字符串替换特定字符串的结果
语法	REPLACE(expression1，expression2，expression3)
参数	expression1： 指定的字符串 expression2： 需要查找替换的字符串 expression3： 要替换成的字符串
返回类型	返回字符数据
示例	SELECT REPLACE('abcdefghicde', 'cde', 'xxx') FROM sample

（14）CHARINDEX

说明	从字符串(source)中的指定开始位置(start)，返回字符串(key)的位置。（这里的字符名与函数参数对应）
语法	CHARINDEX(key, source, start)
参数	key： 字符串的位置 source： 字符串 start： 指定开始位置，开始位置必须大于0，否则报错。如果不能确定此值，请用 case when 处理。如果是常量，在 java 中验证，并转换为1；如果是字段或参数，则在 Oracle、DB2 环境中，start =0 返回值永远是"0"

续上表

返回类型	整型，最小值是"1"，小于"1"表示没找到
示例	SELECT CHARINDEX('key', 'abckeybcd', 1) FROM sample

7.3.3 时间函数

(1) TODAY

说明	返回现在日期
语法	TODAY()
参数	无
返回类型	VARCHAR
示例	SELECT TODAY() FROM sample

(2) CURTIME

说明	返回现在时间
语法	CURTIME()
参数	无
返回类型	VARCHAR
示例	SELECT CURTIME() FROM sample

(3) NOW

说明	返回现在时间(日期加时间)
语法	NOW()
参数	无
返回类型	VARCHAR
示例	SELECT NOW() FROM sample

(4) DAYOFMONTH

说明	返回日期和时间戳一个月中的第几号
语法	DAYOFMONTH(expression)

参数	expression： 具有 VARCHAR 类型的日期常量、列或它们的任意组合运算的结果
返回类型	INT
示例	SELECT DAYOFMONTH(NOW()) FROM sample

（5）DAYOFWEEK

说明	返回日期和时间戳一周中的星期几，按国际标准从周日开始为1
语法	DAYOFWEEK(expression)
参数	expression： 具有 VARCHAR 类型的日期常量、列或它们的任意组合运算的结果
返回类型	INT
示例	SELECT DAYOFWEEK(NOW()) FROM sample

（6）DAYOFYEAR

说明	返回日期和时间戳在一年中的天数位置
语法	DAYOFYEAR(expression)
参数	expression： 具有 VARCHAR 类型的日期常量、列或它们的任意组合运算的结果
返回类型	INT
示例	SELECT DAYOFYEAR(NOW()) FROM sample

（7）HOUR

说明	返回时间或时间戳中的小时部分
语法	HOUR(expression)
参数	expression： 具有 VARCHAR 类型的日期常量、列或它们的任意组合运算的结果
返回类型	INT
示例	SELECT HOUR(NOW()) FROM sample

（8）MINUTE

说明	返回时间或时间戳中的分钟部分
语法	MINUTE（expression）
参数	expression： 具有VARCHAR类型的日期常量、列或它们的任意组合运算的结果
返回类型	INT
示例	SELECT MINUTE(NOW()) FROM sample

（9）MONTH

说明	返回日期和时间戳的月份
语法	MONTH（expression）
参数	expression： 具有VARCHAR类型的日期常量、列或它们的任意组合运算的结果
返回类型	INT
示例	SELECT MONTH(NOW()) FROM sample

（10）QUARTER

说明	返回日期和时间戳的季度号
语法	QUARTER（expression）
参数	expression： 具有VARCHAR类型的日期常量、列或它们的任意组合运算的结果
返回类型	INT
示例	SELECT QUARTER(NOW()) FROM sample

（11）SECOND

说明	返回时间和时间戳的秒部分
语法	SECOND（expression）
参数	expression： 具有VARCHAR类型的日期常量、列或其任意组合运算的结果
返回类型	INT
示例	SELECT SECOND(NOW()) FROM sample

（12）WEEK

说明	返回日期和时间戳在一年的第几周
语法	WEEK(expression)
参数	expression： 具有 VARCHAR 类型的日期常量、列或它们的任意组合运算的结果
返回类型	INT
示例	SELECT WEEK(NOW()) FROM sample

（13）YEAR

说明	返回日期和时间戳的年部分
语法	YEAR(expression)
参数	expression： 具有 VARCHAR 类型的日期常量、列或它们的任意组合运算的结果
返回类型	INT
示例	SELECT YEAR(NOW()) FROM sample

（14）DAYNAME

说明	返回时间和时间戳在一周中的名字，如星期一、星期二、星期三……
语法	DAYNAME(espression)
参数	expression： 具有 VARCHAR 类型的日期常量、列或它们的任意组合运算的结果
返回类型	VARCHAR
示例	SELECT DAYNAME(NOW()) FROM sample

（15）MONTHNAME

说明	返回日期和时间戳的月份名字
语法	MONTHNAME(espression [，format])
参数	expression： 具有 VARCHAR 类型的日期常量、列或它们的任意组合运算的结果 format： 以单引号包括 en—返回双位数月份，如 01、02、03、…、11、12 cn—返回月份，如一、二、三……十一、十二

续上表

返回类型	VARCHAR
示例	SELECT MONTHNAME(NOW(), 'cn') FROM sample

（16）FORMATDATE

说明	返回特定格式的日期字符串的转换值
语法	FORMATDATE(espression [, format])
参数	expression： 时间常量，日期常量字符 format： 以单引号包括，返回字符的格式字符，如 yyyy-MM-dd HH24：mi：ss，暂时只支持以下 8 种格式定义： DATETIME：'yyyy-MM-dd HH24：mi：ss' DATE：'yyyy-MM-dd' TIME：'HH24：mi：ss' DATETIME_CN：'yyyy 年 MM 月 dd 日 HH24 时 mi 分 ss 秒' DATE_CN：'yyyy 年 MM 月 dd 日' TIME_CN：'HH24 时 mi 分 ss 秒' YYYYMMDD：'yyyyMMdd' HHMMSS：'HH24miss'
返回类型	VARCHAR
示例	SELECT FORMATDATE('2012-02-01 ', 'yyyy-MM-dd HH24：mi：ss') FROM sample SELECT FORMATDETE('2012...', :test) --这是不可以的 SELECT FORMATDETE('2012...', 'yyyy-MM-dd') --这是可以的

（17）ATEADD

说明	返回指定的 VARCHAR 之后若干秒的另一个 VARCHAR 类型的数值
语法	DATEADD(expression1, expression2)
参数	expression1： 具有 VARCHAR 类型的日期常量、列或它们的任意组合运算的结果 expression2： 整数，表示 expression1 之后若干秒，如果 expression2 为负，则表示之前

返回类型	VARCHAR
示例	SELECT DATEADD(NOW(), 1*60*60*24) FROM sample

(18) DATEDIFF

说明	返回两个指定的 VARCHAR 之间相隔的时间差
语法	DATEDIFF(startDate, endDate, type)
参数	startDate： 开始时间，具有 VARCHAR 类型的日期常量、列或它们的任意组合运算的结果 endDate： 结束时间，具有 VARCHAR 类型的日期常量、列或它们的任意组合运算的结果，这里的计算方式是 startDate - endDate，返回为两者相隔数，单位由 type 决定 type： 以单引号包括，默认是 day 取值范围(6 种)：year, month, day, hour, minute, second
返回类型	INT
示例	SELECT DATEDIFF(NOW(), '2012-10-10', 'year') FROM sample

7.3.4 统计函数

(1) SUM

说明	返回在某一集合上对数值表达式求得的和
语法	SUM(expression [, partitionexp])
参数	expression： 数值表达式 partitionexp： 以双引号包括，内容是 partition by xx 与 order by xx，可选参数，分组累计统计条件
返回类型	同 expression
示例	SELECT SUM (money,"partition by id") FROM sample --上述对应到原生 SQL 为： SELECT SUM (money) over(partition by id),name FROM sample --指 id 相同 money 字段进行累加，注意和 group by 的区别是查询可以出现非统计字段，如上面的 name

(2) AVG

说明	返回在某一集合上对数值表达式求得的平均值
语法	AVG(expression [, partitionexp])
参数	expression： 数值表达式 partitionexp： 以双引号包括，内容是 partition by xx 与 order by xx，可选参数，分组累计统计条件
返回类型	DECIMAL
示例	SELECT AVG(money, "partition by id") FROM sample

(3) COUNT

说明	返回在某一集合上对数值表达式求得的总记录数
语法	COUNT(expression [, partitionexp])
参数	expression： 数值表达式 partitionexp： 以双引号包括，内容是 partition by xx 与 order by xx，可选参数，分组累计统计条件
返回类型	INT
示例	SELECT COUNT(id, "order by id") FROM example - - 上述对应到原生 SQL 为： SELECT COUNT(id) OVER (order by id) FROM example

(4) MIN

说明	返回在某一集合上对数值表达式求得的最小值
语法	MIN(expression [, partitionexp])
参数	expression： 数值表达式 partitionexp： 以双引号包括，内容是 partition by xx 与 order by xx，可选参数，分组累计统计条件

返回类型	同 expression
示例	SELECT MIN(money, "partition by id") FROM sample

(5) MAX

说明	返回在某一集合上对数值表达式求得的最大值
语法	MAX(expression [, partitionexp])
参数	expression： 数值表达式 partitionexp： 以双引号包括，内容是 partition by xx 与 order by xx，可选参数，分组累计统计条件
返回类型	同 expression
示例	SELECT MAX(money, "partition by id") FROM sample

(6) ROWNUM

说明	返回按指定排序方式生成的记录序列号，从 1 开始
语法	ROWNUM(partitionexp)
参数	partitionexp： 以双引号包括，内容是 partition by xx 与 order by xx 分组条件
返回类型	INT
示例	SELECT ROWNUM("partition by id order by sam1 asc") FROM sample

7.3.5 其他函数

(1) CAST

说明	将某种数据类型的表达式强制转换为指定的数据类型，此函数慎用 限制条件： ①暂时，所有类型不能转换成 CHAR，因为开发平台没有与 CHAR 对应的控件 ②CLOB、BLOB 不能转换成其他类型，其他类型也不可以转换为 CLOB、BLOB
语法	CAST(expression, datatype)

续上表

参数	expression： 任何有效的数据类型
	datatype： 以单引号包括(1—VARCHAR, 2—INT, 3—DECIMAL, 4—BOOLEAN)
返回类型	指定的数据类型 datatype
示例	SELECT CAST(1, 'VARCHAR') FROM sample SELECT CAST(1, 'Decimal', 10, 2) FROM sample

(2) UUID

说明	返回数据库自动生成的 UUID
语法	UUID()
参数	无
返回类型	VARCHAR
示例	SELECT UUID() FROM sample

(3) RAND

说明	返回0和1之间的随机浮点数，注意：由于返回的是浮点数，如果round()截取前几位时，有可能得到重复的数据
语法	RAND()
参数	无
返回类型	DECIMAL
示例	SELECT RAND() FROM sample

(4) SORTPY

说明	中文字段按拼音排序，该函数只针对Oracle，其他数据库会直接处理成字段排序
语法	SORTPY(expression)
参数	expression： 排序字段

返回类型	无
示例	SELECT* FROM sample ORDER BY SORTPY(col1)

7.4 自定义函数

7.4.1 认识自定义函数

除了使用系统提供的函数外，用户还可以根据需要自定义函数。用户自定义函数不能用于执行一系列改变数据库状态的操作，但它可以像系统函数一样在查询或存储过程等的程序段中使用，可以返回一定的值。

7.4.2 自定义函数的使用

V-SQL 支持引用用户在数据库里自定义的函数，注意：函数名称需要加上"VSQLFUNC_"前缀，其他与 V-SQL 函数语法相同。如：

    SELECT VSQLFUNC_TEST(a, :param, 'test') AS a1
    FROM table1

注1：有返回值的请用自定义函数。
注2：目前 SQLSERVER 的函数引用只支持 dbo 用户建的函数。

7.5 存储过程

7.5.1 认识存储过程

存储过程是在大型数据库系统中，一组为了完成特定功能的 SQL 语句集，经编译后存储在数据库中，用户通过指定存储过程的名字并给出参数（如果该存储过程带有参数）来执行它。

7.5.2 V-SQL 存储过程的实现

V-SQL 支持引用用户在数据库里自定义的存储过程，注意，存储过程名称需要加上"VSQLPROC_"前缀，其他与 V-SQL 函数语法类似，参数只能是常量或者具名参数。如：

    call VSQLPROC_TEST(1, :param, 'test')

注1:没有返回值,需要完成特定功能的请用存储过程。

注2:存储过程里使用的表,都需要加到"不使用查询缓存"的配置文件"cacheCfg.xml"里(...\Tomcat\webapps\v3\WEB – INF\itop\cacheCfg.xml)。

7.6 实例

7.6.1 in 的使用

【例7-1】如何通过查询显示用户在列表中勾选的多行数据(如图7-3所示)?

图7-3 实例—in 的使用

查询语句如下:

```
SELECT id, wb, zs
FROM table1
WHERE wb IN (:inn)
ORDER BY wb
```

在加载查询的规则里,参数值需要使用 ListToString 函数转换,用逗号将各记录分隔开,如:

查询参数名称:inn

参数值:ListToString("table1","wb",",")

将转换后的参数传给 inn,就可以查询选中的多条数据了。查询结果如图7-4所示。

图7-4 查询结果

7.6.2 on 和 where 条件的使用

【例 7－2】有如图 7－5 所示的两个表格，使用 on 条件和使用 where 条件对其进行联表查询产生的结果是否相同？

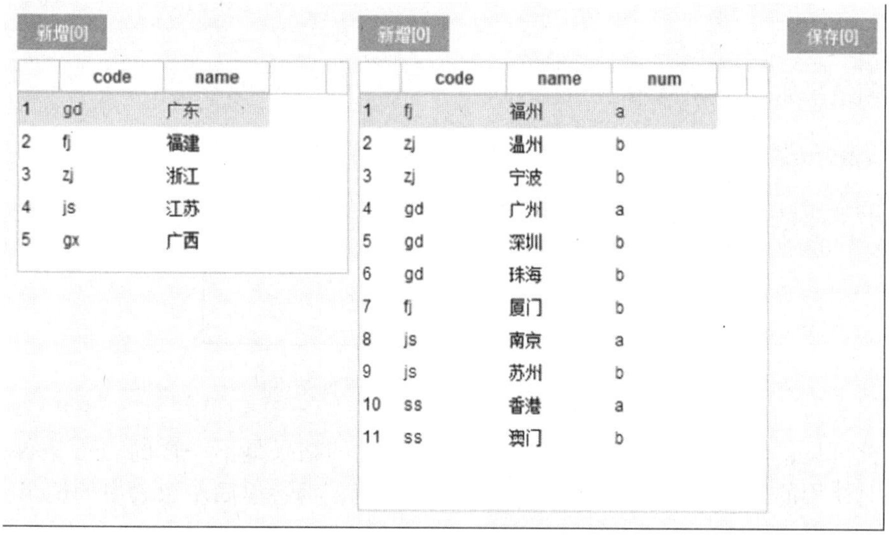

	code	name
1	gd	广东
2	fj	福建
3	zj	浙江
4	js	江苏
5	gx	广西

	code	name	num
1	fj	福州	a
2	zj	温州	b
3	zj	宁波	b
4	gd	广州	a
5	gd	深圳	b
6	gd	珠海	b
7	fj	厦门	b
8	js	南京	a
9	js	苏州	b
10	ss	香港	a
11	ss	澳门	b

图 7－5　实例—on 和 where 条件的使用

以下为 on 条件语句：

```
SELECT a.NAME, b.NAME AS name1
FROM table2 a
LEFT JOIN table3 b ON a.code = b.code
     AND b.num ='a'
ORDER BY a.NAME
```

返回结果如图 7－6 所示。

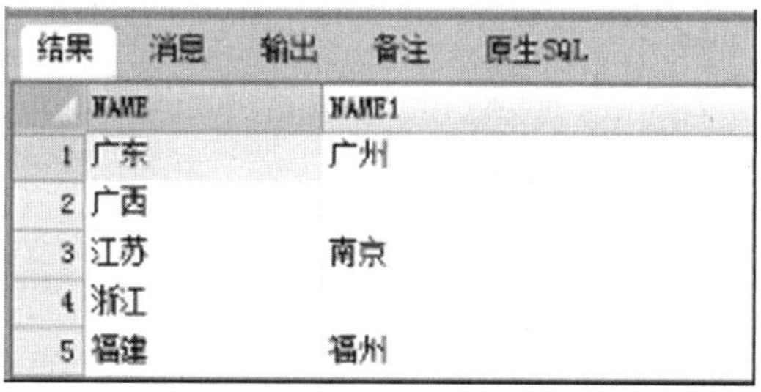

	NAME	NAME1
1	广东	广州
2	广西	
3	江苏	南京
4	浙江	
5	福建	福州

图 7－6　使用 on 条件返回结果

以下为 where 条件语句：

```
SELECT a.NAME, b.NAME AS name1
FROM table2 a
LEFT JOIN table3 b
WHERE a.code  = b.code
     AND b.num  ='a'
ORDER BY a.NAME
```

返回结果如图 7 –7 所示。

结果 消息 输出 备注 原生SQL

	NAME	NAME1
1	广东	广州
2	江苏	南京
3	福建	福州

图 7 –7　使用 where 条件返回结果

由此可见，使用 on 条件和使用 where 条件产生的结果是不一样的，on 条件是在生成结果时使用的条件，它不管 on 中的条件是否为真，都会返回左边表中的记录。where 条件是在结果生成好后，再对结果进行过滤的条件。这时已经没有 left join 的含义(必须返回左边表的记录)，条件不为真的就全部过滤掉。

7.6.3　综合实例

【例 7 –3】现有如图 7 –8 所示的人员信息表，通过查询的方式查找图 7 –9 中所需数据。

	*编码	名称	域	字段类型
	id			文本
2	menberGroupID	所属集团或公司II		文本
3	manberGroup	所属集团或公司		文本
4	manberProjID	所在部门或项目II		文本
5	manberPro	所在部门或项目		文本
6	name	姓名		文本
7	sex	性别		文本
8	ages	年龄		整数
9	duties	职务		文本
10	edu	学历		文本
11	sysEnterTime	五经系统入职时间		日期
12	IdentityCardAdd	身份证家庭住址		文本
13	IdentityCard	身份证号		文本
14	sushangEnterTime	苏商建设入职时间		日期
15	quitOrnotID	是否离职ID		文本
16	quitQront	是否离职		文本
17	quitReason	离职原因		长文本
18	quitTime	离职时间		日期
19	contact	联系方式		文本
20	introducer	介绍人		文本
21	registrant	登记人		文本
22	regTime	登记时间		日期
23	remark	备注		长文本
24	checkstate	审核状态		文本

图 7 –8　人员信息表

苏商建设集团物资人员学历汇总表

编制单位:	物资中心							时间:	2016年04月09日	
序号	集团名称	硕士	本科	大专	中专	高中	初中	总人数	本月新入职人数	本月新入职大专及以上
1	七公司	0	0	0	1	0	0	1	0	0
2	三公司	0	1	0	0	0	0	1	0	0
	合计	0	1	0	1	0	0	2	统计分析员:	

图 7-9 人员学历汇总表

相关查询语句：

```
SELECT a.manberGroup, isnull(a.total, 0) total, --总人数
    isnull(g.masterNumber, 0) masterNumber, --硕士人数
    isnull(b.regularNumber, 0) regularNumber, --本科人数
    isnull(c.juniorNumber, 0) juniorNumber, --大专人数
    isnull(d.secondaryNumber, 0) secondaryNumber, --中专人数
    isnull(e.highNumber, 0) highNumber, --高中人数
    isnull(f.midNumber, 0) midNumber, --初中人数
    isnull(i.entryMonth, 0) entryMonth, --本月新入职人数
    isnull(h.overJunEntryMonth, 0)
overJunEntryMonth --本月新入职大专及以上
FROM (
    //总人数
    SELECT count(id) AS total, manberGroup
    FROM ss_staff_PerReg
    WHERE checkstate = '已审批'
        AND quitQront = '否'
    GROUP BY manberGroup
) a
LEFT JOIN (
    //硕士
    SELECT count(id) AS masterNumber, manberGroup
    FROM ss_staff_PerReg
    WHERE edu = '硕士'
        AND checkstate = '已审批'
        AND quitQront = '否'
    GROUP BY manberGroup
) g ON a.manberGroup = g.manberGroup
LEFT JOIN (
    //本科
    SELECT count(id) AS regularNumber, manberGroup
    FROM ss_staff_PerReg
```

```
            WHERE edu = '本科'
                AND checkstate = '已审批'
                AND quitQront = '否'
            GROUP BY manberGroup
        ) b ON a.manberGroup = b.manberGroup
    LEFT JOIN (
        //大专
        SELECT count(id) AS juniorNumber, manberGroup
        FROM ss_staff_PerReg
        WHERE edu = '大专'
            AND checkstate = '已审批'
            AND quitQront = '否'
        GROUP BY manberGroup
        ) c ON a.manberGroup = c.manberGroup
    LEFT JOIN (
        //中专
        SELECT count(id) AS secondaryNumber, manberGroup
        FROM ss_staff_PerReg
        WHERE edu = '中专'
            AND checkstate = '已审批'
            AND quitQront = '否'
        GROUP BY manberGroup
        ) d ON a.manberGroup = d.manberGroup
    LEFT JOIN (
        //高中
        SELECT count(id) AS highNumber, manberGroup
        FROM ss_staff_PerReg
        WHERE edu = '高中'
            AND checkstate = '已审批'
            AND quitQront = '否'
        GROUP BY manberGroup
        ) e ON a.manberGroup = e.manberGroup
    LEFT JOIN (
        //初中
        SELECT count(id) AS midNumber, manberGroup
        FROM ss_staff_PerReg
        WHERE edu = '初中'
            AND checkstate = '已审批'
            AND quitQront = '否'
        GROUP BY manberGroup
        ) f ON a.manberGroup = f.manberGroup
```

```sql
    LEFT JOIN (
        --本月新入职人数
        SELECT count(id) AS entryMonth, manberGroup
        FROM ss_staff_PerReg
        WHERE left(sushangEnterTime, 7) = left(:sysDate, 7)
            AND checkstate = '已审批'
            AND quitQront = '否'
        GROUP BY manberGroup
    ) i ON a.manberGroup = i.manberGroup
    LEFT JOIN (
        --本月新入职大专及以上
        SELECT count(id) AS overJunEntryMonth, manberGroup
        FROM ss_staff_PerReg
        WHERE left(sushangEnterTime, 7) = left(:sysDate, 7)
            AND (
                edu = '大专'
                OR edu = '本科'
                OR edu = '硕士'
            )
            AND checkstate = '已审批'
            AND quitQront = '否'
        GROUP BY manberGroup
    ) h ON a.manberGroup = h.manberGroup
```

8 Vbase 介绍

8.1 登录

8.1.1 安装 Vbase

(1)安装 Vbase 相关构件,本次的安装、配置与登录设置是本地环境,在本地环境中配置的具体操作如下:首先在开发平台中开启测试服务,然后预览测试页面(如图 8-1所示),并将预览页面的地址修改为"localhost:端口号/system/console",即保留"localhost:端口号",后面修改为"/system/console"。其中,localhost 可用 IP 地址或域名代替。

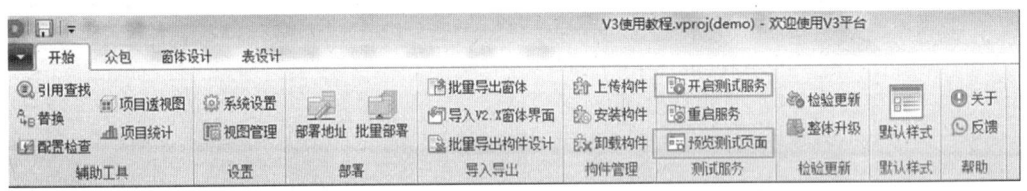

图 8-1 开启测试服务并预览测试页面

(2)在弹出的身份验证提示框(如图 8-2所示)中,输入在众包平台中注册的用户名和密码。登录后,将进入同望 V3 基础平台—授权信息页面(如图 8-3 所示),可看到当前登录用户的授权信息,包括用户名、使用期限、平台版本等。

(3)点击"查看"按钮,进入同望 V3 基础平台-动力平台构件仓库页面(如图 8-4 所示),可查看到未安装、已安装、可升级的构件信息。
注意,在安装构件时,需要选择稳定版本,开发库或测试库构件是不稳定的,不建议安装。

图 8-2 身份验证提示框

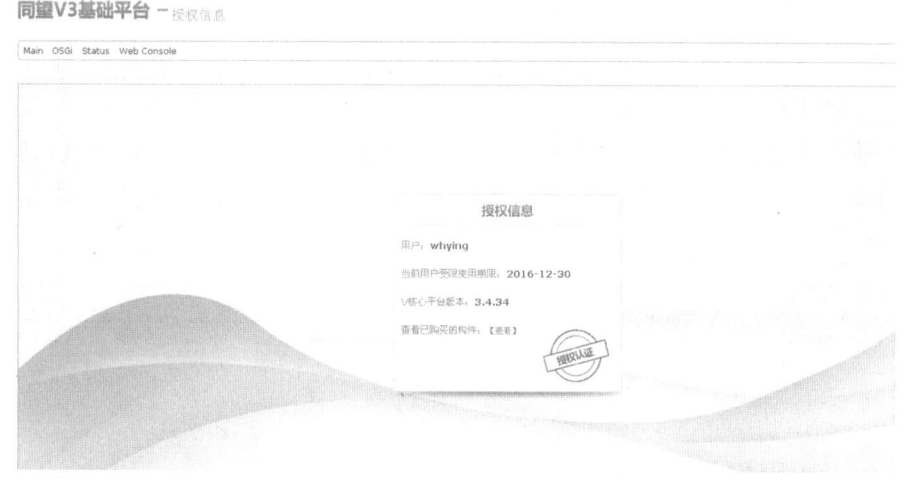

图 8-3　同望 V3 基础平台 - 授权信息页面

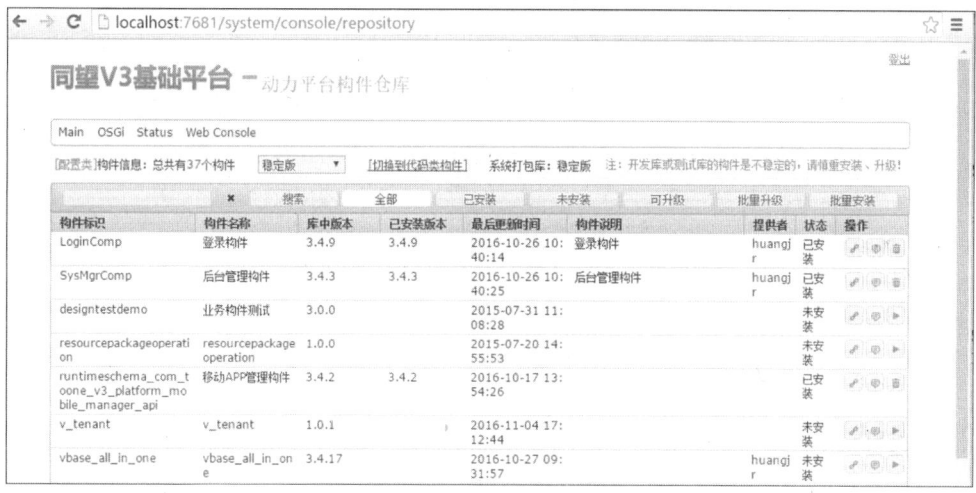

图 8-4　同望 V3 基础平台 - 动力平台构件仓库页面

（4）选择"稳定版"，点击"未安装"，并全选，进行批量安装后，会出现安装成功，关闭重启开发平台才有效的提示，如图 8-5 所示。

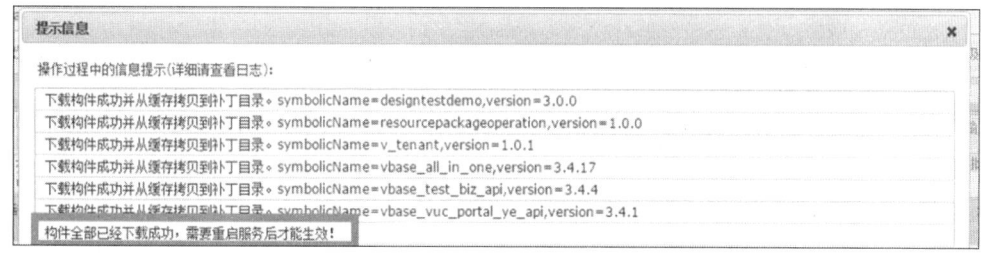

图 8-5　提示安装成功

8.1.2 设置登录窗口

(1) 在安装完成 Vbase 构件并且重启了 V3 平台后，在 V3 平台中点击"预览测试页面"，开启测试页面。

(2) 跳转到登录页面（如图 8-6 所示），并使用 Vbase 超级管理员账号登录同望 V3 基础平台。账号 sa 是超级管理员账号，是 Vbase 中权限最高的管理员，默认账户信息——用户名：sa；密码：8。

图 8-6　登录同望 V3 基础平台

8.2　组织架构

8.2.1　设置机构类型

(1) 在登录进入到 V3 基础平台之后，选择"机构与权限管理"→"机构类型"，在"机构类型"中新增机构并保存，如图 8-7 所示。

图 8-7　设置机构类型

(2)设置完机构类型之后,在"顶级机构"里面设置顶级机构和管理员账号信息,如图 8-8 所示(注:需要先保存顶级机构的信息,才可新增管理员用户)。

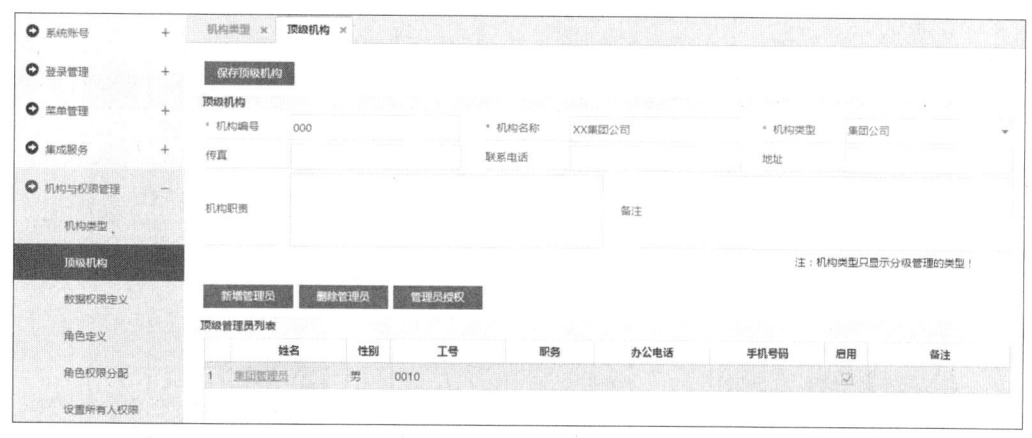

图 8-8　设置顶级机构

(3)点击"新增管理员"按钮,在"编辑人员"弹窗(如图 8-9 所示)中,依次输入人员信息和账号信息(注:若不填账号信息,该用户将没有登录同望 V3 基础平台的账号),其中账号默认密码为 8,可根据实际情况进行密码重置操作。

图 8-9 添加管理员账号信息

(4)添加管理员后,点击"管理员授权",在"对管理员-集团管理员进行授权"弹窗中,点击"新增",选择要授权的菜单,最后点击"确定",对管理员进行菜单授权,如图 8-10 所示。

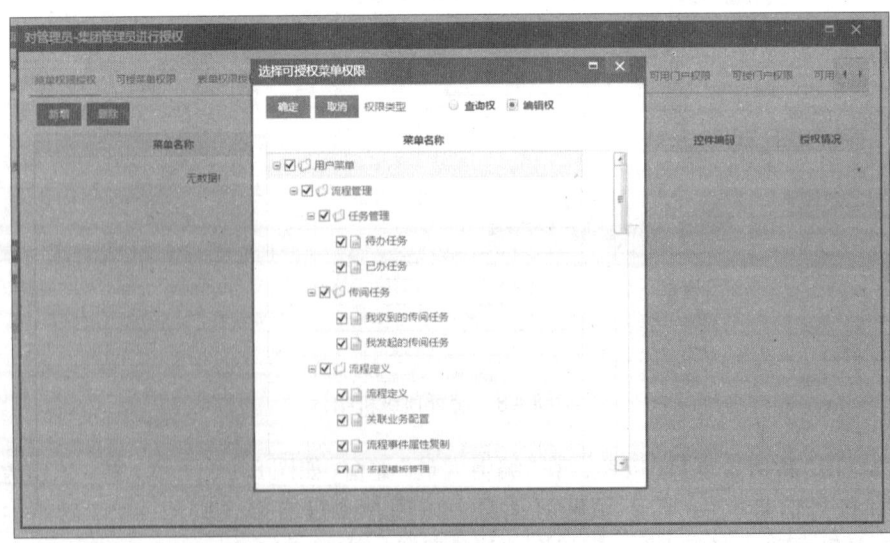

图 8-10 管理员菜单授权

8.2.2 设置系统各级机构

以超级管理员（账号 sa，密码为 8）身份登录同望 V3 基础平台后，在顶级机构中设置的管理员账号为例。首先，使用管理员（账户：admin，密码：8，根据实际情况有所不同）身份登录 V3 基础平台。登录后，在基础平台中可看到组织机构菜单，点击"机构管理"，打开对应的"机构管理"页面。在此页面，可对系统机构进行各种编辑，如新增、修改、删除、调整、授权以及排序等相关操作。如图 8-11 所示，在机构组织中已添加了 3 条数据，在右边匹配对应机构的详细信息。

图 8-11 设置系统各级机构

（1）新增机构。

选择上级机构，点击"新增机构"按钮，在"机构组织编辑"弹窗中可以看到相关的上级机构信息，然后按照必填项提示，完成机构名称、机构编号、机构类型的填写，点击"保存"，即完成了机构的新增操作，如图 8-12 所示。

图 8-12 机构组织编辑

(2) 机构修改、删除和调整。

机构组织中的第一条数据记录是顶级机构(在超级管理员 sa 登录的基础平台中设置顶级机构,也是管理员所在的组织机构),所以不能进行机构修改、机构删除以及机构调整等相关操作。

(3) 机构授权。

机构授权主要是为了在添加该机构下的岗位(或用户)时,该岗位(或用户)会默认继承所在机构下的所有权限,这样就节省了给每个岗位(或用户)单独设置权限的步骤,同时也使得每个机构下的岗位(或用户)权限一致性。具体操作是点击"机构授权→新增",选择授权菜单权限,如图 8-13 所示。

图 8-13 机构授权

(4) 机构调整。

机构调整主要是对机构组织中已有的机构(顶级机构除外)进行位置的调整。点击"机构调整",在"组织调整"弹窗(如图 8-14 所示)中可以看到六个设置:上移、下移、升级、降级、上移到最前、下移到最后。可根据实际需要对机构位置进行调整。

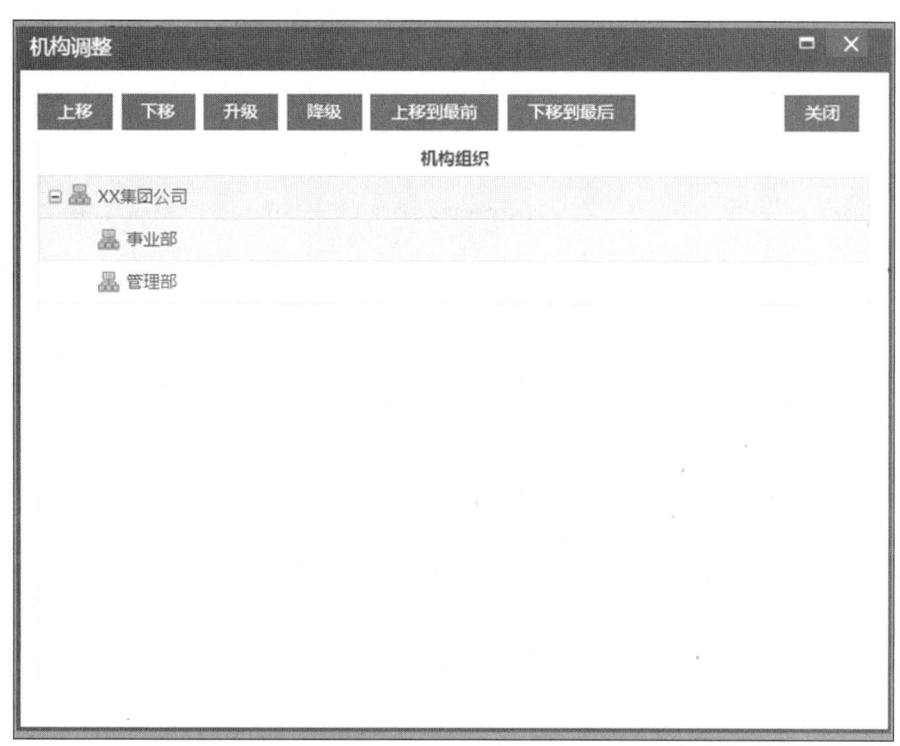

图 8-14 机构调整

8.2.3 设置系统岗位

系统岗位主要是为了给系统机构添加相应的岗位信息,以便于组织机构的管理。

点击"岗位管理",打开对应的"岗位管理"页面。如图 8-15 所示,在机构岗位中已添加了 3 个岗位,在右边匹配对应岗位的详细信息。

图 8-15 设置系统岗位

(1)新增岗位。

如果在机构岗位中,选中的是岗位节点,则不能进行新增岗位、选择新增的操作,如图8-16所示。

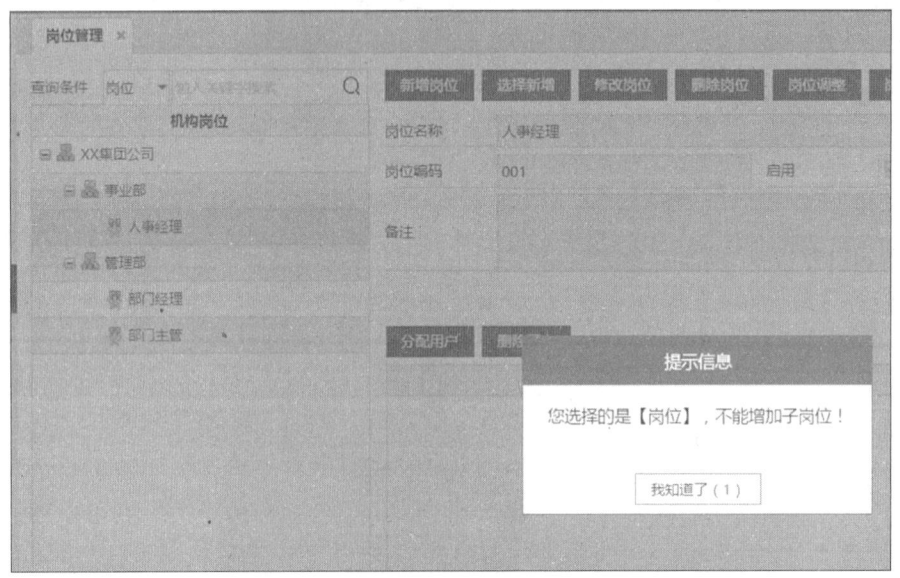

图8-16 无法新增岗位

点击"新增岗位",在弹出"岗位编辑"页面输入岗位编号、岗位名称,保存后即可,如图8-17所示。

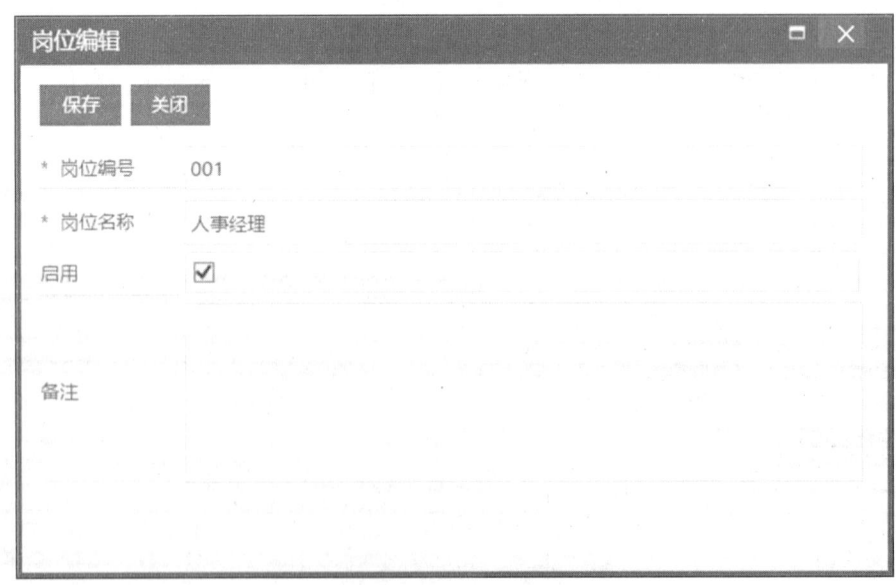

图8-17 岗位编辑

点击"选择新增"，在弹出"选择新增岗位"页面，选择岗位添加（岗位数据来源于岗位库），确定后即可，如图 8-18 所示。

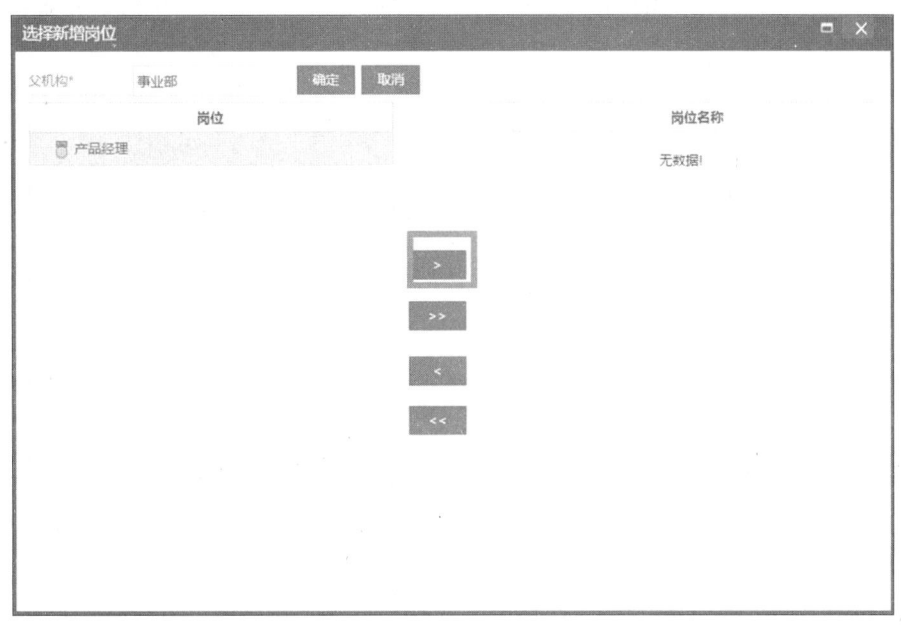

图 8-18 选择新增岗位

（2）岗位修改和删除。

岗位的修改、删除必须选中岗位节点，非岗位节点不能进行操作。同时，如果岗位下存在用户，将不能进行删除操作，如图 8-19 所示。

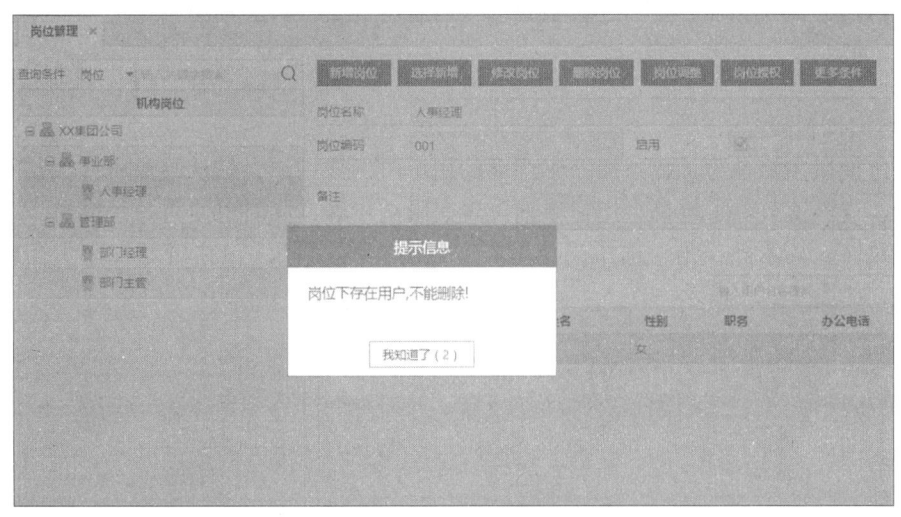

图 8-19 岗位修改和删除

(3)岗位调整。

岗位调整主要是为了更改岗位所在的组织机构。先选中需要调整的岗位(非岗位节点操作无效),然后点击"岗位调整"按钮,在"岗位调整"弹窗中,重新选择机构组织,确认即可,如图 8-20 所示。

图 8-20　岗位调整

(4)岗位授权。

岗位授权主要是为了在添加该岗位下的用户时,该用户会默认继承所在岗位下的所有权限,这样就节省了给每个用户单独设置权限的步骤,同时也使得每个岗位下的用户权限一致性。具体操作是,选中岗位节点,点击"岗位授权",在设置权限页面新增菜单权限,如图 8-21 所示。

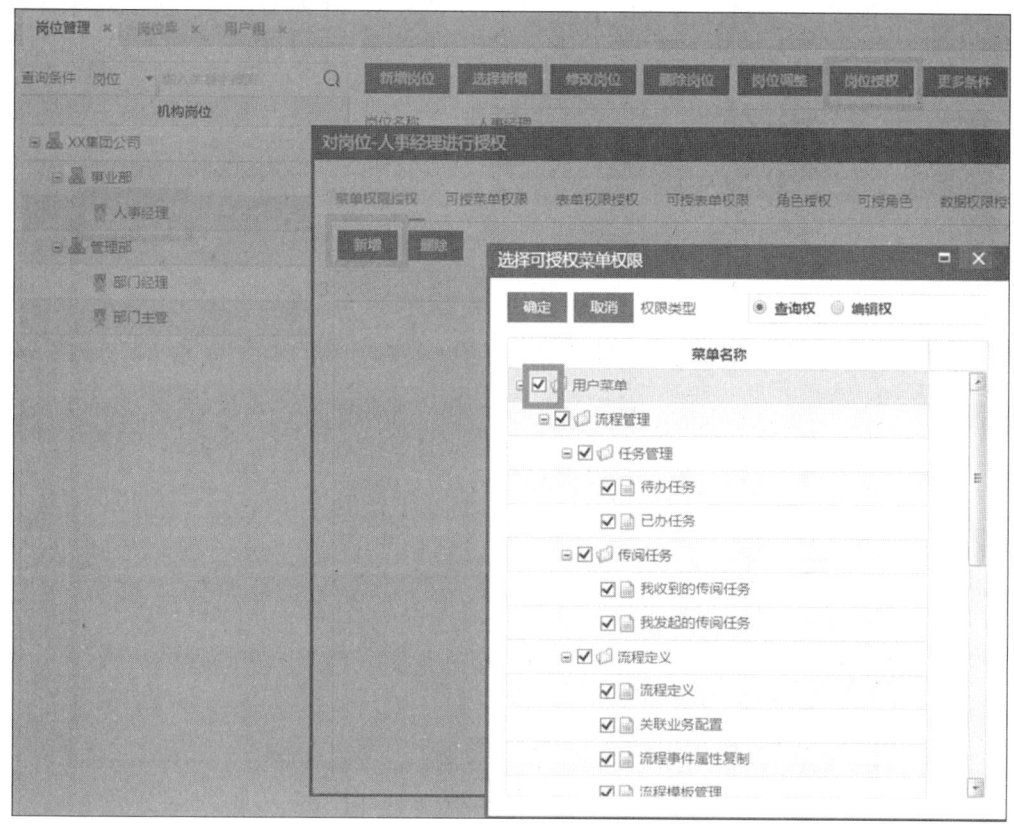

图 8-21 岗位授权

(5)岗位分配用户。

在机构岗位中,选择岗位节点,即可看到该岗位的用户列表,同时分配用户和删除用户按钮的使能将为 True,可为该岗位提供分配用户和删除用户的功能,如图 8-22 所示。

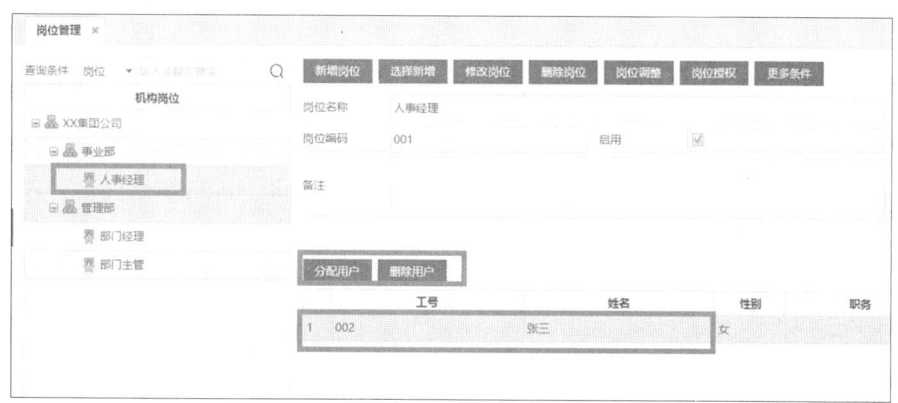

图 8-22 岗位分配用户

点击"分配用户"按钮,将弹出"人员选择(多选)"页面(如图 8 – 23 所示),选择管理机构,将会出现相应机构下的人员信息(人员信息来源于该机构下系统用户的添加和人员库),选择用户添加即可。

图 8 – 23　人员选择页面

8.3　人员管理

8.3.1　设置人员库

人员库主要是为了统一新增管理机构下的人员信息,以便于在系统岗位、系统用户以及用户组中分配用户时提供选择数据。

点击"人员库管理",打开对应的"人员库管理"页面(如图 8 – 24 所示),选择管理机构,可看到对应机构下的人员列表,并可以根据具体需求,进行新增人员、删除人员的操作。

图 8-24　人员库管理

8.3.2　设置用户组

点击"用户组",打开对应的"用户组管理"页面(如图 8-25 所示),可看到当前已添加了 3 条数据,我们可以根据实际需求对用户组进行新增、修改、删除的操作。同时,我们可以通过"分配用户"按钮,为选中的用户组添加用户(具体操作,请参考系统岗位中的分配用户操作方式)。

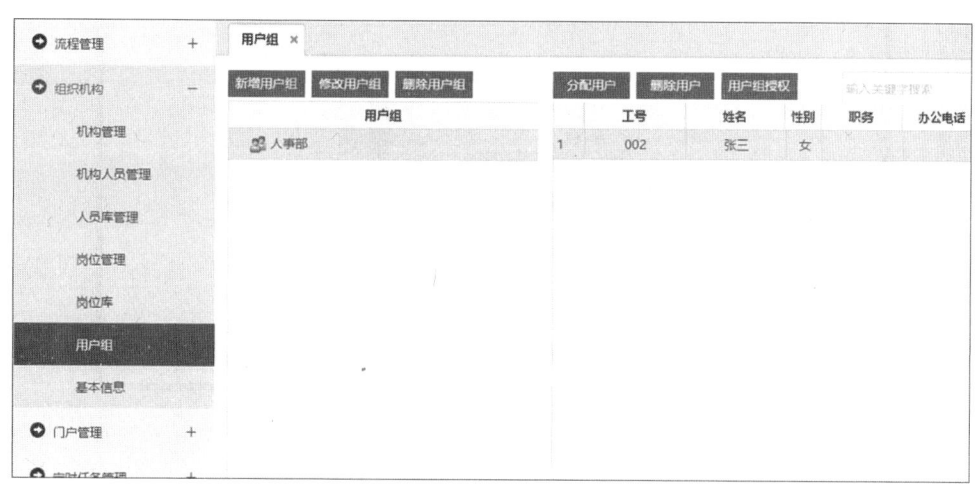

图 8-25　用户组

8.3.3　设置机构人员

机构人员管理主要提供了整个机构中人员的具体管理。点击"机构人员管理",打开对应的"机构人员管理"页面(如图 8-26 所示)。在此页面可为组织机构中对应的机构添加人员信息,并对已存在的人员进行删除人员、人员授权等操作。

图 8-26　机构人员管理

(1)新增用户。

点击"选择新增",在"选择人员"弹窗(如图 8-27 所示)中,选择管理机构和对应的人员信息(该人员数据来源于人员库),添加到右边的列表中,确定即可。

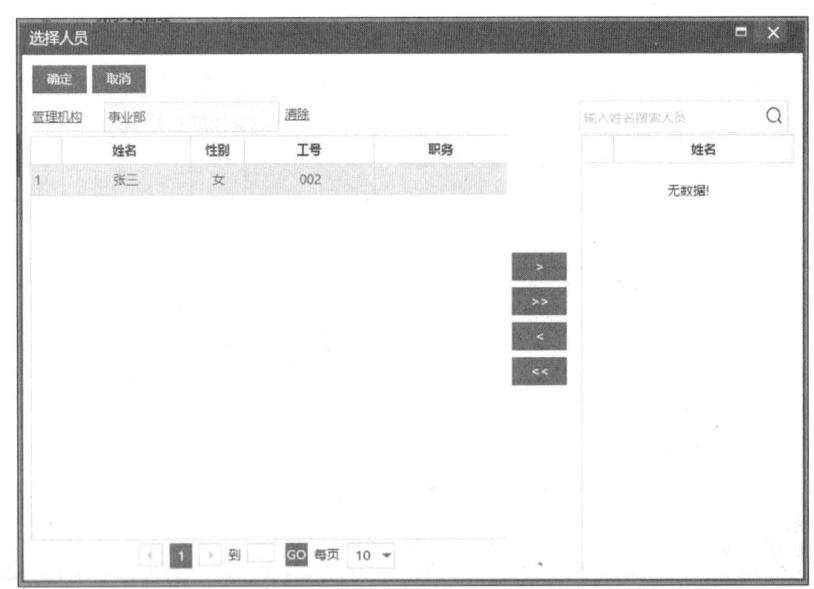

图 8-27　选择人员

点击"新增人员"按钮,在"编辑人员"弹窗(如图 8-28 所示)中,根据情况输入人员信息和账号信息,保存即可。

图 8-28 编辑人员信息

(2)用户所属机构。

超链接"所在机构",可以查看人员当前所在组织机构中的信息,如图 8-29 所示。

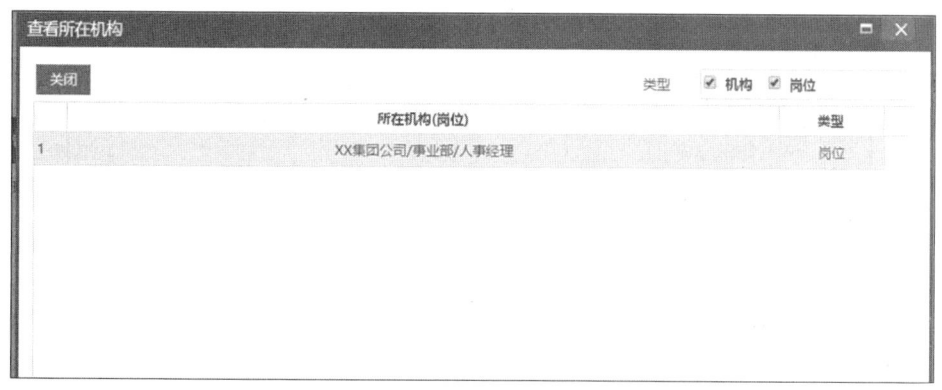

图 8-29 查看人员所在机构信息

(3)用户授权。

用户授权主要是为了给选择用户添加单独的权限,这种情况用于需要对特定用户添加不同于其他用户的权限功能。

8.4 菜单设置

8.4.1 菜单目录

菜单管理是 V3 基础平台中，主要用于管理菜单目录、菜单目录和菜单项关联的配置。超级管理员（账号 sa，密码 8）登录 V3 基础平台后，在"菜单目录"中，可查看 sa 菜单和用户菜单，也可新增自定义菜单目录；在"菜单目录和菜单项关联"中，可查看到菜单目录下的关联菜单，也可对自定义菜单目录进行关联菜单的选择设置。注意：系统预置菜单目录不可编辑及调整，新增菜单目录需在顶级节点 sa 菜单或用户菜单下新增下级。下面将通过自定义菜单的方式，展示整个菜单的配置过程。

（1）在 V3 开发平台中，创建一个构件（Vbase 菜单测试），添加一个普通窗体（菜单测试），如图 8-30 所示。

图 8-30 创建构件和添加窗体

（2）根据实际的业务需求添加窗体输入参数，如图 8-31 所示，这里主要是针对配置"构件菜单"的参数传递时，作为传递参数使用。

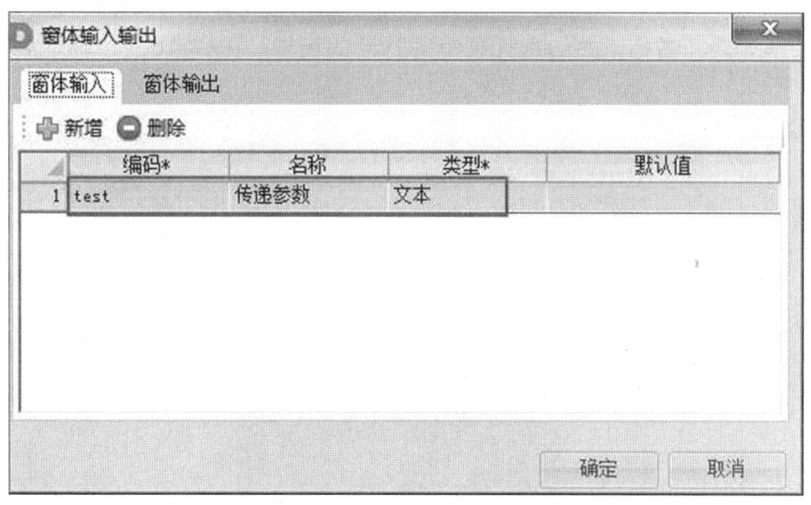

图 8-31 添加窗体输入参数

(3)根据实际的业务需求配置窗体方法,这里主要是针对配置"构件菜单"的参数传递设置时,设置打开同一窗体,传递不同参数的具体表现。在本次示例中,配置了"显示设置的提示信息"规则,用于提示窗体输入的值,如图 8-32 和图 8-33 所示。

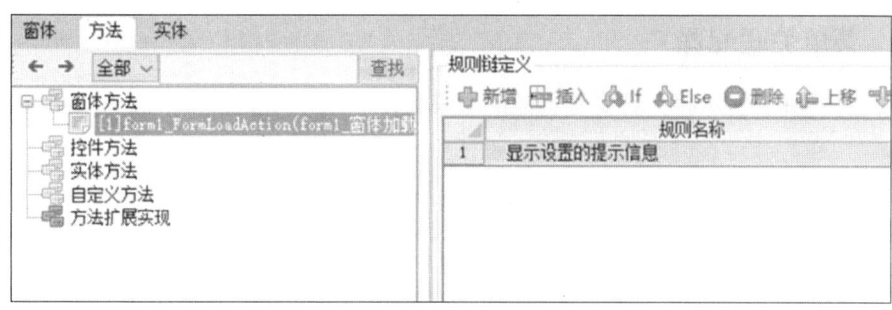

图 8-32 新增"显示设置的提示信息"规则

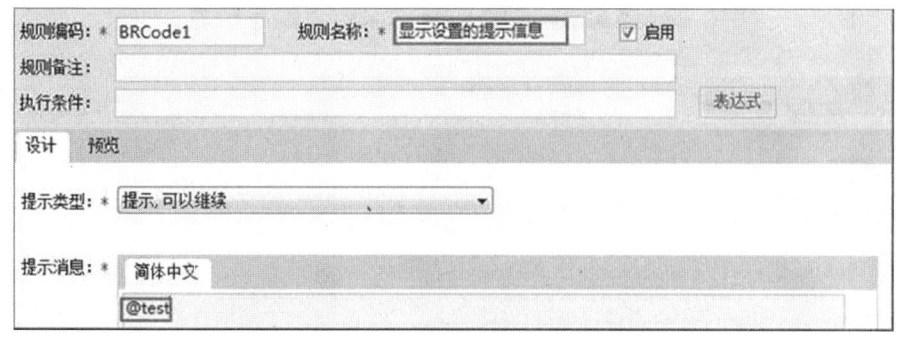

图 8-33 配置"显示设置的提示信息"规则

(4)点击"构件菜单",在"构件菜单"页中,点击"新增菜单"按钮,并根据页面提示,填写菜单编码和名称,然后选择菜单要打开的窗体(菜单测试),确定后保存即可,如图8-34所示。

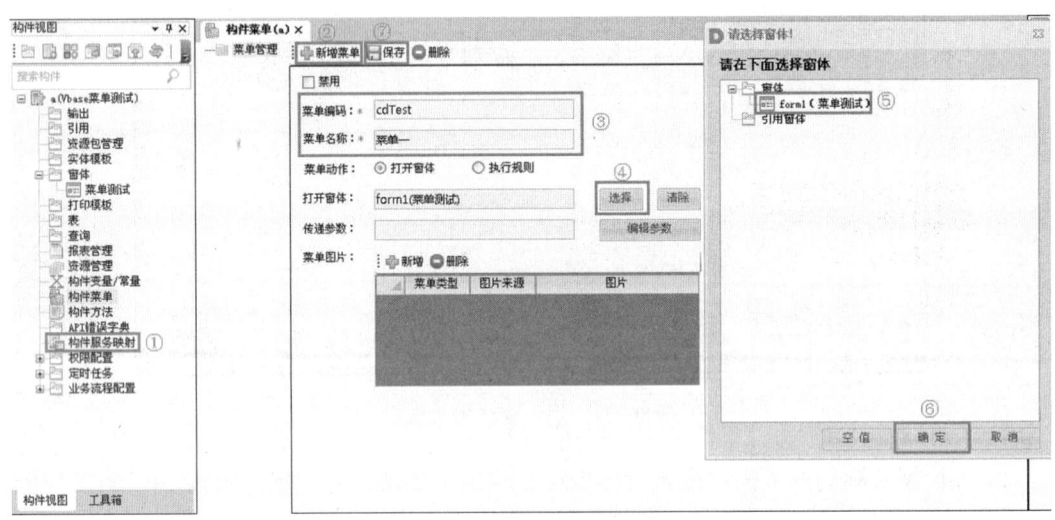

图8-34 新增构件菜单

8.4.2 菜单关联配置

完成菜单目录创建后,需要将创建的菜单目录与菜单项关联,下面为菜单关联配置步骤。

(1)使用超级管理员(账号sa,密码为8)登录同望V3基础平台。

(2)选择"菜单目录",点击"新增同级",填写完菜单目录信息后保存,如图8-35所示。

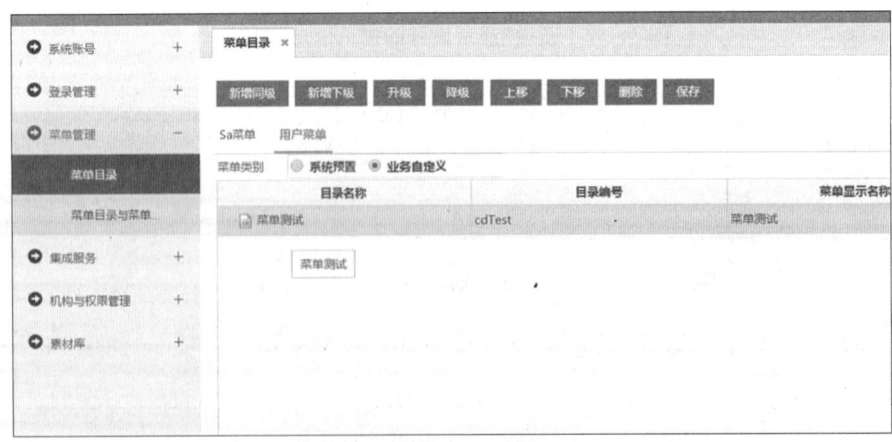

图8-35 菜单目录页面

(3)选择"菜单目录与菜单项关联",在该页面(如图 8-36 所示)的菜单别名中,选择新增的菜单目录"菜单测试",并设置该菜单项关联,点击"选择"按钮。

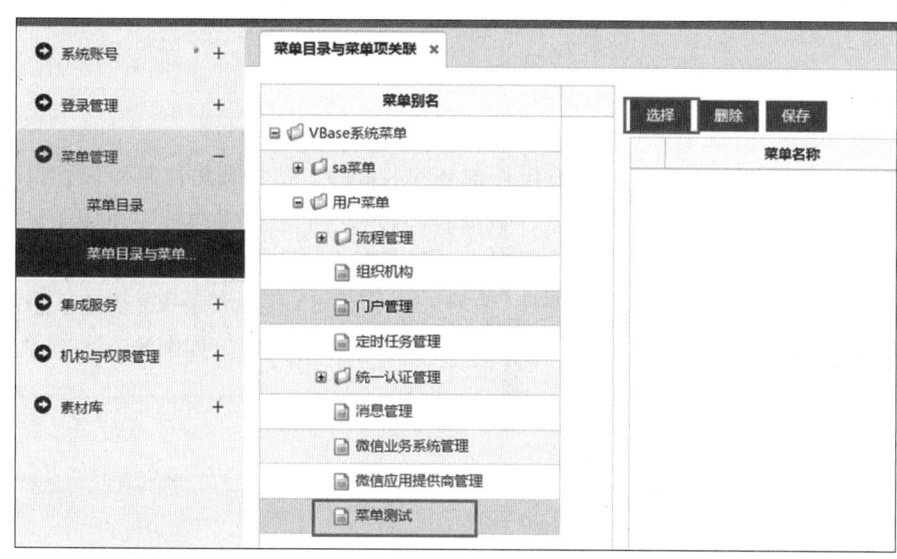

图 8-36　菜单项与目录关联页面

(4)在"选择菜单项"弹窗(如图 8-37 所示)中,选择在开发平台中配置的构件菜单,确定后保存即可。

图 8-37　"选择菜单项"弹窗

8.5 权限配置

8.5.1 设置所有人权限

设置所有人权限是指给系统所有用户都分配的权限,包括菜单权限授权、可授菜单权限、表单权限授权、可授表单权限、数据权限授权、可授数据权限、可用门户权限、可授门户权限、可用列权限、可授列权限。设置所有人权限一般用于测试或者一些不需要特殊权限配置的菜单。以超级管理员(账号 sa,密码 8)身份登录 V3 基础平台后,在"机构与权限管理→设置所有人权限"中可以设置所有人的权限,如图 8-38 所示。

图 8-38 设置所有人权限

8.5.2 菜单权限授权

菜单权限授权,指当前登录用户之前被授予的可授菜单权限,现将授予对方(机构、岗位或用户)对应的菜单,让对方具有该菜单的使用功能(非授权功能)。下面将以管理员(账号 admin,密码 8)身份登录 V3 基础平台后,给用户"张三"(账号 002,密码 8)授权为例,进行菜单权限授权的讲解。

(1)点击"菜单权限授权",左边的菜单列表中数据暂时为空,右边的权限授权情况列表中数据也为空,如图 8-39 所示。

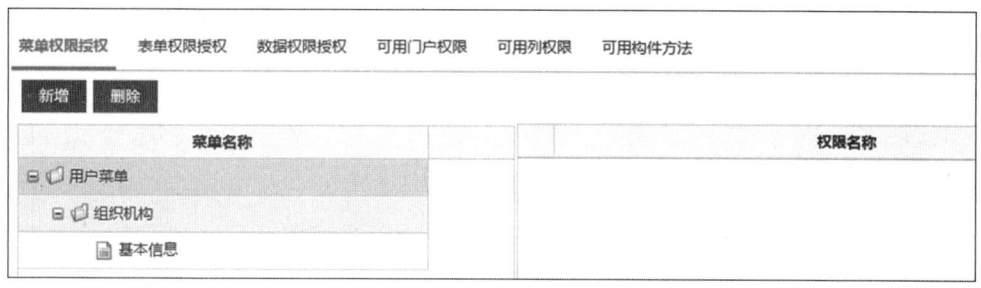

图 8-39 点击"菜单权限授权"

（2）点击"新增"按钮，在"选择可授权菜单权限"弹窗（如图 8-40 所示）中，可以看到菜单数据，其数据源于当前登录用户之前被授予的可授菜单权限。根据业务需求，选择对应的菜单确定即可。

图 8-40 "选择可授权菜单权限"弹窗

注意，一般"管理员门户管理"菜单不授权给一般用户使用，特殊业务要求除外。

其中，弹窗中的权限类型（查询权和编辑权），它们的功能主要体现在菜单下的窗体（或控件）已注册了功能权限才能起作用，具体情况可参考下一节"表单授权"。

(3) 确定选择的可授权菜单权限后，在左边菜单列表中会显示相应的数据，如图 8-41 所示。

图 8-41　左菜单列表显示相应数据

(4) 退出系统，使用用户张三的账号（账号 002，密码 8）登录 V3 基础平台查看结果。在菜单列表中将显示被授权的菜单信息，如图 8-42 所示。

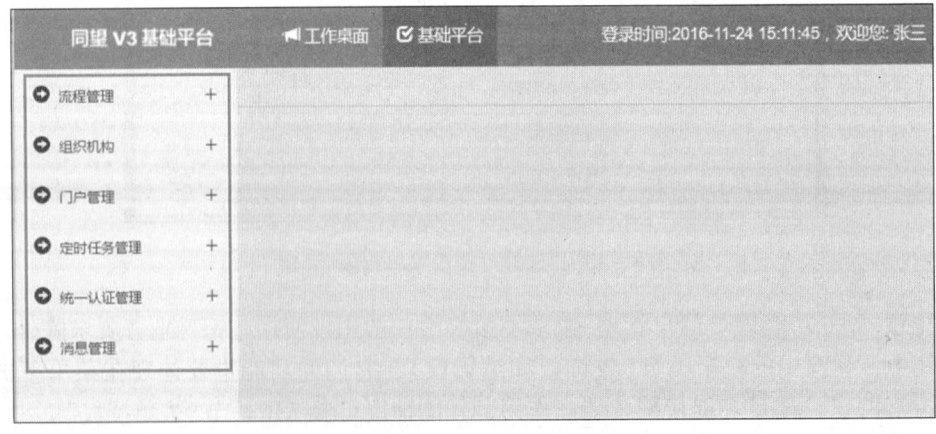

图 8-42　登录后显示被授权的菜单信息

8.5.3 表单授权

表单权限授权，指当前登录用户之前被授予的可授表单权限，现将授予对方（机构、岗位或用户）对应的表单，让对方具有该表单的使用功能（非授权功能）。为了更好地查看授权结果，下面将以自定义表单为例，进行表单权限授权的讲解。

（1）自定义表单，在 V3 开发平台中，创建一个构件（Vbase 测试），添加一个普通窗体（功能权限测试），实现简单的预览功能即可，如图 8-43 所示。

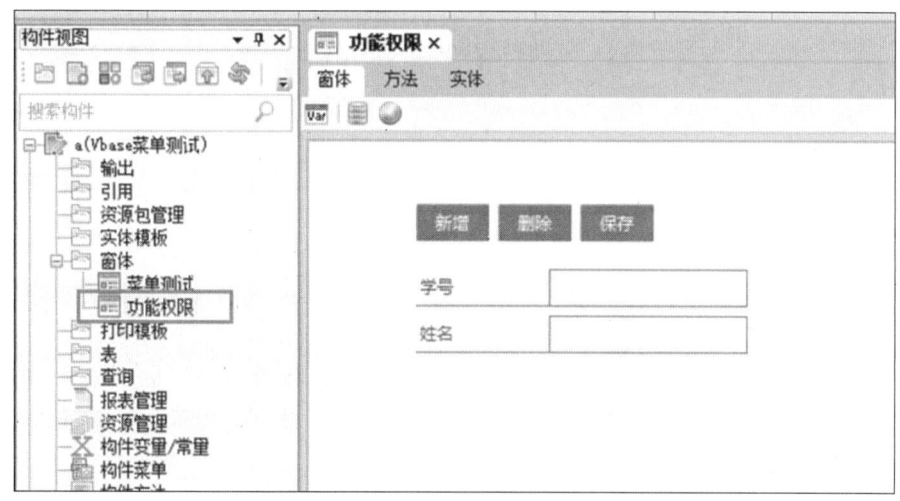

图 8-43　创建构件和添加窗体

（2）在构件下，打开权限配置菜单（需要提前安装功能构件"权限配置"），选择"功能权限-窗体权限注册"，在"功能权限-窗体权限注册"页面中，对窗体（功能权限测试）启动登录验证和授权，如图 8-44 所示。

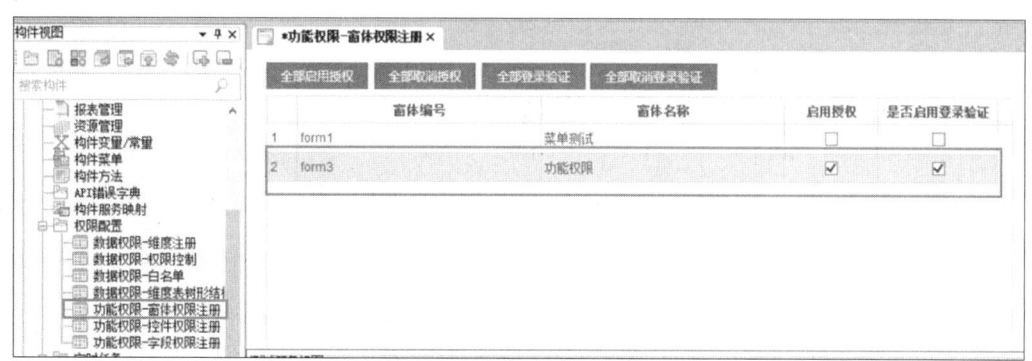

图 8-44　启动登录验证和授权

注：如果不启用登录验证，那么单独启用授权，其授权后不生效。即每个用户使用该表单的权限都一样，只是在表单授权时提供授权数据来源设置而已。

(3) 在构件下，打开权限配置菜单，选择"功能权限－控件权限注册"，在"功能权限－控件权限注册"页面中，对窗体(功能权限测试)中的控件启用授权，如图 8－45 所示。

图 8－45　对窗体控件启用授权

注：在对表单设置了功能权限后，只有超级管理员(sa)具有该表单和表单中控件的最高使用权，其他用户需要被授权后，才具有该表单的使用权和授权功能。

(4) 保存并部署构件，预览测试页面，在发布窗体菜单页(localhost：端口号/publish.jsp)中，点击 Vbase 测试构件下的"功能权限"菜单，会提示需要登录验证才能预览，如图 8－46 所示。

图 8－46　登录页面

(5) 以超级管理员(账号 sa，密码 8)身份登录 V3 基础平台后，再刷新该页面，可预览到界面，如图 8－47 所示。

图 8-47 预览界面

(6)以管理员(账号 admin,密码 8)身份登录 V3 基础平台后,再刷新该页面,将会提示没有该窗体的浏览权限,如图 8-48 所示。

图 8-48 没有窗体浏览权限提示

下面将以超级管理员(账号 sa,密码 8)身份登录 V3 基础平台后,以管理员(账号 admin,密码 8)授权为例,进行表单权限授权的讲解。

(1) 在"表单权限授权"中,新增前面的自定义表单(功能权限)后,再选中该表单,可查看到该表单下已注册功能权限的控件,并授给用户"窗体查询权",如图 8-49 和图 8-50 所示。

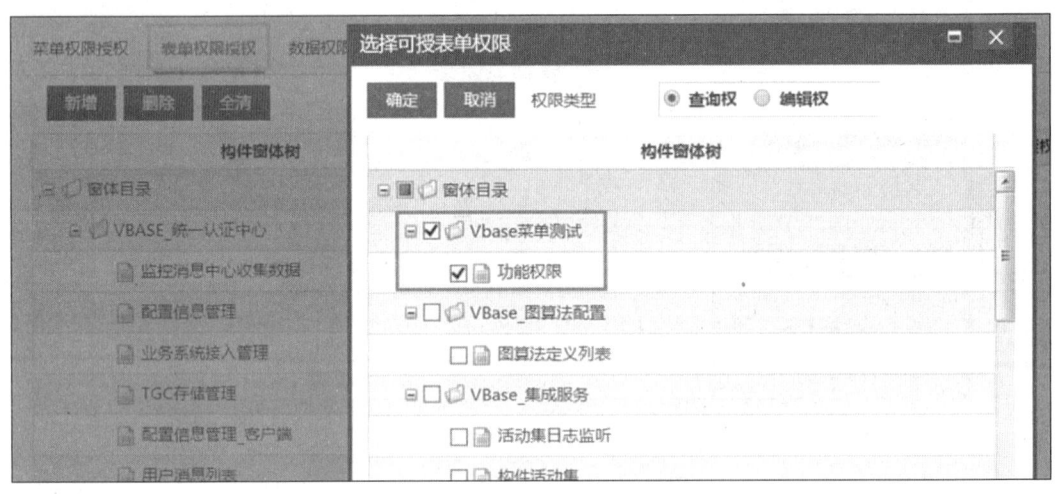

图 8-49 选择可授权表单权限

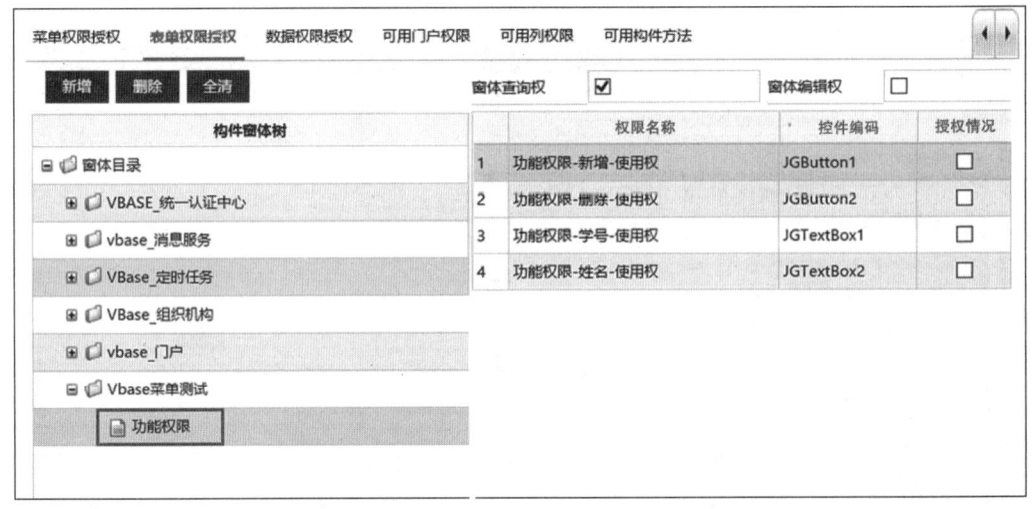

图 8-50 授给用户窗体查询权

(2) 注销用户,以管理员(账号 admin,密码 8)身份登录 V3 基础平台后,再刷新发布窗体菜单页面(localhost:端口号/publish.jsp),可看到当前用户(admin)仅具有相关控件的查询权,而不具有使用权,如图 8-51 所示。

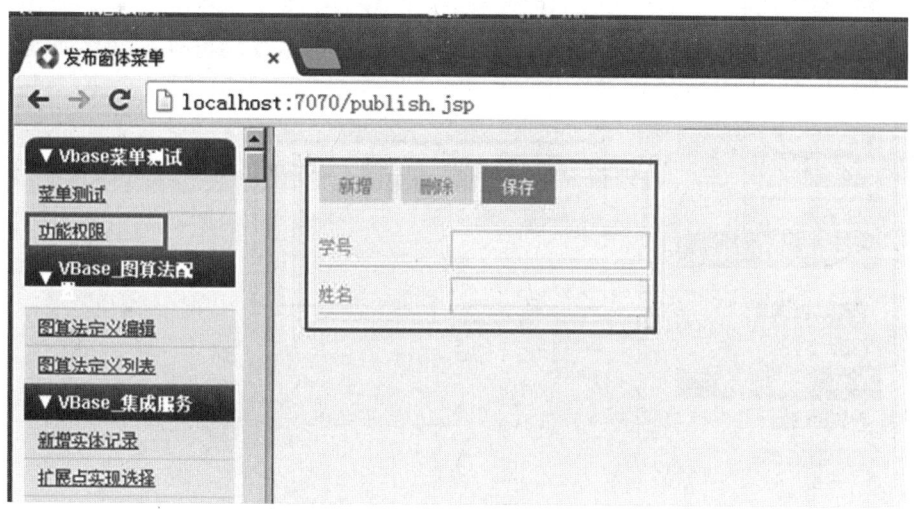

图 8-51　发布窗体菜单页面

如果超级管理员(sa)授给管理员(admin)用户的是窗体编辑权,则管理员(admin)将具有该窗体的所有控件编辑权,这里将不展开演示。

(3)若超级管理员(sa)给管理员(admin)用户的表单授权中,授予了窗体查询权后,要将"删除"按钮和"姓名"文本框的使用权授给管理员(admin),可勾选"删除"按钮和"姓名"文本框的使用权项进行设置,如图 8-52 所示。

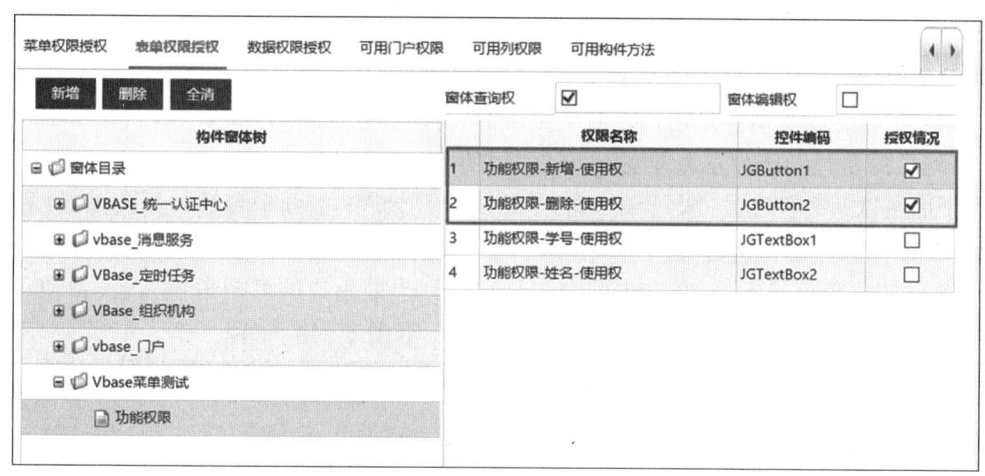

图 8-52　授予使用权

(4)注销用户,重新以管理员(账号 admin,密码 8)身份登录 V3 基础平台后,再刷新发布窗体菜单页面(localhost:端口号/publish.jsp),可看到当前用户(admin)将具有"删除"按钮和"姓名"文本框的使用权,如图 8-53 所示。

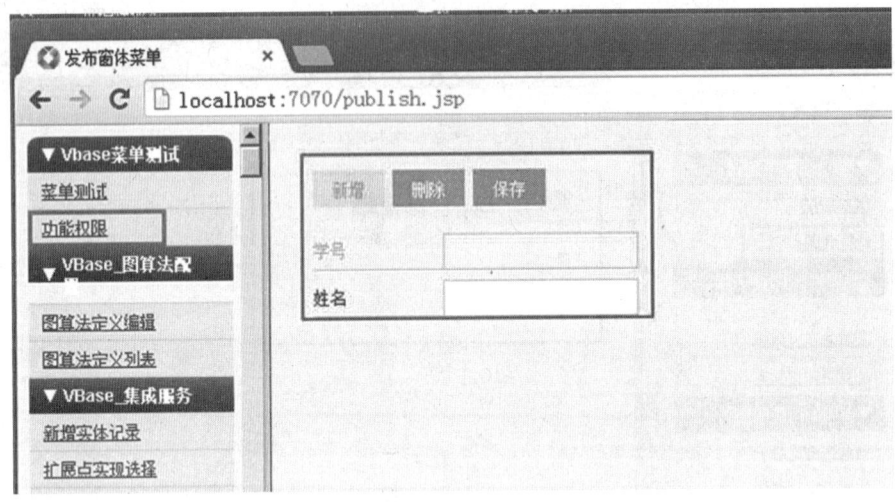

图8-53 授予使用权后的发布窗体菜单页面

8.5.4 角色授权

角色可理解成一个权限包,它可通过角色授权包含各种权限:菜单权限、表单权限、数据权限、门户权限、列权限。

角色定义主要是对角色进行管理,如新增角色、修改角色、删除角色、角色调整、角色授权等,角色定义提供了角色的数据来源,而且只能由超级管理员进行定义。

角色权限,指当登录用户需要将某个角色授给某个机构、某个岗位或某个角色时,所涉及的权限知识。

角色授权,指当前登录用户之前被授予的可授角色,现将授予对方(机构、岗位或用户)对应的角色,让对方具有该角色的使用功能(非授权功能)。

下面将以超级管理员(账号 sa,密码 8)身份登录 V3 基础平台后,给测试员(账号 test,密码 8)授权为例,进行角色授权的讲解。

(1)点击"角色授权",在左边列表中可以看到当前用户的可授角色列表(目前 3 条数据),并将角色中的"角色"授给用户"测试员",如图 8-54 所示。

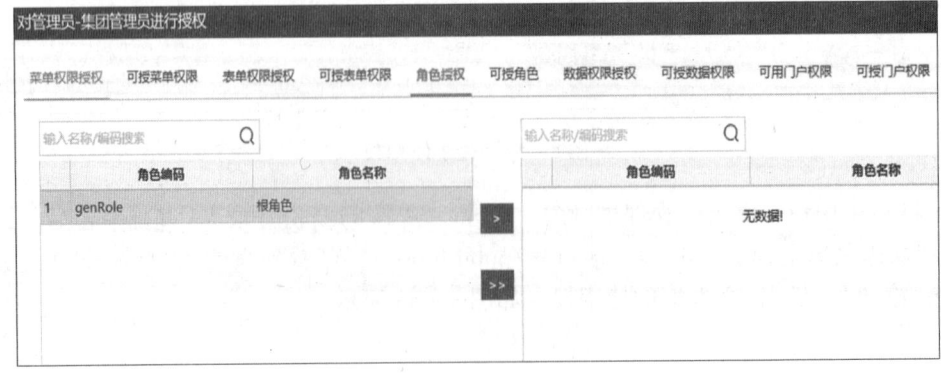

图8-54 角色授权

其中，超级管理员（sa）在"角色"定义时，仅授予该角色包含菜单权限中"任务管理（待办任务和已办任务）"的菜单使用权限。

（2）退出系统，使用用户"测试员"（账号 test，密码 8）的身份登录 V3 基础平台查看结果。在菜单列表中将显示被授权的菜单信息，如图 8-55 所示。

图 8-55　显示被授权菜单信息

8.5.5　数据授权

数据权限主要是用于维度定义的场景，数据权限设置的目的是为了根据不同的用户，将用户分配到不同的维度下，限制其访问不同的数据（数据权限详细设置请参考 8.6 节"数据权限"）。

8.5.6　门户授权

门户，指用户登录到 V3 基础平台后，所看到的工作桌面（如图 8-56 所示）。门户管理主要是为了配置 V3 基础平台的工作界面。当登录用户需要将某个门户授给某个机构、某个岗位或某个用户时，即涉及门户权限的知识。其中，只有对"管理员门户管理"菜单下新增的门户才启用授权，对"用户门户管理"菜单下新增的门户仅提供当前登录用户设置门户使用，不提供授权的功能。

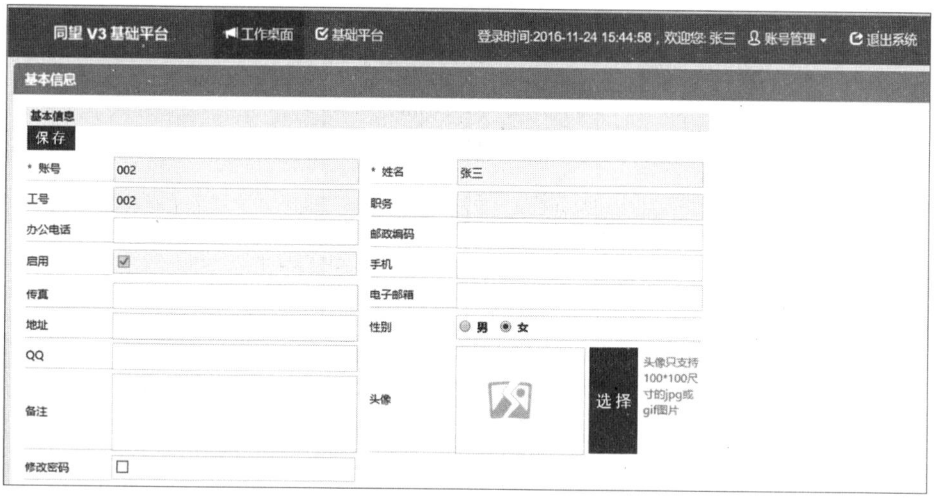

图 8-56　门户权限

8.6 数据权限

8.6.1 维度介绍

数据权限主要是用于维度定义的场景，数据权限设置的目的是根据不同的用户，将用户分配到不同的维度下，限制其访问不同的数据。在学习数据权限前，先要理解下面几个概念。

①维度表：用于控制业务数据的控制表，维度表中必要的元素是控制列和显示列。

②维度：从维度表中划分一些数据作为维度，以供授权。

③维度值：维度中包含的数据单元。

④业务表：受维度表控制的表。

下面以地区作为维度进行讲解，维度表示例如图 8-57 所示。

本例中的维度为"地区编码"，显示列是"地区名"，控制列是"地区编码"。以"地区编码"为关联，关联业务表和维度表。将维度表中的"地区编码"作为维度进行划分，以供授权，如图 8-58 所示。

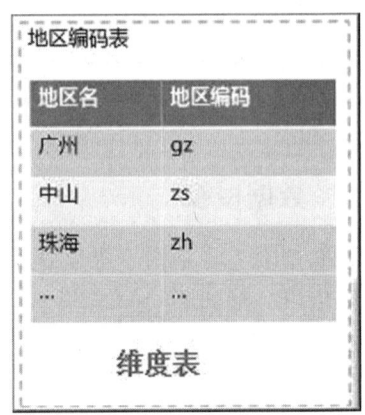

图 8-57 维度表示例

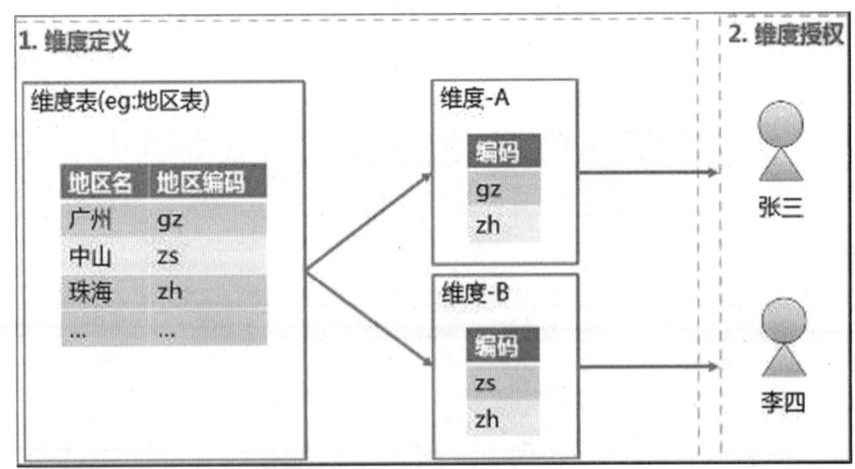

图 8-58 维度表授权示例

授权完成之后的效果是，用户张三只能看到分配给他的维度中的数据，李四的情况也相同，如图 8-59 所示。

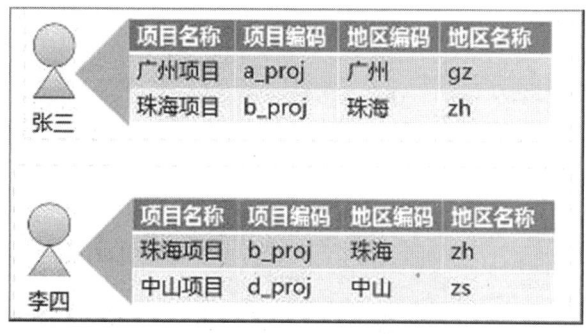

图 8-59 授权后效果

在 Vbase 执行平台中，提供了七种维度值控制的方式，分别是：普通维度值控制、机构维度值控制、树形维度值控制、全维度值控制、无维度值控制、领域静态维度值控制和领域动态维度值控制。

8.6.2 数据权限实例

下面以地区维度为例，针对普通维度值控制、全维度值控制、无维度值控制三种方式进行演示讲解。

1. 开发平台的配置

（1）构件安装。在使用数据权限配置前，需要安装功能构件（权限配置）。在构件下单击鼠标右键，选择"安装功能构件"，根据业务需求添加"权限配置"功能构件，确定后即安装成功，如图 8-60 和图 8-61 所示。

（2）窗体定义。窗体应该包含一个维度表管理页，一个业务表管理页，一个用于显示业务效果即可以显示数据权限设置后的效果查看页和一个用于分配维度权限选择的页。

在本实例中，设计的窗体页面有四个，分别是地区编码管理、地区维度选择页、项目明细管理和项目明细显示页，它们的设计意图分别是：

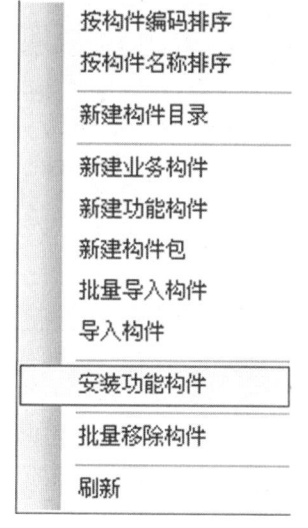

图 8-60 选择"安装功能构件"

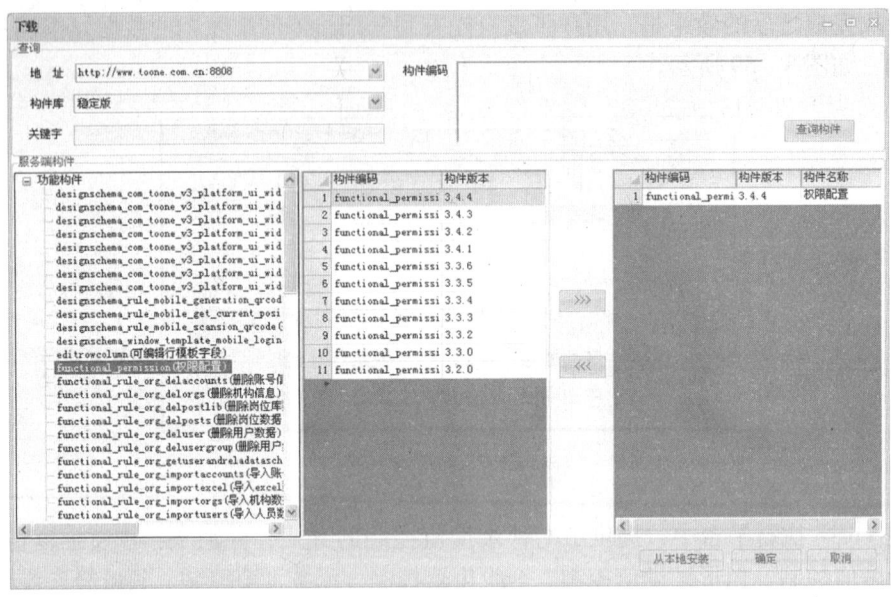

图 8-61　添加"权限配置"功能构件

① 地区编码管理页用于维度表数据的增、删、改、查，其设计如图 8-62 所示。

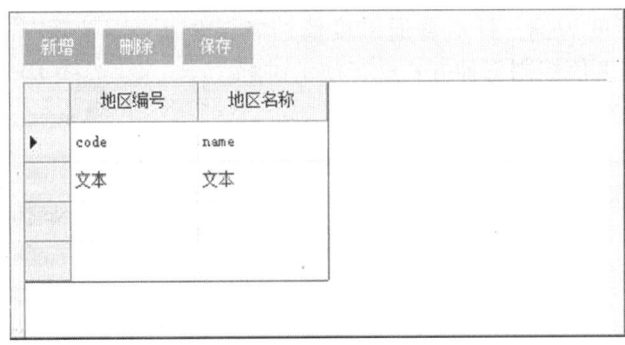

图 8-62　地区编码管理员

② 地区维度选择页用于超级管理员（sa）用户登录 V3 基础平台后，在数据权限定义时，提供维度选择的弹窗页面，作为"维度数据窗体"，通过该页面将选择维度数据作为一个维度值，其设计如图 8-63 所示。

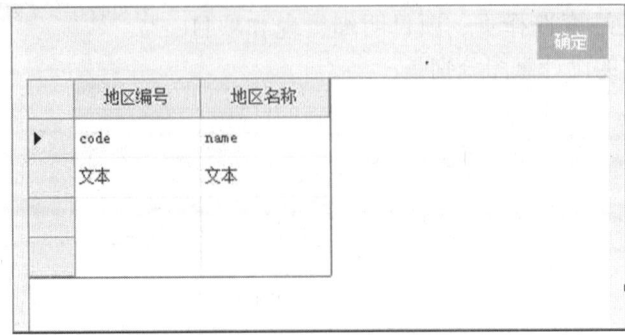

图 8-63　地区维度选择页

③项目明细管理页用于实现业务表数据的增、删、改、查。其中"地区名称"列类型选择下拉框，主要是为了获取地区表(维度表)相关字段的值来源(如图 8-64 所示)，这样业务表和维度表之间就起到关联的作用，其设计如图 8-65 所示。

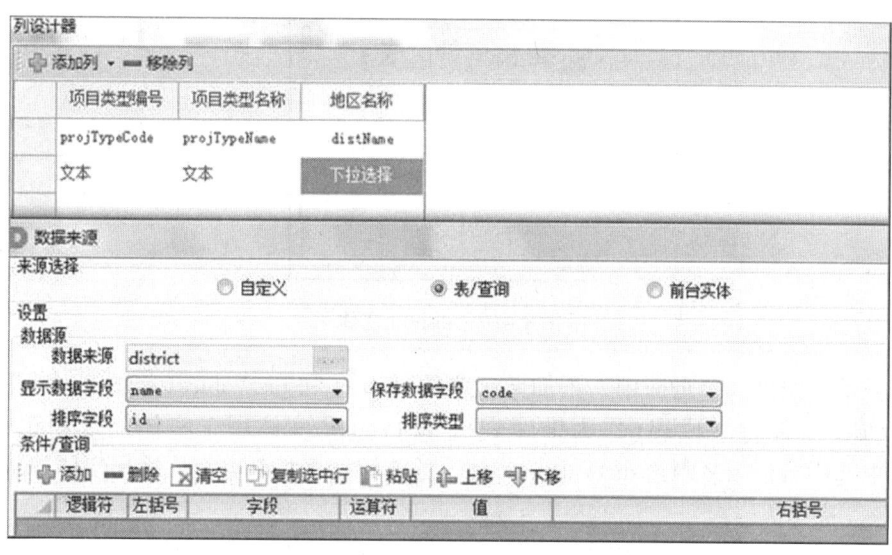

图 8-64　数据来源选择

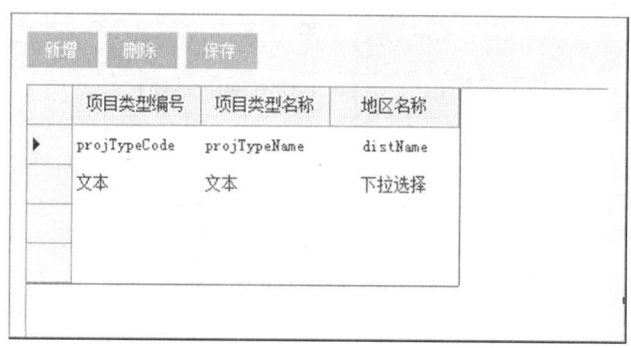

图 8-65　项目明细管理页

④项目明细显示页用于显示项目明细信息，其设计如图 8-66 所示。

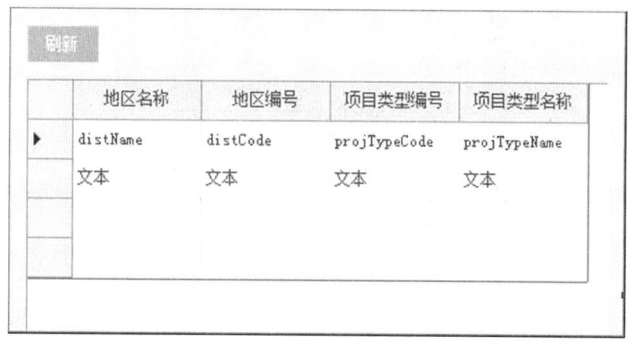

图 8-66　项目明细显示页

(3)实体定义。

①在地区维度管理页面中,添加实体 district(如图 8-67 所示),其中 district 实体将生成表(作为维度表)。

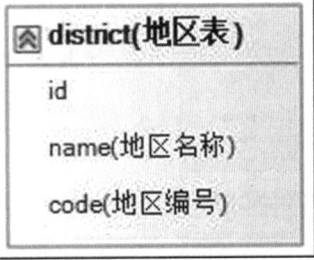

图 8-67 district 实体

②在地区维度选择页面中,添加两个实体 district 和 distValues(如图 8-68 所示)。其中 district 实体将生成表(作为维度表),distValuse 实体用于实体间复制记录,将 district 中选中行记录复制给 distValuse 实体,并将该数据复制给窗体输出实体 values。

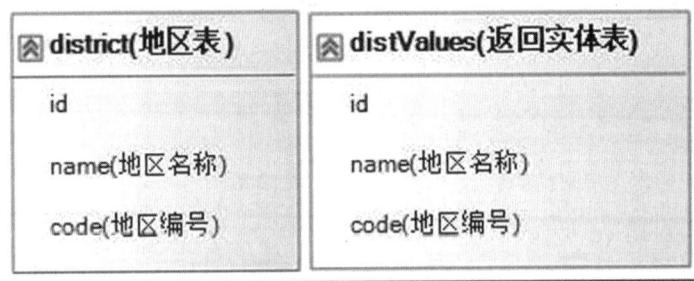

图 8-68 district 和 distValues 实体

③在项目明细管理和项目明细显示页面中,均添加一个实体 projectInfo(如图 8-69 所示),并生成表(作为业务表),主要用于从数据库获取数据到界面实体,并以列表的形式显示数据。

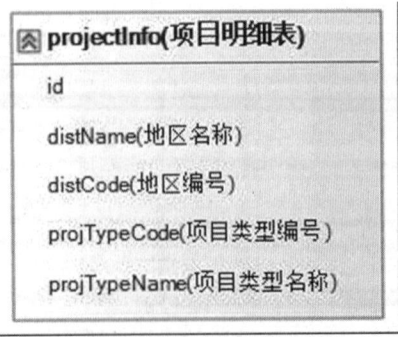

图 8-69 projectInfo 实体

(4)窗体方法配置。

①地区维度管理窗体中对应的操作(事件)与规则如表8-1所示。

表8-1　地区维度窗体对应操作及规则

编号	功能描述	操作事件	规则
1	默认列出维度表(district)信息	窗体加载	从数据库获取数据到界面实体
2	新增维度表(district)记录	按钮单击	新增界面实体记录
3	删除维度表(hectest)记录	按钮单击	删除界面实体记录
4	保存维度表(hectest)数据	按钮单击	保存界面实体到数据库

②地区维度选择窗体中,首先要设置窗体输出,用于超级管理员(sa)用户登录V3基础平台后,在数据权限定义时,提供维度选择的弹窗页面,并将选择数据作为一个维度值返回给维度权限编辑的列表中。其中,因为Vbase的数据权限定义中已定义好相关窗体的变量,所以在开发平台中维度选择页定义的窗体输出时需要规范,即实体"values"、实体字段"name"和"value"均为固定字段设置(不可随意更改),具体设置如图8-70所示。

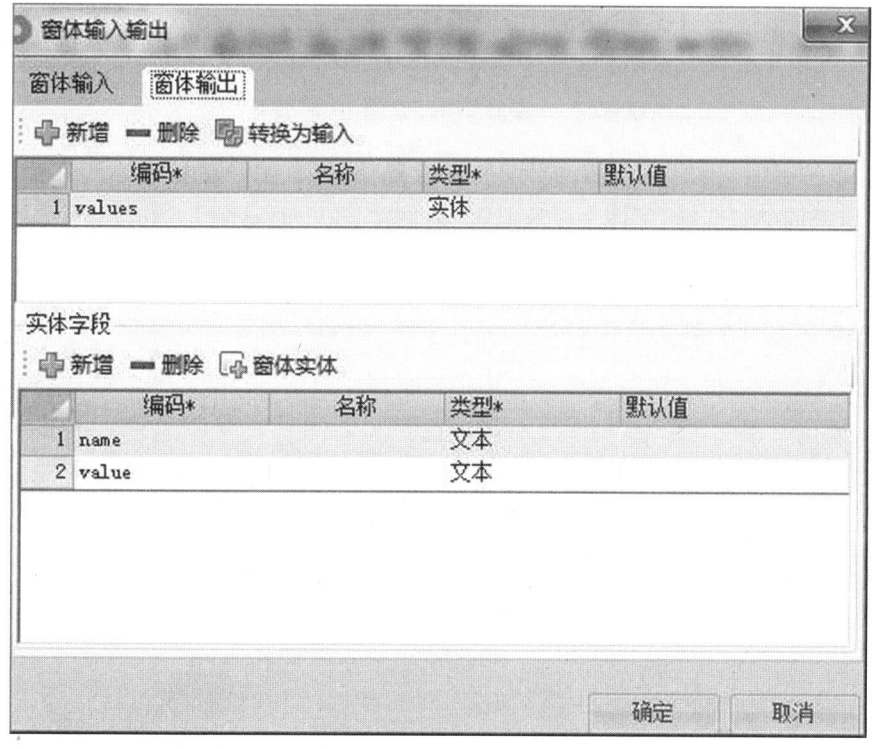

图8-70　窗体输出配置

地区维度选择窗体中对应的操作(事件)与规则如表8-2所示。

表8-2 地区维度选择窗体对应操作及规则

编号	功能描述	操作事件	规则
1	默认列出维度表(district)信息	窗体加载	从数据库获取数据到界面实体
2	选择数据确定返回	按钮单击	a. 实体间复制记录； b. 给界面实体/控件/变量赋值； c. 退出窗体

下面将对表8-2的编号2的功能进行详细讲解：

第一步，添加"实体间复制记录"规则，选择目标实体(distValues)、来源实体(district)，复制的类型是"选中行"，并设置字段复制对应关系，如图8-71所示。

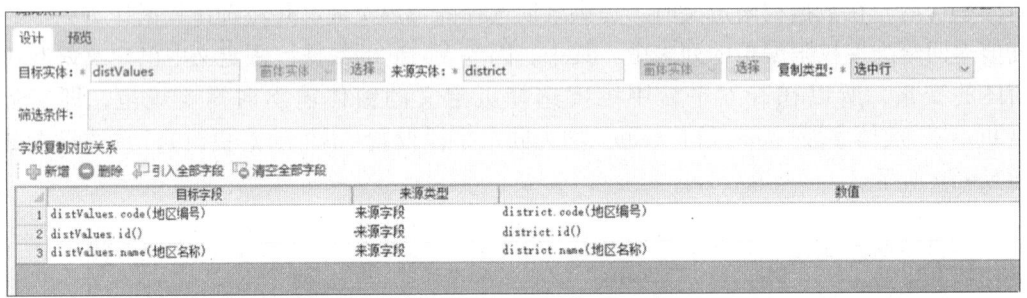

图8-71 添加"实体间复制记录"规则

第二步，添加"给界面实体/控件/变量赋值"规则，选择目标类型为"窗体输出"(values)，来源类型选择"实体字段映射"，返回实体(distValuse)，并设置字段映射值，最后确定即可，如图8-72所示。

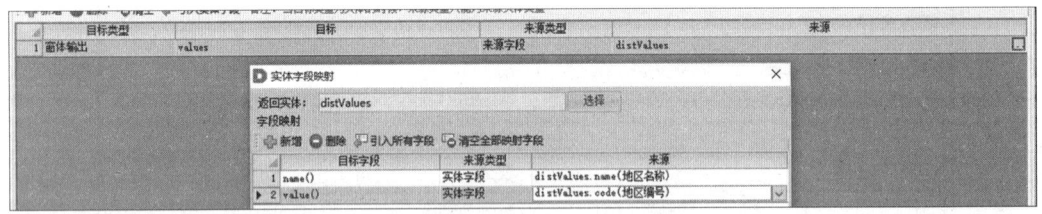

图8-72 添加"给界面实体/控件/变量赋值"规则

第三步，添加"退出窗体"规则，相关配置如图8-73所示。

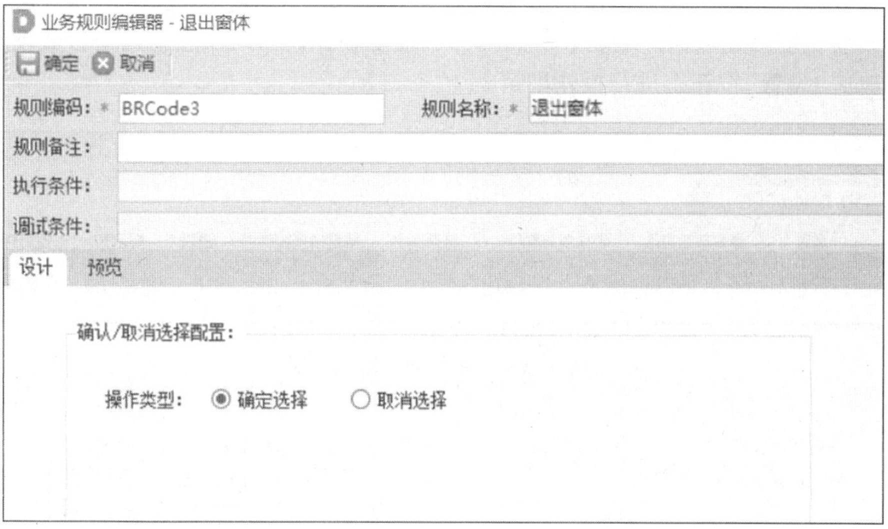

图 8-73　添加"退出窗体"规则

③项目明细管理窗体中对应的操作(事件)与规则如表 8-3 所示。

表 8-3　项目明细管理窗体对应操作与规则

编号	功能描述	操作事件	规　则
1	默认列出业务表(projectInfo)信息	窗体加载	从数据库获取数据到界面实体
2	新增业务表(projectInfo)记录	按钮单击	新增界面实体记录
3	删除业务表(projectInfo)记录	按钮单击	删除界面实体记录
4	保存业务表(projectInfo)数据	按钮单击	保存界面实体到数据库

在新建业务表数据中,为了获取维度表相关的字段,在地区列设计时已设置了下拉选择,并配置了数据来源,选择对应字段数据作为业务表和维度表之间的关联字段。

④项目明细显示页窗体中对应的操作(事件)与规则如表 8-4 所示。

表 8-4　项目明细显示页窗体对应操作与规则

编号	功能描述	操作事件	规　则
1	默认列出业务表(projectInfo)信息	窗体加载	从数据库获取数据到界面实体
2	刷新业务表(projectInfo)记录	按钮单击	a. 清空控件数值 b. 从数据库获取数据到界面实体

(5)权限配置。选择构件下的权限配置,进行"数据权限-维度注册"和"数据权限-权限控制"的配置。

①数据权限-维度注册(见图 8-74)。点击"新增"按钮,在"编辑维度注册"弹窗(如图 8-75 所示)中进行相关参数的设置。其中,名称值为自定义;窗体所属构件、维

度数据窗体编码和维度选择窗体的参数设置，点击第一个"设置"按钮，进行窗体选择确定后，会自动匹配数据；维度表所属构件、维度表、显示列和控制列的参数设置，分别选择对应"设置"按钮，进行操作即可。

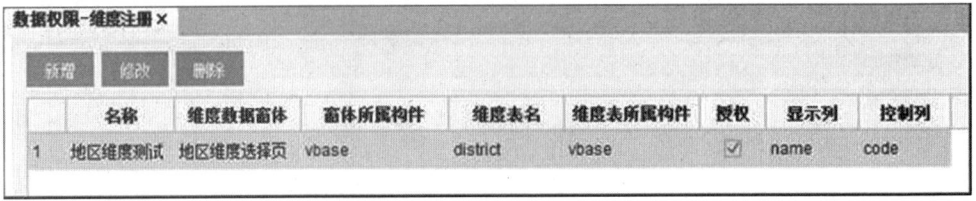

图 8 – 74　数据权限 – 维度注册

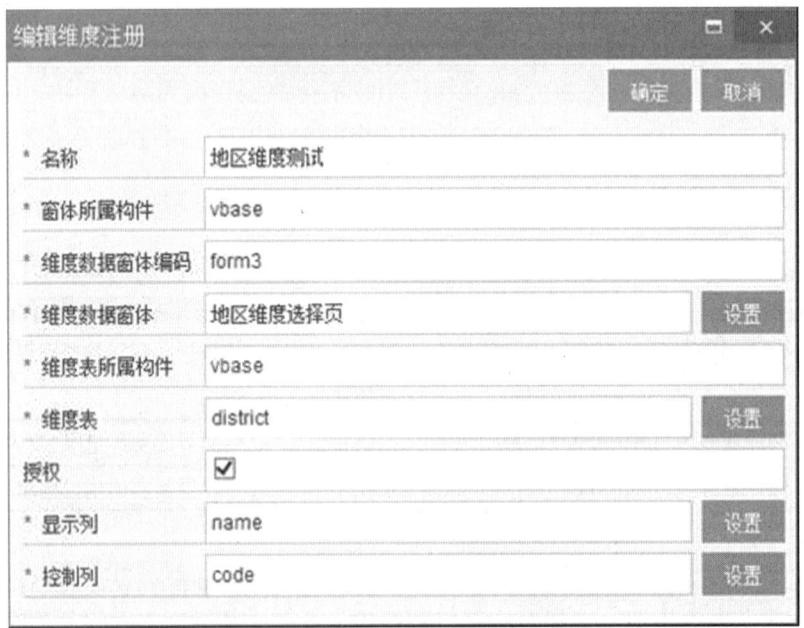

图 8 – 75　"编辑维度注册"弹窗

②数据权限 – 权限控制（见图 8 – 76）。

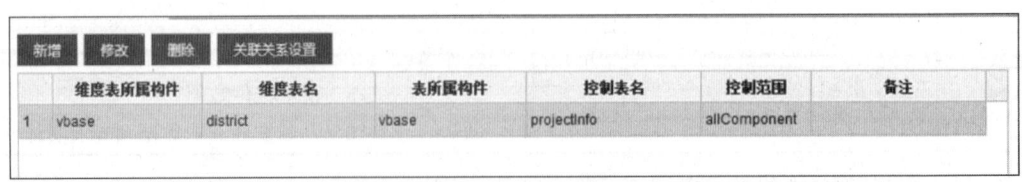

图 8 – 76　数据权限 – 权限控制

a. 新增权限设置。点击"新增"按钮，在"编辑权限控制"弹窗（如图 8 – 77 所示）中，进行相关参数的设置。其中，维度表构件、维度表、表或查询构件和控制表或查询的参数设置,分别选择对应"设置"按钮,进行操作即可,控制范围值默认。

其中控制范围,指该构件下涉及控制表(关联表)的窗体,系统自动默认全部受关联关系数据受控制,开发者也可以通过设置对某个窗体进行受控制。

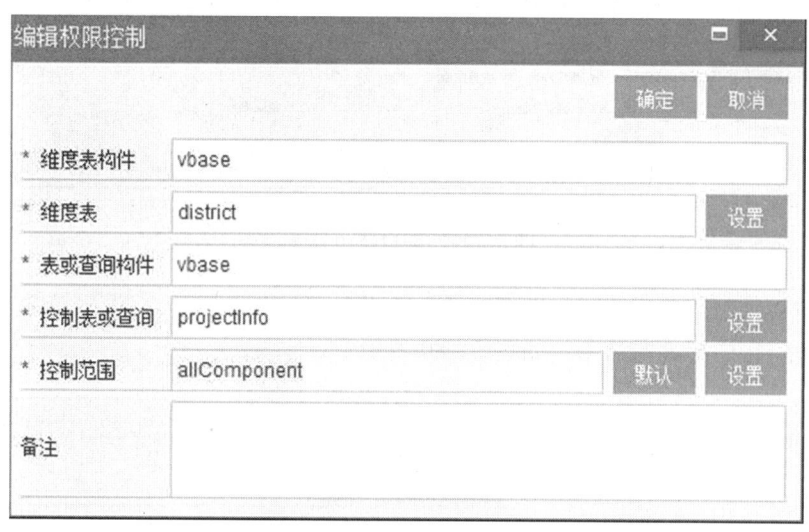

图8-77 "编辑权限控制"弹窗

b. 关联关系设置。点击"关联关系设置"按钮,进行关联关系的编辑(如图8-78所示),其中数据源是业务表,关联表是维度表,并选择它们之间的关联字段。

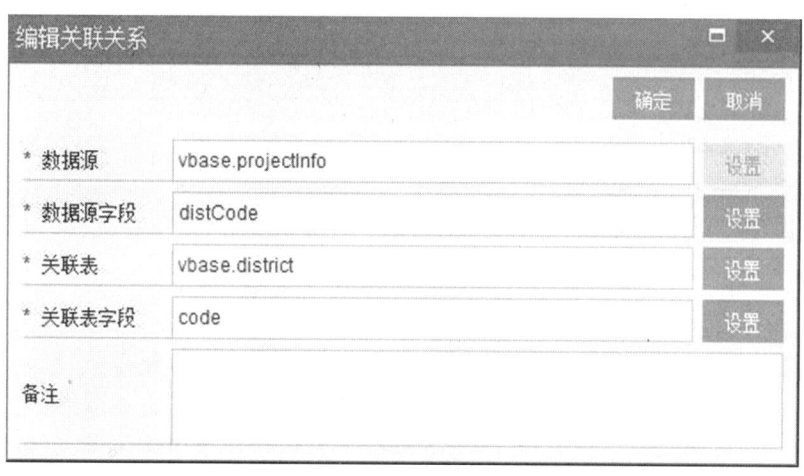

图8-78 "编辑关联关系"弹窗

注:关联表字段必须满足在维度选择页中窗体输出(values)实体的"value"字段被赋值的对应维度表字段。

2. 执行平台的配置

(1)菜单管理。使用超级管理员(账号sa,密码为8)身份登录同望V3基础平台后,在菜单管理中进行菜单的配置。

①菜单目录。在用户菜单下，添加下级菜单"数据权限"，保存即可，如图8-79所示。

图8-79　新增菜单目录

②菜单目录与菜单项关联。选择新增的菜单目录"数据权限"，设置菜单项的关联，并选择开发平台中定义的菜单，如图8-80所示。

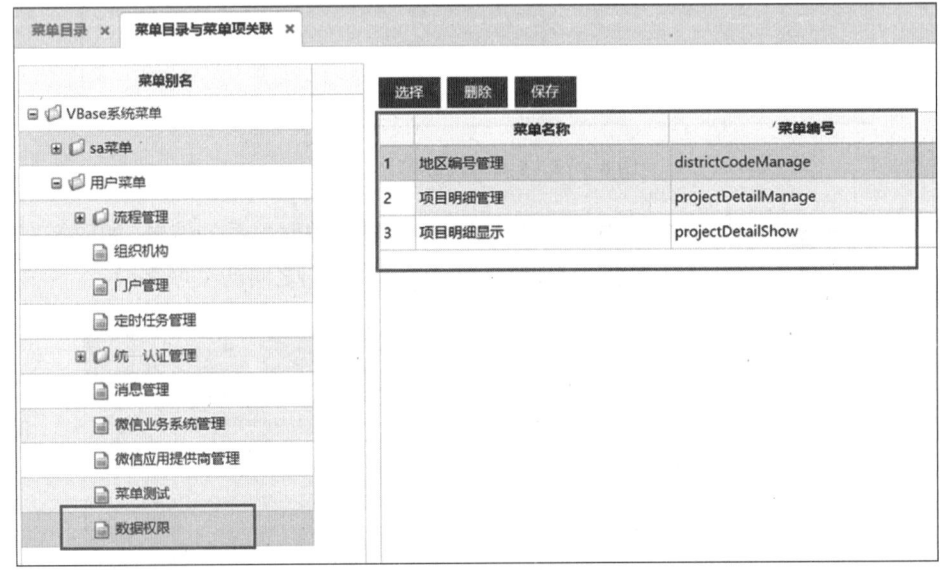

图8-80　菜单目录与菜单项关联

注：如果在开发平台没有进行构件菜单配置，可在发布窗体菜单页（localhost：端口号/publish.jsp，localhost可换成IP或域名地址）中进行页面的预览和编辑，在设置了维度并授权后，可用被授权用户账号登录V3基础平台刷新发布窗体菜单页（localhost：端口号/publish.jsp），也可预览效果。

（2）菜单授权。当前登录的超级管理员（sa）设置所有人权限的菜单权限授权（如图8-81所示），将数据权限菜单授权给所有用户使用（权限详细配置，请参考V3开发平台网站的《Vbase权限配置》使用手册）。

图 8-81 菜单授权

(3) 添加数据。

① 添加维度表数据。

注销用户,使用管理员(账号 admin,密码为 8)身份登录同望 V3 基础平台,添加维度表数据,如图 8-82 所示。

图 8-82 添加维度表数据

② 添加业务表数据。在添加完维度表数据的基础上,继续添加业务表数据,如图 8-83 所示。

图 8-83 添加业务表数据

(4)数据权限定义。

退出系统,使用超级管理员(账号 sa,密码为 8)身份登录同望 V3 基础平台。登录后,在基础平台中找到"机构与权限管理"菜单,点击"数据权限定义",打开对应的"维度权限管理"页面。在此页面,可对维度进行各种编辑,如新增、修改和删除等相关操作,如图 8-84 所示。

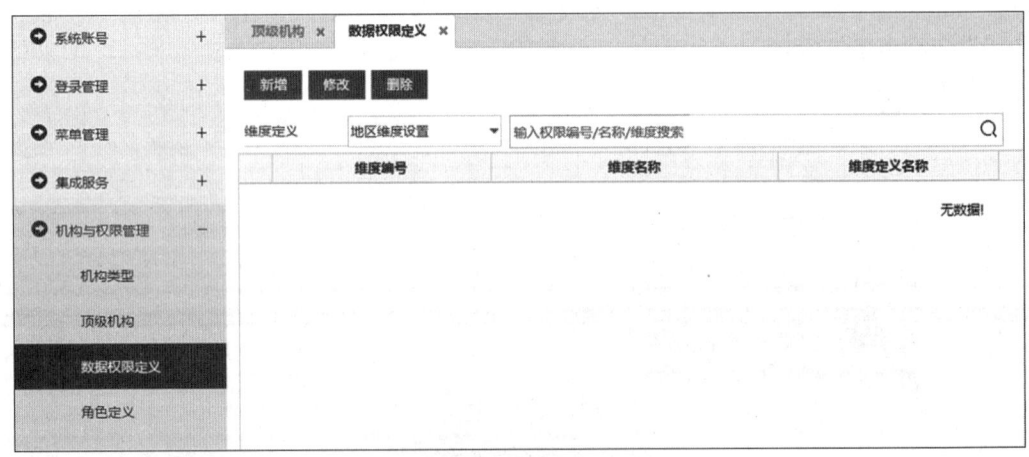

图 8-84 数据权限定义

新增维度数据步骤：

a. 点击"新增"按钮，在"维度权限编辑"弹窗（如图 8-85 所示）中进行维度的选择，该维度数据选择来源于开发平台中数据权限注册的数据，也包括 Vbase 内置的组织机构维度。

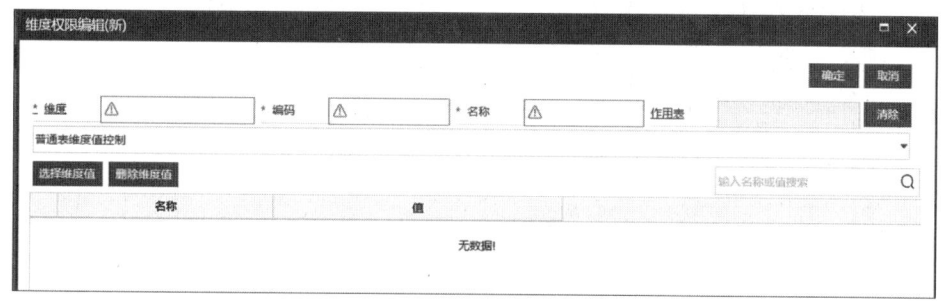

图 8-85 "维度权限编辑"弹窗

b. 依次输入自定义编码和名称。

c. 选择作用表，其作用表的数据来源于开发平台中数据权限控制时的新增控制表或查询表，如果不进行选择，那么 V3 开发平台中，与维度表设置关联关系的所有控制表（业务表）将全部都默认选中受控制。

d. 选择维度值控制类型，针对不同类型进行相关的配置。

如果维度中定义了数据权限，那么在没有任何用户登录执行平台时，将不可预览任何数据。当定义了数据权限之后，sa 用户将拥有对应数据的最高使用权限。

①普通维度值控制。

普通维度值控制，指根据维度表中的数据设置不同的维度值，作为权限点定义数据权限，在针对不同用户授权后，让其拥有对应维度数据的查看权。按照上面的新增维度数据步骤新增维度数据，依次选择或输入维度、编码、名称、作用表、控制类型等信息，如图 8-86 所示。

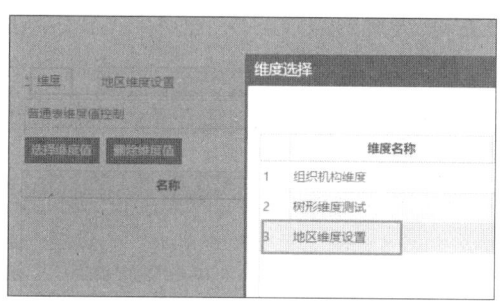

图 8-86 新增维度数据

设置完基本信息以及选择控制类型后，进行维度值选择。点击"选择维度值"按钮，将弹出"地区维度选择页"页面，选择"广州"作为一个维度值，确定即可，如图 8-87 所示。

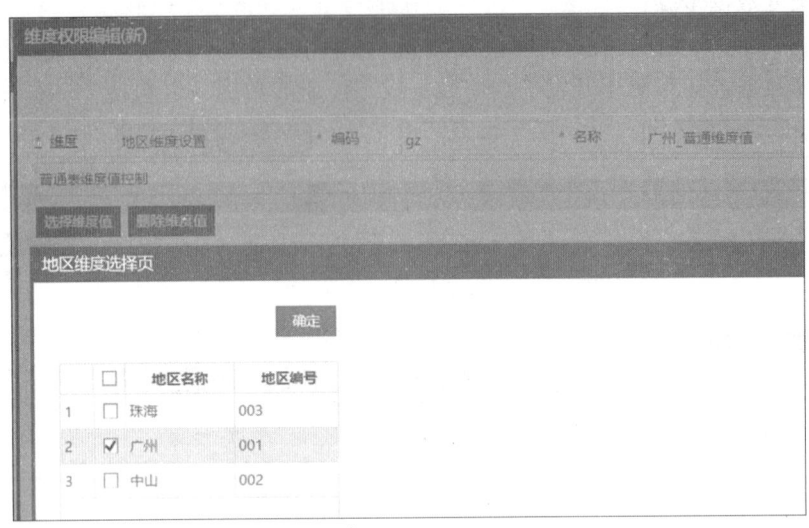

图 8-87　地区维度选择页

同样道理，定义中山和珠海对应的数据权限，如图 8-88 所示。

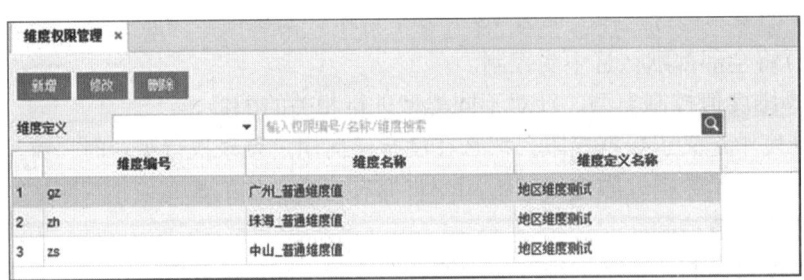

图 8-88　定义各地区对应数据权限

②全维度值控制。

全维度值控制，指维度值取值范围为全部维度值，用于定义全部维度值的权限点，在针对不同用户授权后，让其拥有对应维度数据的查看权。全维度值控制的设置如图 8-89 所示。

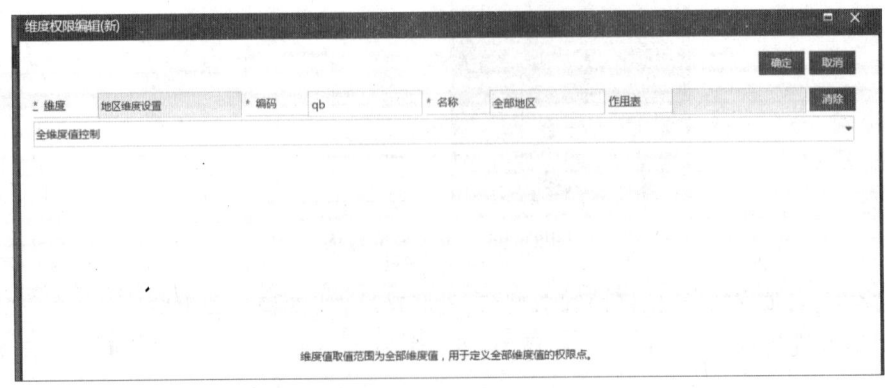

图 8-89　全维度值控制

③无维度值控制。

无维度值控制，指维度值取值范围为无任何维度值，用于定义无维度值的权限点，在针对不同用户授权后，让其不拥有任何维度数据的查看权。无维度值控制设置如图8-90所示。

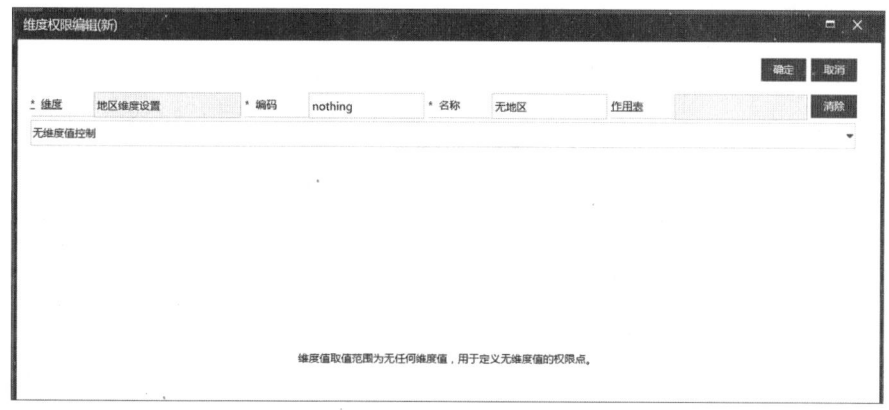

图8-90　无维度值控制

(5)数据权限授权。

数据权限授权，指当前登录用户之前被授予的可授数据权限，现将授予对方(机构、岗位或用户)对应的门户，让对方具有该数据的使用功能(非授权功能)。

下面以超级管理员(账号sa，密码8)身份登录V3基础平台后，给管理员用户(账号admin，密码8)进行授权为例，进行数据权限授权的讲解。

①点击"数据权限授权"，并选择维度"地区维度测试"，在维度列表中可以看到数据权限定义中的维度数据，现将"广州"和"珠海"维度都授给管理员(admin)，让其具有所有维度值的查看权，如图8-91所示。

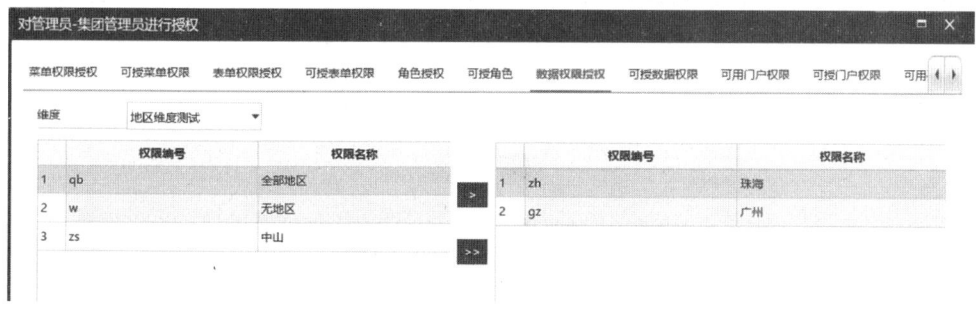

图8-91　数据权限授权

注销用户，重新以管理员(账号admin，密码8)身份登录V3基础平台后，查看结果，如图8-92所示。

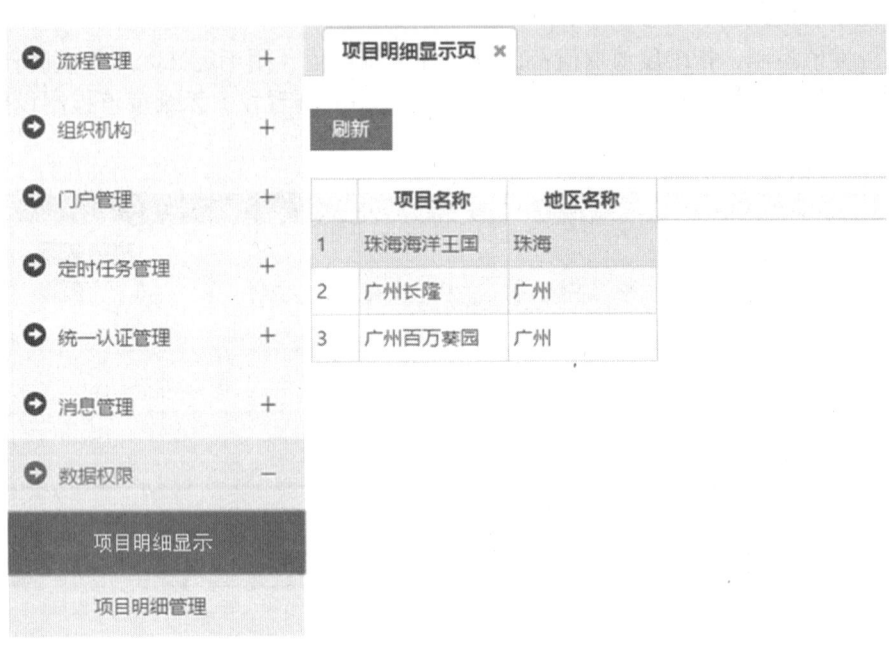

图8-92　数据权限授权结果

（6）验证效果。

使用管理员（账号admin，密码8）身份登录V3基础平台后，针对不用的用户授予不同的数据权限，查看效果。

①验证"普通维度值"控制数据。

现将"中山"维度的数据授权给用户张三（账号002，密码8），相关设置如图8-93所示。

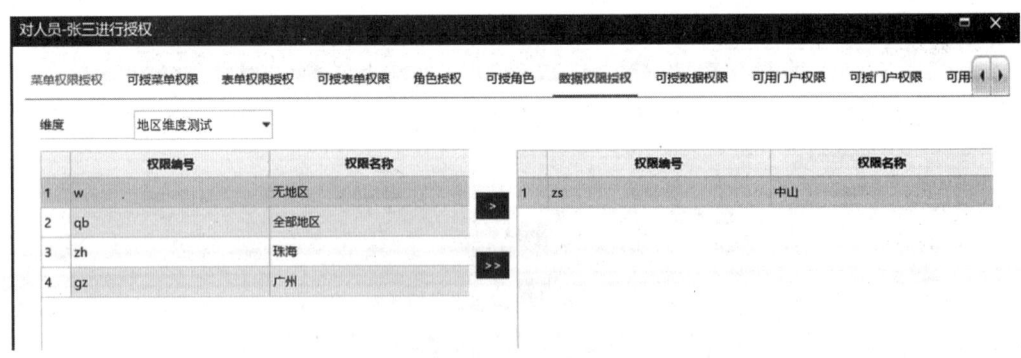

图8-93　"中山"维度数据授权

退出系统，使用张三的账号（账号002，密码8）登录V3基础平台查看结果，如图8-94所示。

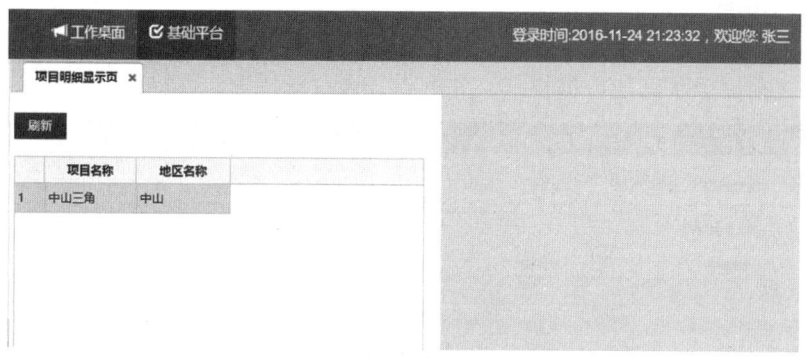

图 8-94 验证"普通维度值"控制数据

②验证"全部维度值"控制数据。

现将"全部地区"维度的数据授权给用户张三(账号 002,密码 8),设置如图 8-95 所示。

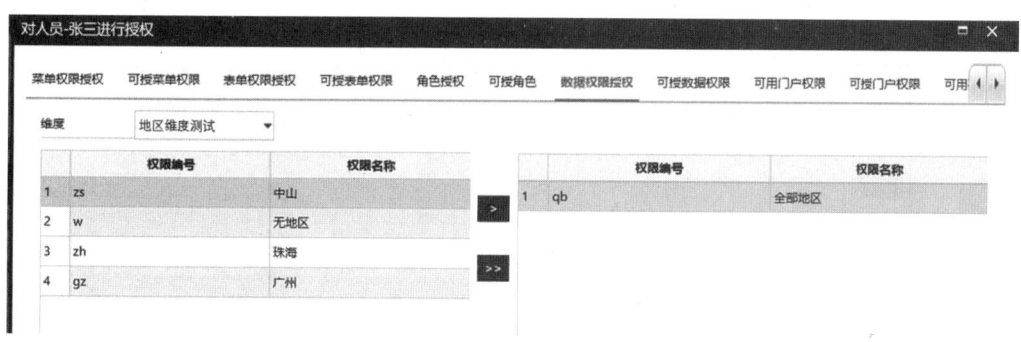

图 8-95 "全部地区"维度

退出系统,使用张三的账号(账号 002,密码 8)登录 V3 基础平台查看结果,如图 8-96 所示。

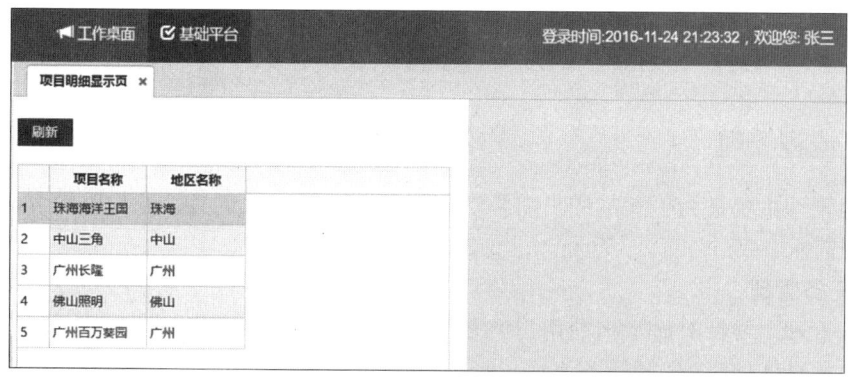

图 8-96 验证"全部维度值"控制数据

③验证"无维度值"控制数据。

现将"无地区"维度的数据授权给用户张三（账号 002，密码 8），如图 8-97 所示（注：如果之前授予了其他数据权限，先删除，再重新授权）。

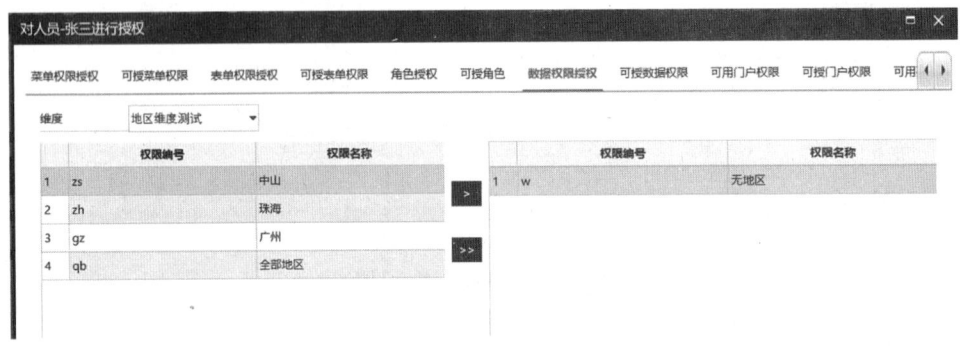

图 8-97 "无地区"维度

退出系统，使用张三的账号（账号 002，密码 8）登录 V3 基础平台查看结果，如图 8-98 所示。

图 8-98 验证"无维度值"控制数据

8.7 流程与审批

8.7.1 流程管理

流程管理主要是为了满足用户需要对某些业务进行流程定义、流程监控和功能使用等的业务需求。

1. 任务管理

任务管理主要针对显示当前用户需要完成的任务和已完成任务的数据，以及可查看各个任务的具体信息（包括任务名称、当前步骤、发送人、到达时间和执行状态等）。

（1）待办任务。

点击"待办任务"菜单，在"待办任务"页面（如图 8-99 所示）中，会加载出当前用户所有的待办任务，以及可通过相关字段进行模糊查询，获取用户需要的代办任务。

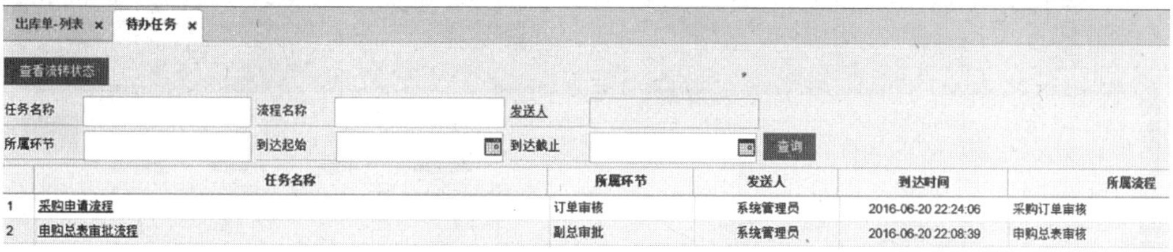

图 8-99　待办任务

①查看流转状态。

若当前用户已存在待办任务，选择需要查看的任务，点击"查看流转状态"按钮，在"查看流转状态"弹窗中，可查看"已执行"的活动环节对应的详细信息。其中，该页面提供了两种查看状态方式，一种是列表式的任务状态展示，另一种是通过流程图的方式展示任务状态。

选择"显示当前活动"方式，看到的页面是活动环节列表，具体的形式如图 8-100 所示。

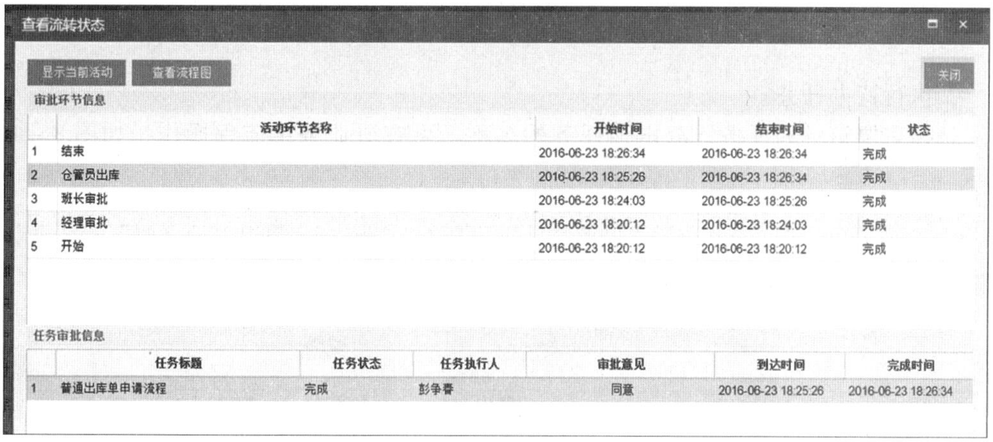

图 8-100　活动环节列表

选择"查看流程图"方式，在"图形化流程监控"中，可查看到当前任务的流程图，并附有列表展示详细信息，如图 8-101 所示。

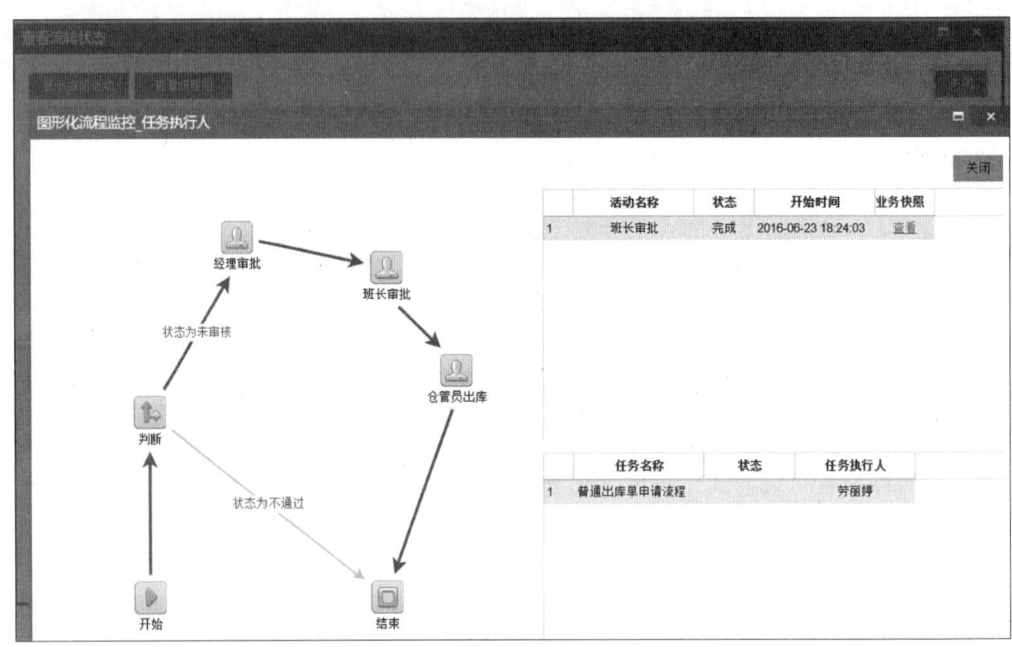

图 8-101　查看流转状态

②执行待办任务。

选择需要审批的任务，双击该任务的名称，可查看业务单流程操作，如图 8-102 所示。

图 8-102　执行待办任务

在"业务单流程操作"弹窗（如图 8-103 所示）中，根据实际业务需求，可对任务进行任务提交、任务退回、任务传阅等操作。

(2) 已办任务。

"已办任务"页面的布局和待办任务类似，只是打开"已办任务"页面时加载的数据是当前用户已经完成的任务，如图 8-104 所示。

页面上的"查看流转状态"按钮的作用和"待办任务"页面中的一样，这里不展开讲解。同时，双击任务名称，只能查看业务信息和历史意见，不能进行任何操作，如图 8-105 所示。

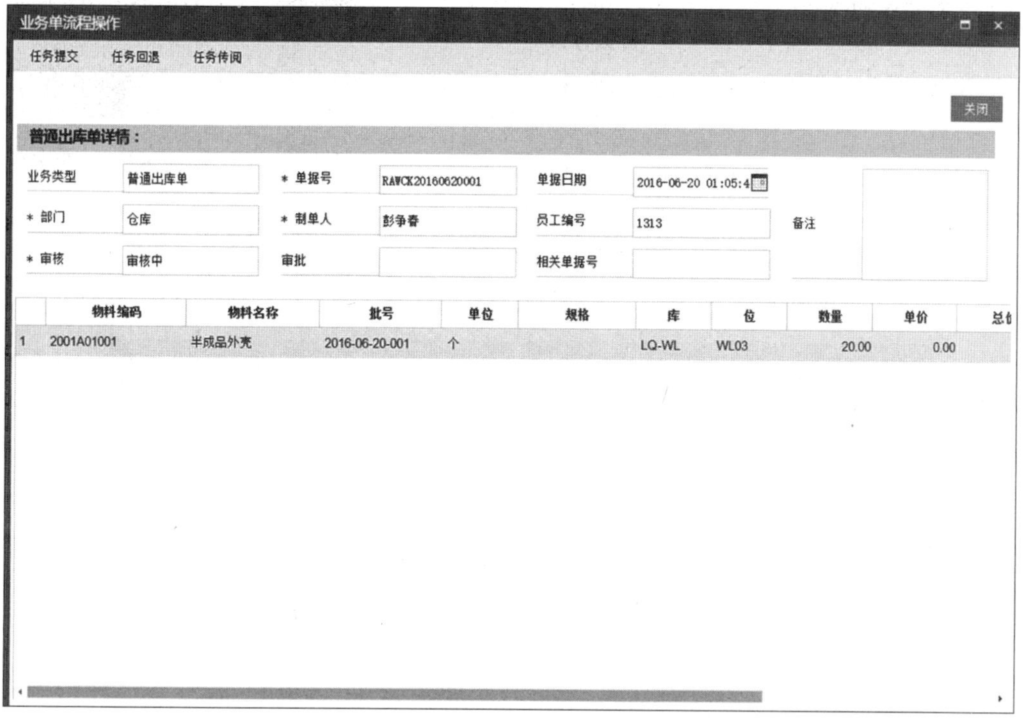

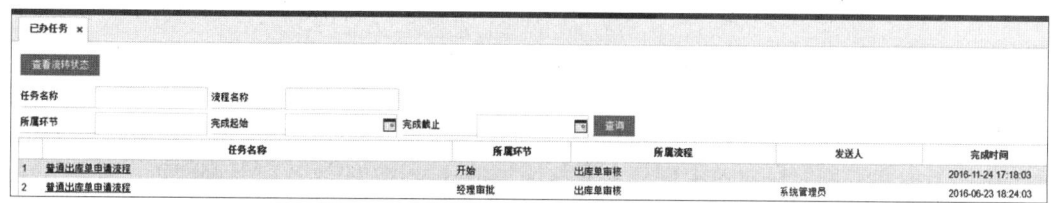

图 8-103 "业务单流程操作"弹窗

图 8-104 已办任务

图 8-105 已办任务业务信息

8.7.2 流程定义

在"流程定义"页面，需要对流程目录进行管理，以及选择流程目录后新增流程，并对流程进行活动定义等相关操作。

（1）流程目录管理。流程目录是为了更好地管理流程的类型，可根据不同的业务创建不同的目录，但是顶级目录允许一个。

点击"流程目录管理"，在"流程目录"弹窗中，可以对流程目录名称进行编辑操作，如图 8-106 所示。

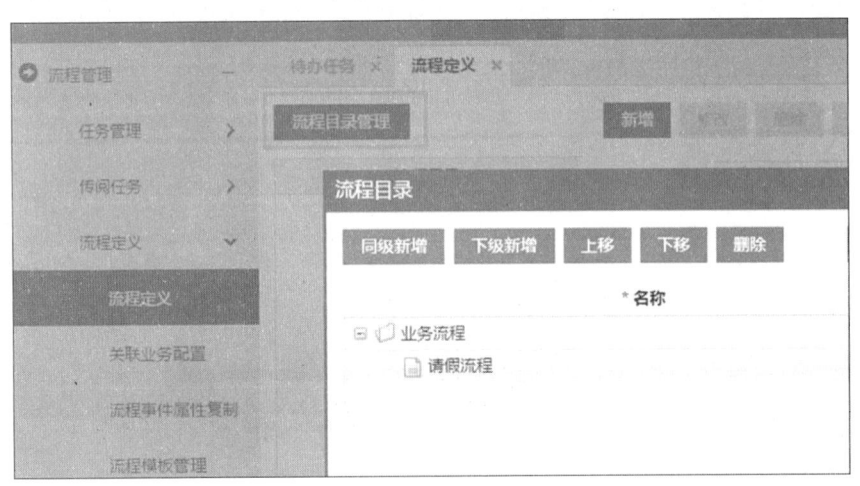

图 8-106　流程目录管理

（2）新增流程以及修改、删除流程定义信息。

选择对应的流程目录，点击"新增"按钮，在"流程定义编辑"弹窗中，输入相关信息（流程名称和流程编号，其中创建人默认为当前登录用户信息），保存即可，如图 8-107 所示。

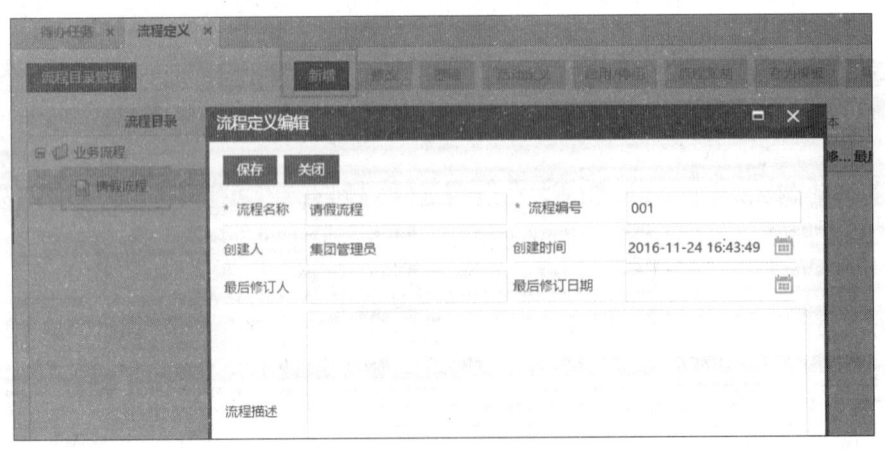

图 8-107　新增流程

也可根据实际业务需求，对流程定义信息进行修改和删除操作。但是，若该流程已启动，则不允许进行修改和删除操作，其对应按钮的使能为 false，如图 8-108 所示。

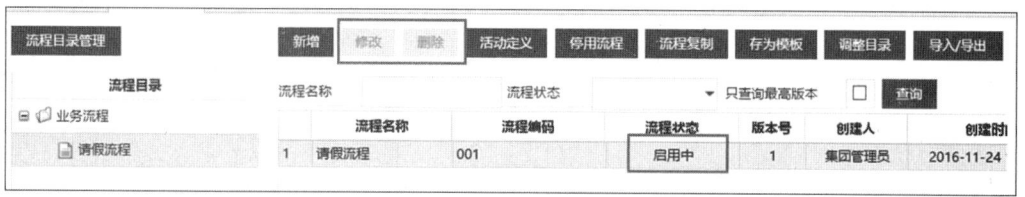

图 8-108　流程定义信息的修改和删除

（3）活动定义。新增流程完成之后，需要给流程添加"活动定义"，选择需要添加活动定义的流程，然后单击"活动定义"按钮，进入到活动定义页面，在活动定义页面通过图形化的控件，根据业务需求制作流程图。

任何流程都必须同时包含开始和结束控件，下面将通过简单的例子（开始→人工→结束）讲解流程图的制作步骤：

①拖拽流程节点控件。首先，需要在"活动定义"页面提供的控件中，拖拽需要的控件到活动定义板上。下面将开始、人工和结束控件拖拽到活动定义板中，如图 8-109 所示。

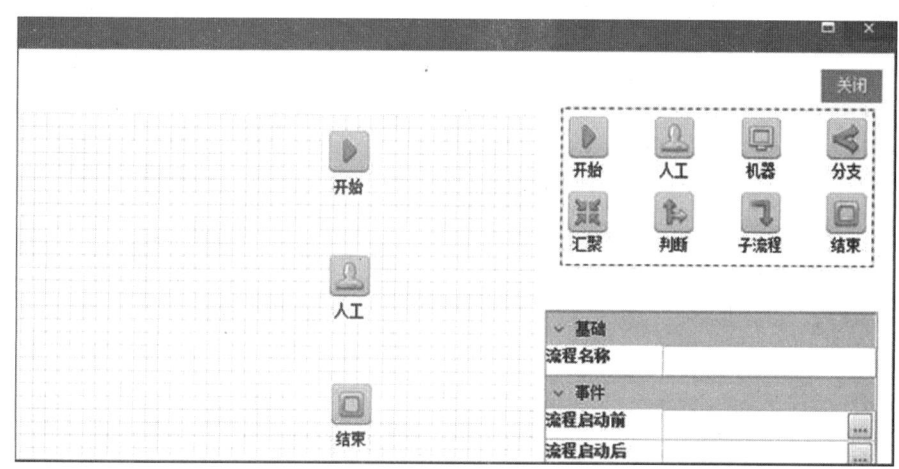

图 8-109　拖拽流程节点控件

②连接节点。将控件拖到活动定义板后，需要将各节点连接起来，具体连接方式是：单击需要连接的节点控件，将鼠标移至控件中心，变成鼠标手的形式后，即可按住鼠标左键进行连接，如图 8-110 所示。

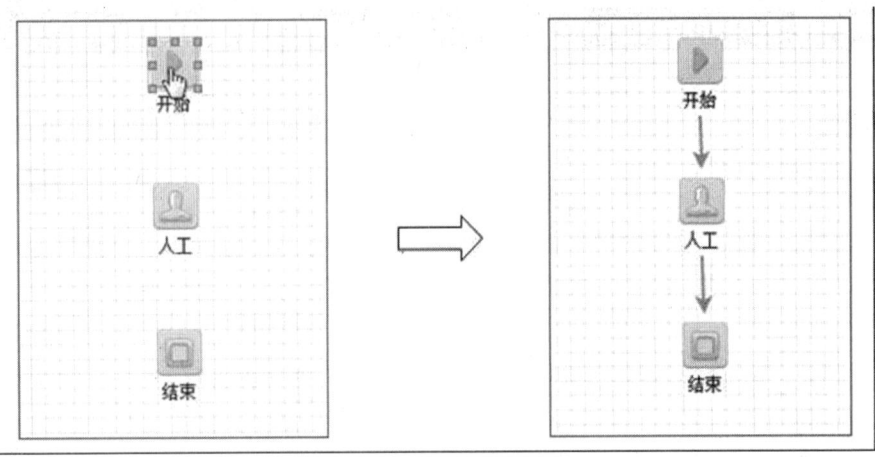

图 8-110　连接节点

③配置节点信息。每个活动节点都有不同的属性,例如人工节点具有基础、流转属性、任务属性、事件和菜单属性等属性信息。在活动定义中,需要根据业务的实际需求进行节点的配置。下面以人工节点为例,进行"活动名称"和"执行人选择"的配置,如图 8-111 所示。

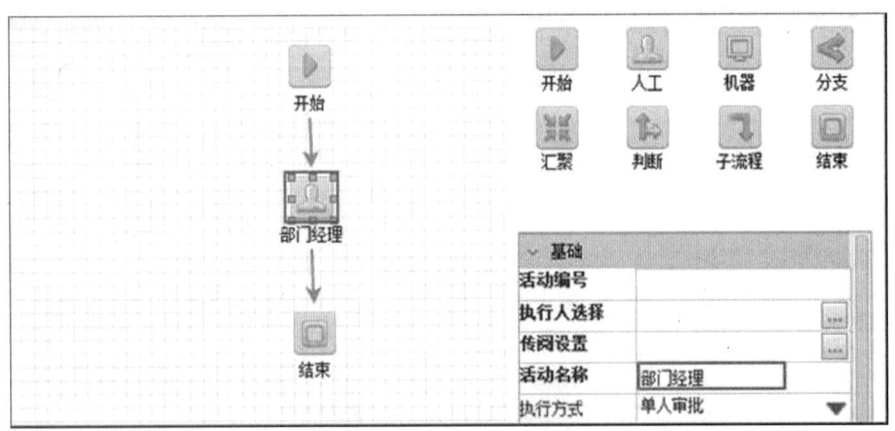

图 8-111　配置节点信息

点击"执行人选择"的配置按钮,在"执行人选择"页中,提供的执行人类型有 3 种:机构人员、岗位人员和执行人函数(如图 8-112 所示)。其中,机构人员和岗位人员效果类似,直接对该类型下的用户进行选择即可。

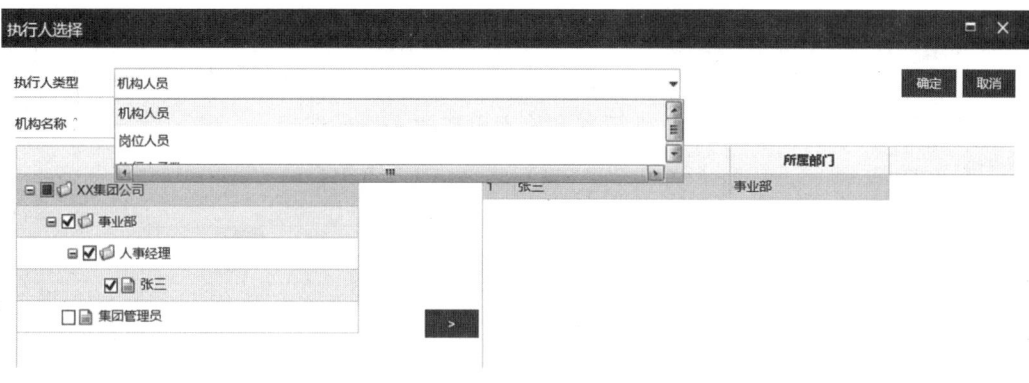

图 8-112　执行人选择类型

执行人函数又分为 5 种，如图 8-113 所示。

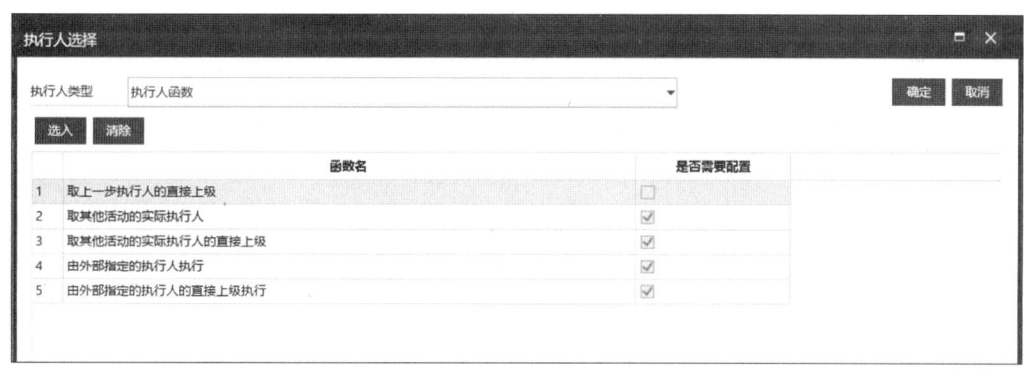

图 8-113　执行人函数

其中，"取上一步执行人的直接上级"函数不需要配置流程变量，同时需要存在上一步执行人的审批节点，才可以使用该函数。其余 4 种函数均要定义流程变量进行传参作用，如图 8-114 所示。

图 8-114　定义流程变量

8.7.3 流程监控

"流程监控"页面(如图 8-115 所示)主要是提供给用户查看流程执行过程中各阶段的执行情况,并可通过相关信息进行查询检索出需要查看的流程。

图 8-115 流程监控

双击需要查看的流程实例名称,在"图形化流程监控"页面可对流程进行各种编辑,包括暂停、唤醒、取消(取消后不能再唤醒流程)和流程任务跳转,以及查看各个环节的运行状态信息,如图 8-116 所示。

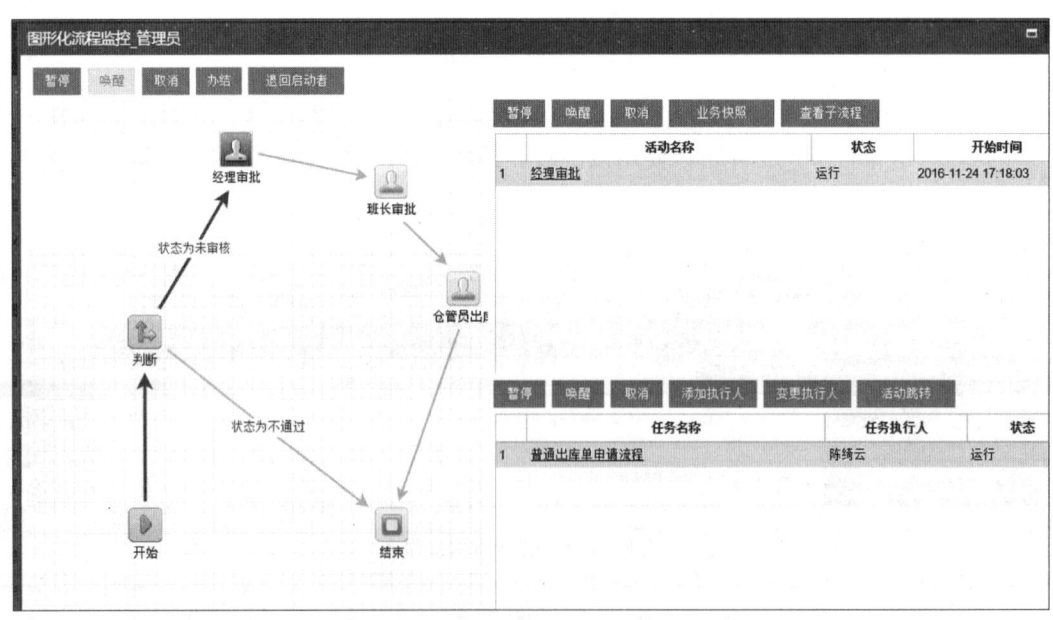

图 8-116 图形化流程监控

流程日志管理页面用于查询流程执行过程中产生的日志，目前只显示有异常的流程日志，如图 8-117 所示。

图 8-117　流程日志管理

9 部署、运行、测试

9.1 系统部署与登入

9.1.1 部署地址设置

当开发者需要将所开发的代码发布测试时,需要选定一个服务进行发布,这时可以选择一体化环境下进行发布,也可以选择独立的执行系统进行部署。在一体化环境下部署,需要提前开启测试服务。在"开始"页签中的"部署"面板点击"部署地址",打开部署地址维护页面,如图9-1所示。

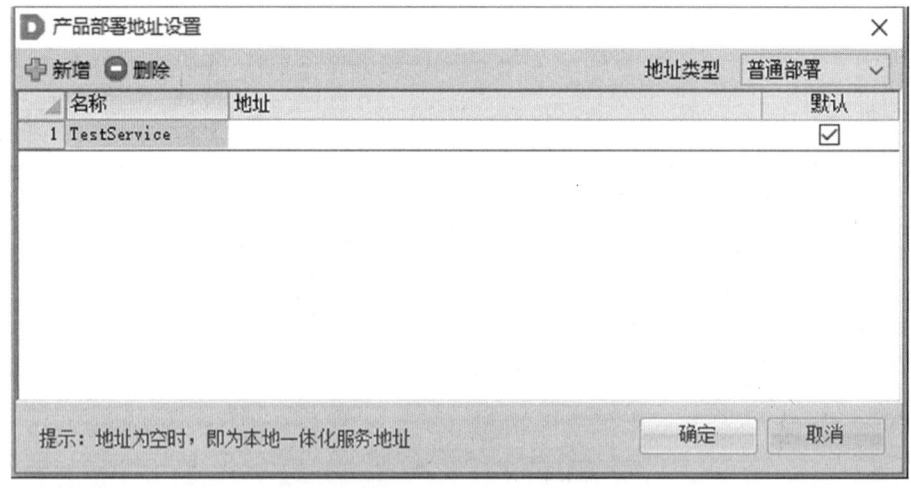

图9-1 "产品部署地址设置"页面

系统自动默认是名称为"TestService",地址为空的一体化环境,也就是开发系统所自带的部署服务。勾选默认之后,所有部署的构件都会部署到本地的服务中。选择部署地址以后,在"开始"页签中的"测试服务"面板点击"预览测试服务",打开测试页面。若开发者固定了测试服务的端口,例如"9553",则可以在浏览器中输入"localhost:9553/publish.jsp"进入测试页面。如图9-2所示。

图 9-2 测试页面

若涉及团队开发，开发者们需要在各自的计算机进行开发，并将构件部署在一个相对独立的执行环境中，这时就需要设置这个独立的执行系统为默认部署地址。在"开始"页签中的"部署"面板点击"部署地址"，打开部署地址维护页面，点击"新增"新增一空白行，输入名称和服务器的地址加端口号，并勾选默认，如图 9-3 所示。

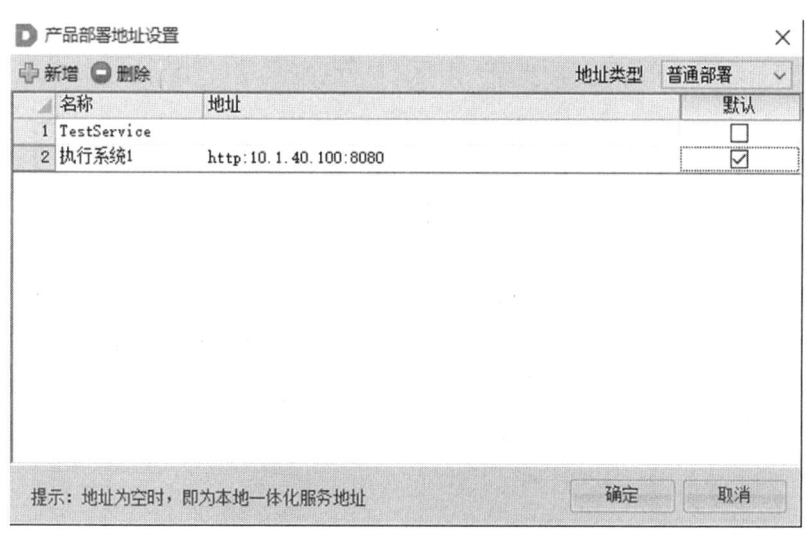

图 9-3 设置部署地址

设置之后所部署的构件都会部署到此服务器中。若要打开测试页面，则在浏览器直接输入对应的部署地址加 publish.jsp 后缀即可，例如：http：10.1.40.100：8080/publish.jsp。

9.1.2 测试服务端口设置

V3 开发平台部署服务的端口号的配置分两种情况，一体化环境下可以在"开始"页签中的"设置"面板点击"系统设置"，弹出"系统设置"窗体，在窗体中选择"测试服务设置"，可以修改一体化环境服务的端口号，若不设置，则系统默认自动分配端口号，如图 9-4 所示。

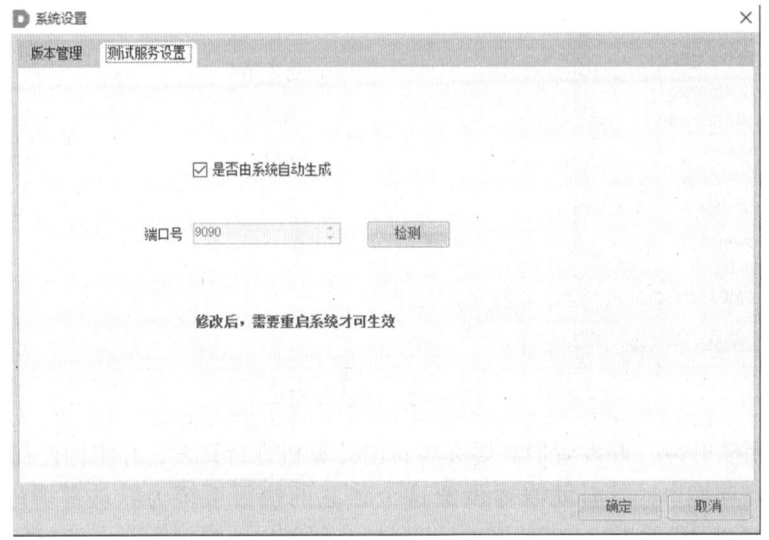

图 9-4 "系统设置-测试服务设置"页面

若在独立的执行系统中，可以在安装执行系统时进行到 WEB 服务参数设置的步骤时，对端口号进行一次配置，若跳过此步骤，则对应执行系统的端口号默认为 8080。

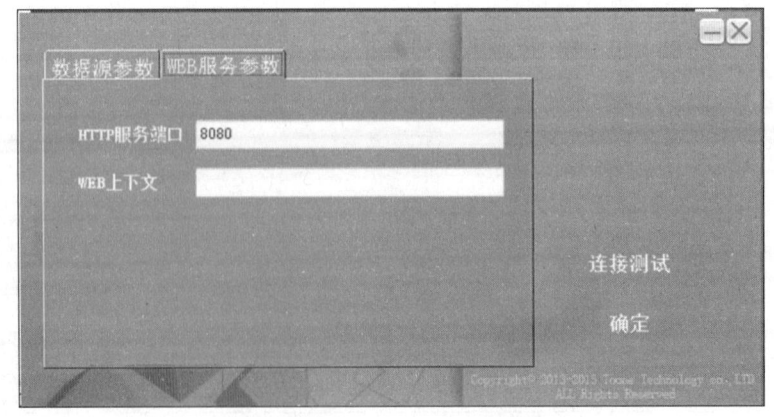

图 9-5 WEB 服务参数设置

若执行系统使用之后需要对端口号进行修改，则需要修改该执行系统的配置文件，找到执行系统的安装目录，具体的文件路径如下：…/RunContent/conf/vcore-config. properties，右键使用记事本方式打开，其中一行内容为"org. osgi. service. http. port = 8080. "，将需要的4位新端口号替换掉等号后的"8080"后保存，重启执行系统完成更改。

9.2 系统后台管理

9.2.1 执行系统升级操作

V3 系统的开发者会不间断对软件功能进行优化和推出新功能，执行系统是用于发布开发系统所配置的功能并呈现在网页上，所以，当开发系统推出新版本的同时，执行系统也会对应新版的开发系统而发布新版本，为了保持同步并避免因环境差异而导致的问题，在升级开发系统的同时也需要对执行系统进行升级操作。执行系统升级需要进入同望 V3 基础平台操作，进入后台的操作是在浏览器地址栏输入服务地址和端口号以后再输入"/system/console"，例如输入"http：//192. 168. 1. 2：8080/system/concole"弹出后台登录画面，如图 9 – 6 所示。

图 9 – 6　后台登录画面

输入开启此服务的相关账户即可进入后台，如图 9 – 7 所示。

图 9-7 进入后台

点击"Main"菜单弹出下拉选择选项,点击"产品升级"按钮进入升级页面,如图 9-8 和图 9-9 所示。

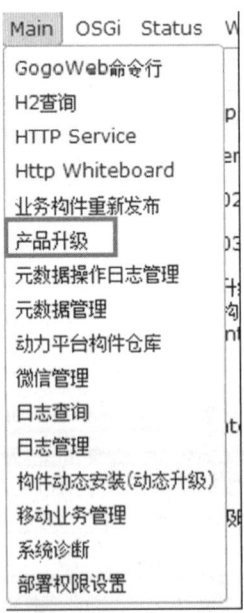

图 9-8 选择"产品升级"

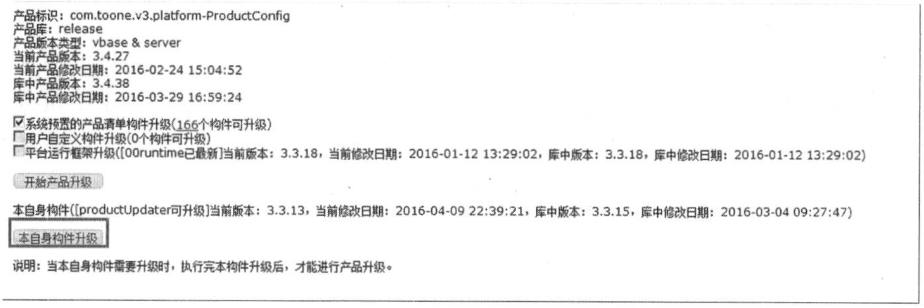

图9-9 升级页面

打开之后系统会自动检测当前自身构件是否是最新版本，如果本身构件需要升级，需要先点击"本自身构件升级"按钮进行本自身构件升级后（执行系统不需要重启），才可点击"开始产品升级"按钮对执行系统整体升级，如图9-10所示。

图9-10 本自身构件升级

若自身构件为最新版本则"本自身构件升级"按钮隐藏，可直接点击"开始产品升级"按钮进行升级，如图9-11所示。

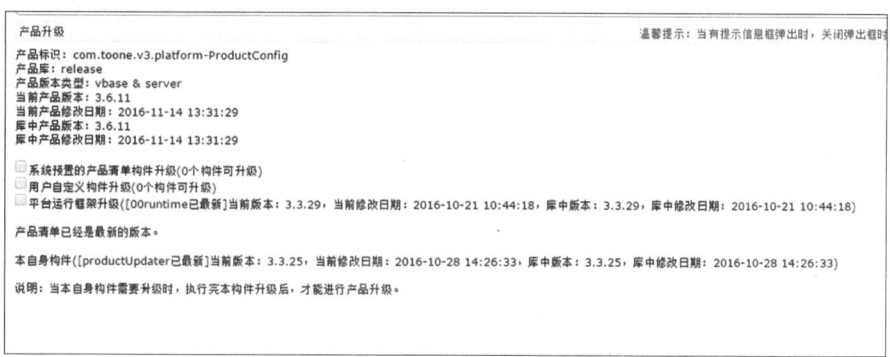

图9-11 开始产品升级

升级成功之后，系统弹出重新启动服务器生效的提示，如图9-12所示。

图9-12 升级成功提示

9.2.2 日志查看

执行系统在运行中会将所有系统动态都记录在自身的日志文件中，在系统开发的过程中，开发者需要对所开发的功能进行调试，或者需要查看系统执行过的一系列操作等，就需要借助执行平台的查看日志功能导出对应时间内的日志。

登录同望 V3 基础平台，点击"Main"菜单弹出下拉选项，点击"日志查询"，如图 9 – 13 所示。

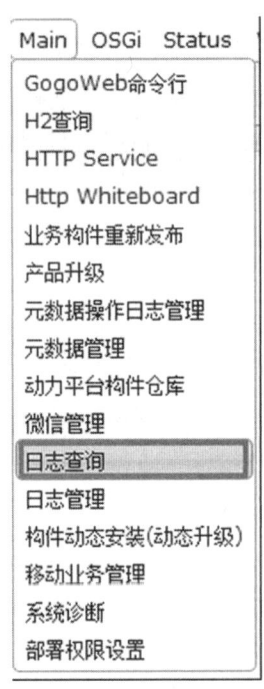

图 9 – 13　点击"日志查询"

可以选择一定时间范围内的系统日志，点击"查询"按钮后开始下载日志文件，如图 9 – 13 和图 9 – 14 所示。

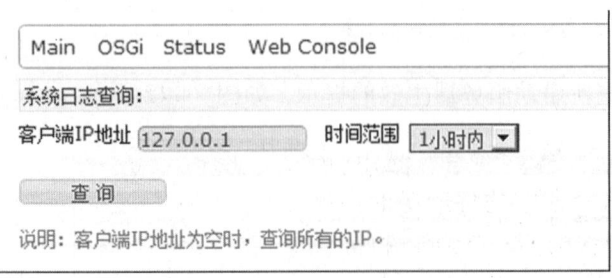 

图 9 – 13　选择查询范围　　　　　　　图 9 – 14　日志下载

下载的日志文件类型为记事本格式,打开即可看到系统运行的情况,如图 9 – 15 所示。

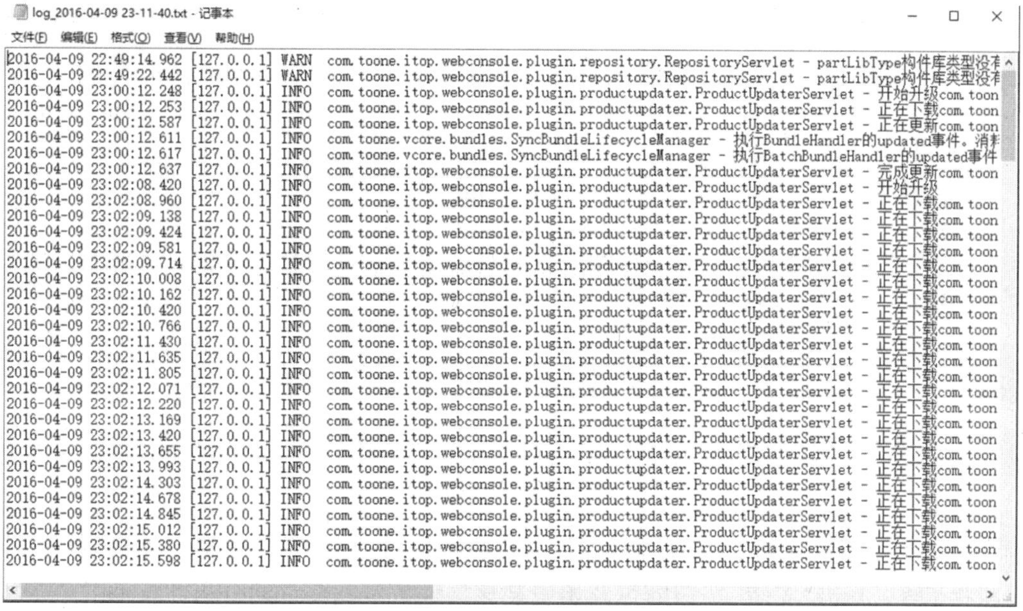

图 9 – 15 查看日志

9.3 系统构件管理

V3 开发平台之所以成为快速开发系统,其中一项重要的原因是其已经达到构件级复用的水平。通俗来讲,使用 V3 开发平台做的系统,就跟拼积木一样,将我们所需要的模块拼装起来,而且一个构件模块可以被多个系统复用,所以同望 V3 基础平台提供了对自己所使用的构件进行管理的一项功能。

9.3.1 配置类构件管理

登录同望 V3 基础平台,点击"Main"菜单,选中"动力平台构件仓库",开发者可以选择对应构件库中的构件进行管理,用户在 V3 开发系统中将构件发布到构件库之后,在开发库中即可找到,如图 9 – 16 和图 9 – 17 所示。

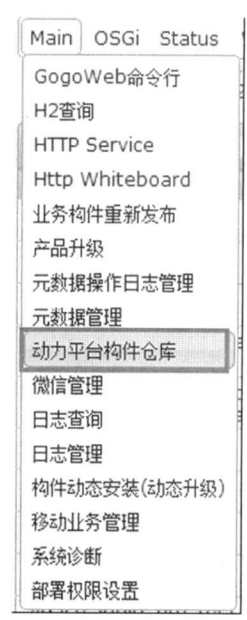

图 9 – 16 选择"动力平台构件仓库"

图 9 – 17　构件库

例如，现在要找一个名为"vtest001"的构件，那么在构件仓库中输入对应的构件编码即可找到，如图 9 – 18 所示。

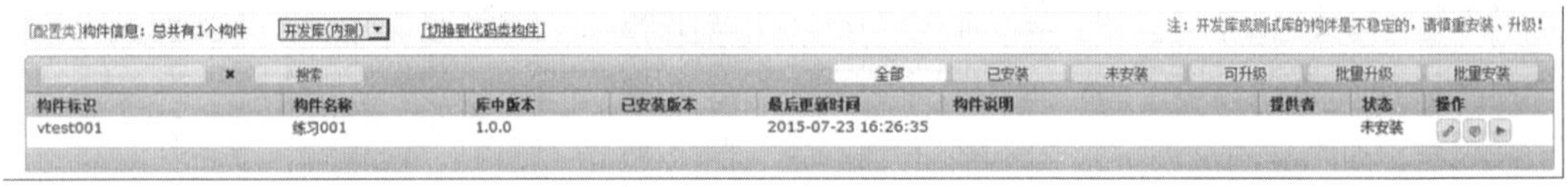

图 9 – 18　查找构件

这里会显示此构件目前的最新版、开发者所在执行平台按钮的版本、最后的更新时间和状态等，点击"安装"按钮即可开始安装该构件，系统会自动分析此构件的依赖构件，一并安装。构件安装成功后，系统会自动弹出提示（如图 9 – 19 所示），重启执行系统，构件生效。

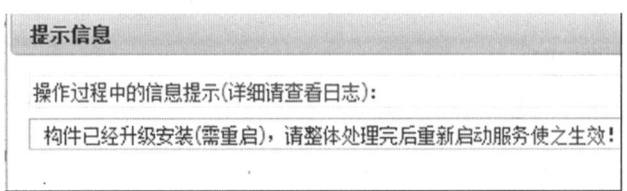

图 9 – 19　构件安装成功提示

针对已安装的构件，也可以对其进行卸载操作。构件卸载后状态变回未安装状态，若库中构件版本号与执行系统中构件的版本号不对应，系统会自动提醒升级构件。同时动力平台仓库管理支持对构件进行筛选，也可批量安装和升级构件。

9.3.2　代码类构件管理

除了对配置类构件进行管理之余，动力平台构件仓库还支持对代码类构件的管理。进入构件仓库，点击"切换到代码类构件"链接，切换到代码类构件管理界面，如图 9 – 20 和图 9 – 21 所示。

图 9 – 20　切换到代码类构件

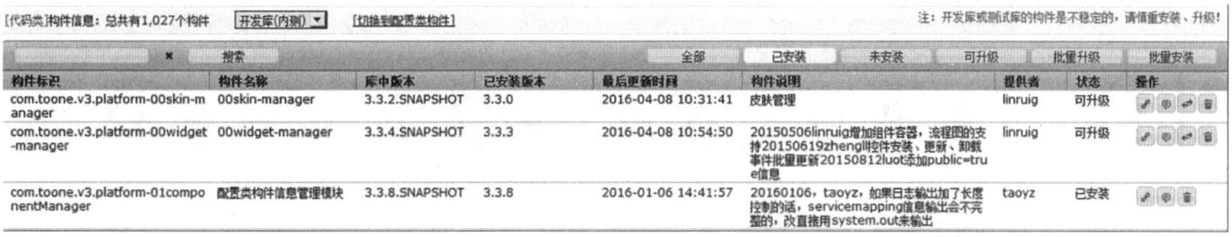

图 9-21 代码类构件管理界面

代码类构件中主要是针对服务端的构件，例如开发者二次开发的构件。稳定库中的构件是 Vbase 的代码类构件，一般不单独升级或者安装，可以通过"系统升级"板块中的"本自身构件升级"统一升级。

10 真实案例分析(制造业典型案例制作过程)

10.1 业务流程简介

本章主要是对工单部分进行分析,其他部分作为辅助说明。

10.1.1 流程步骤

(1)根据物料清单(BOM)上物料的用量制定生产计划,并根据物料需求计划(MRP)计算出需求量和需求时间,生成生产工单,经过审核后,工人可以开始生产。

(2)生产的第一步是通过原材料出库单领取原材料,例如铝合金或者锌合金等原材料。领取了原材料之后,工人可以生成一张半成品工单,这张半成品工单根据生产工序而制定,是绑定在成品工单上的。

(3)半成品工单根据需要生产的工序制定,物料工序在物料管理模块中,所以生产管理模块需要调用物料工序模块,而且生产管理模块依赖于物料管理模块,基础数据都是从物料管理模块中取得,例如物料主文件、物料工序、物料清单等。

(4)半成品工单的工序一的材料已经从成品生产工单处完成领料,所以工序一不需要领料。

(5)工序一生产完成后,点击"完成工序"并入库,可以进行半成品反馈(这些反馈不在库存中体现,仅作为一个数据,与库存数量分开并且不影响库存数量)。

(6)工序一阶段允许多生产,所以反馈入库时可以输入比计划多的数量。

(7)工序一完成入库后,工序二领料,即把工序一完成了的物料领回来进行工序二,领料过程也需要进行半成品反馈,这些反馈的数量都需要在半成品工单中体现出来。

(8)工序二生产完成后,进行类同工序一的入库反馈,只是不同于工序一,工序二反馈入库的数量不能超出领料数量。

(9)工序外协单(此处不做重点讲解)可以让用户选择供应商(即外协商),这些供应商是从采购管理模块中获取过来的,这张外协单要有需要外协加工的物料编码和数量等关键数据(如:SSA-00001-BR 外协加工 50 个),外协单生成完成后需要进行制程品质管控(IPQC),通过后需要交给生产管理的人员审核,审核通过后才可以外协。外协单需要与半成品工单绑定。

(10)外协完成后,回到半成品工单处进行入库反馈,入库反馈的前提是需要有一张已经通过审核的外协单。

(11) 最后一步工序是工序品检，品检过程中会出现不良品或者废品，这里不做重点讲解。

(12) 工序完成后，需要进行包装，然后才能进行成品入库，成品入库后，生产完成。

(13) 特殊情况：关闭订单。由于客人有可能突然中断销售订单，因此生产也有可能突然需要中止。当原材料已经出库了，工序一还没全部完成的情况下，系统可以提供关闭订单的功能。关闭订单的功能是将还没用的原材料重新入库。原材料的数量可以由用户填写，并自动生成一张退料单（发生库存变化的入库单）。

10.1.2 生产工单流程设计图

生产工单流程设计图如图 10-1 所示。

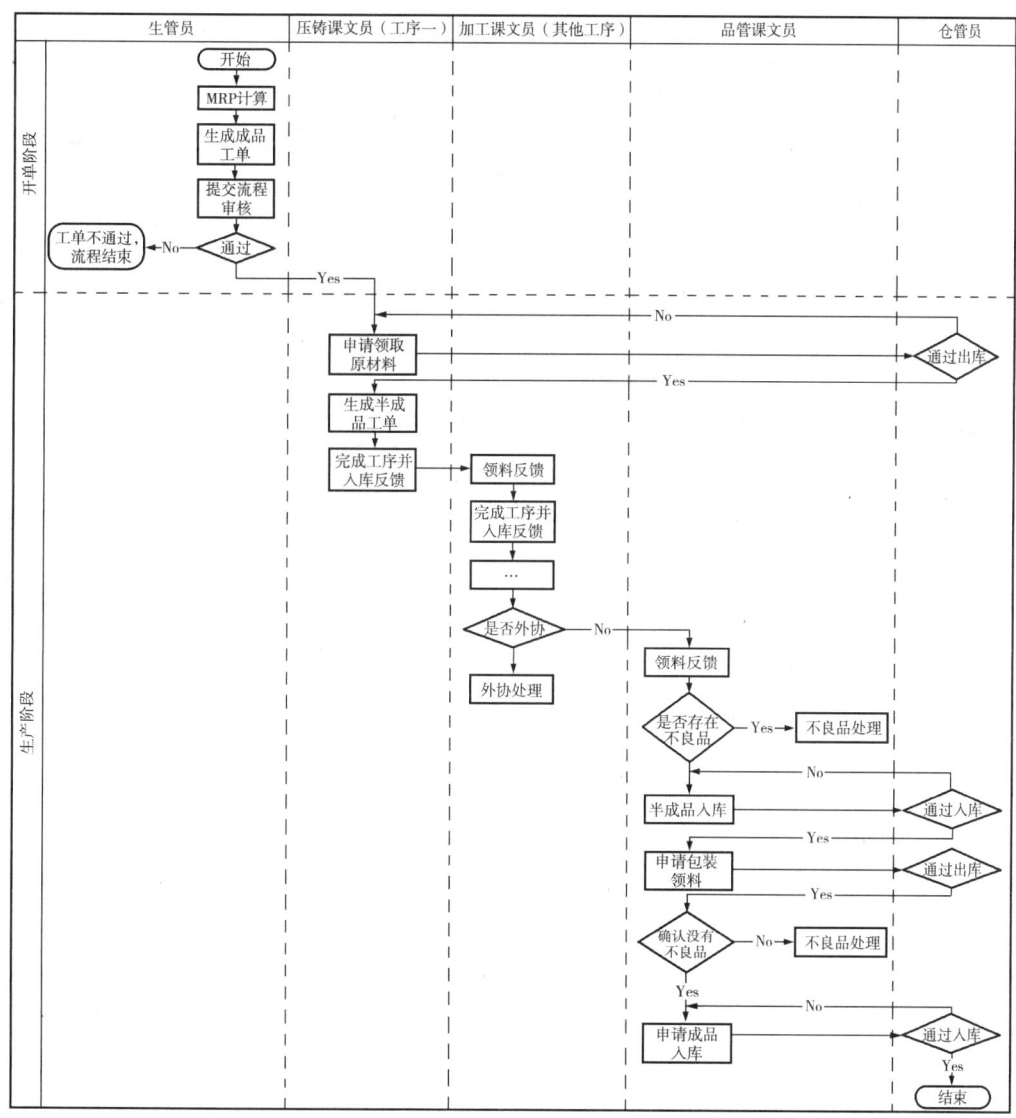

图 10-1 生产工单流程设计图

10.1.3 数据库设计

（1）生产工单表设计如图 10-2 所示。

序号	*编码	名称	域	字段类型	长度	精度	缺省值
1	id			文本	64		
2	BILL_TYPE	业务类型		文本	255		
3	ITEM	物料编码		文本	255		
4	ITEM_DESC	物料名称		文本	255		
5	ProCode	工序代号		文本	255		
6	ProName	工序名称		文本	255		
7	ProOrd	工序顺序		整数	50		
8	QTY	计划数量		小数	50	4	
9	SJQTY	完成数量		小数	50	4	
10	WCKQTY	未完成数量		小数	50	4	
11	PRICE	单价		小数	50	4	
12	COST	总价		小数	50	4	
13	StatusName	状态		文本	255		
14	BILL_NO	单据号		文本	255		
15	BILL_DATE	单据日期		日期时间			
16	DEPARTMENT	部门		文本	255		
17	WRITER	制单人		文本	255		
18	EMPLOYEE	员工编号		文本	255		
19	ACCEPTOR	审核		文本	255		
20	AUDITOR	审批		文本	255		
21	RELATIVE_BILL	相关单据号		文本	255		
22	REAL_DATE	系统日期		日期时间			
23	REF	备注		文本	255		
24	FPSC	分批生产		文本	255		
25	FPS	分批数		整数	50		
26	DSPS	当前批数		整数	50		
27	SJSCQTY	实际数量		小数	50	4	
28	SCRAP_PCNT	损耗		小数	50	4	
29	NoProcess	非工序		文本	255		
30	PlanNo	工序类型		文本	255		
31	isCheck	是否通过检验		布尔			True
32	masterId	半成品与成品单关		文本	255		
33	UM	单位		文本	255		
34	MB	购置代码		文本	255		
35	SaleNo	销售单据号		文本	255		
36	TYPE	成品工单的PId		文本	255		
37	isClosed	是否关闭		布尔			False
38	GoQC	到达品检		布尔			False
39	isCPRK	成品是否入库		布尔			

图 10-2 生产工单表

(2)工单明细表设计如图 10-3 所示。

编码	名称	域	字段类型	长度	精度	缺省值
1 id			文本	64		
2 BILL_ID	单据号		文本	255		
3 ITEM	物料编码		文本	255		
4 ITEM_NAME	物料名称		文本	255		
5 SCRAP_PCNT	损耗		小数	50	4	
6 QTY	数量		小数	50	4	
7 MPQTY	每批数量		小数	50	4	
8 MPYCKQTY	每批应出库数量		小数	50	4	
9 SJQTY	实际出库数量		小数	50	4	
10 WCKQTY	未出库数量		小数	50	4	
11 PRICE	单价		小数	50	4	
12 COST	总价		小数	50	4	
13 LOT	批号		文本	255		
14 RELBILL_NO	相关单据号		文本	255		
15 RELBILL_LN_NO	相关单据行		文本	255		
16 BOXQTY	包装数量		小数	50	4	
17 REF	备注		文本	255		
18 PID	父记录字段		文本	255		
19 OrderNo	排序字段		整数	50		
20 InnerCode	层级码字段		文本	255		
21 IsLeaf	叶子节点字段		布尔			
22 progress	工序进度		文本	255		
23 ProOrd	工序顺序		整数	50		
24 isLL	是否领料		布尔			False
25 Enable	使能控制		布尔			False
26 CanChoose	是否可以选中		布尔			False
27 IsRK	是否入库		布尔			False
28 SJSCQTY	实际数量		小数	50	4	
29 SQEC	规格		文本	255		
30 ITEM_TYPE	物料类型		文本	255		
31 InnerCodeLong	层级码长度		整数	50		
32 MB	购置代码		文本	255		
33 UM	单位		文本	255		
34 MAO_QTY	组成数量		小数	50	4	
35 YCKQTY	应出库数量		小数	50	4	
36 isGoLL	是否申请领料		布尔			False
37 BLPQTY	不良品数量		小数	50	4	
38 TYPE	工序类型		文本	255		
39 BadQTY	废品已入库数量		小数	50	4	

图 10-3 生产工单明细表

10.1.4　窗体组成

生产管理构件的窗体组成如图10-4所示。

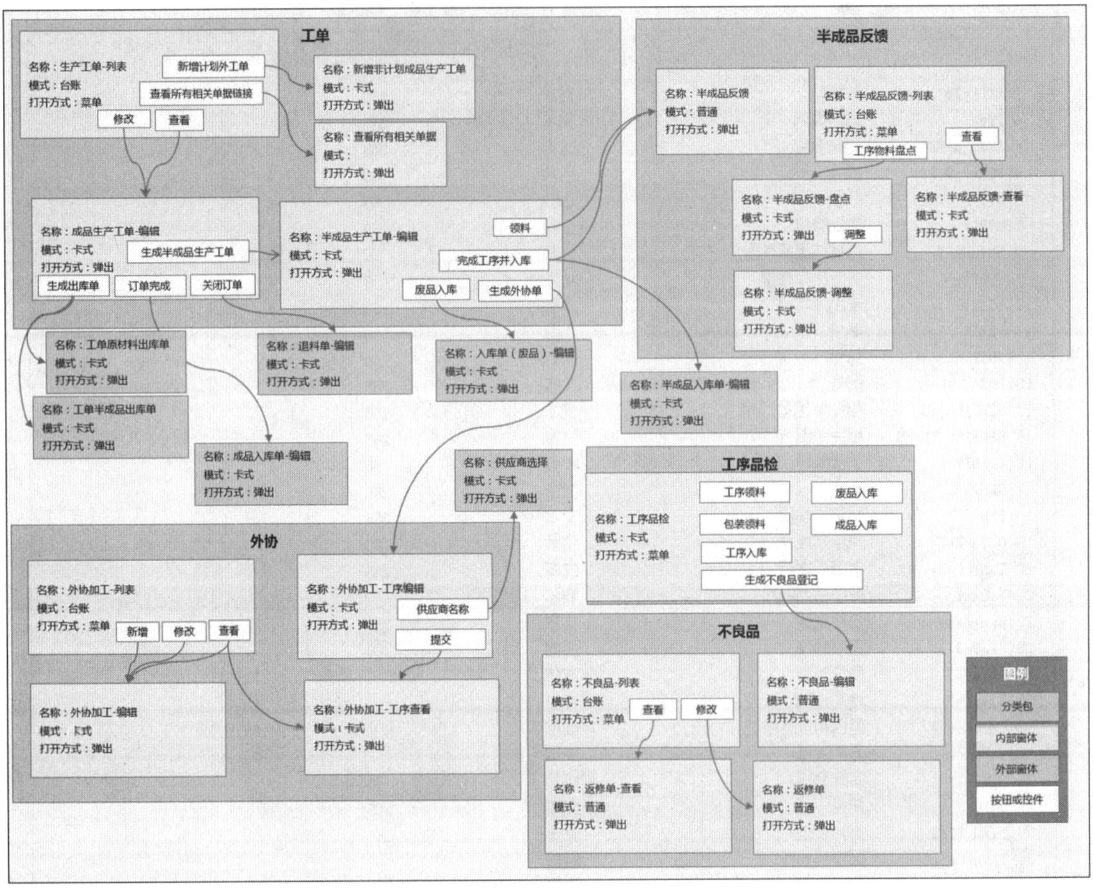

图10-4　生产管理构件的窗体组成

10.2　成品生产工单

10.2.1　窗体界面

成品生产工单窗体界面如图10-5所示。

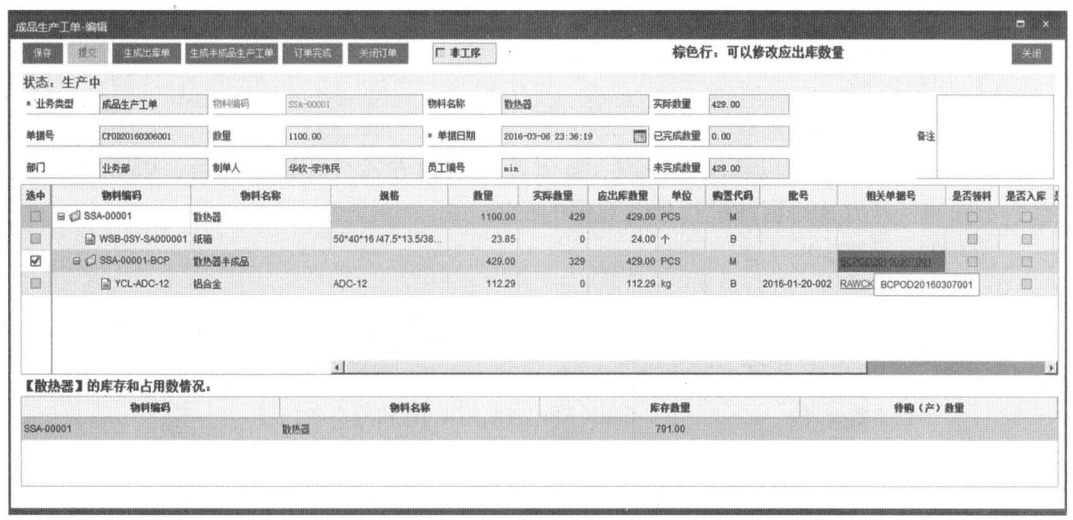

图 10-5 成品生产工单窗体界面

10.2.2 按钮功能介绍

(1) 保存：单据号为空时，赋值单据号并且状态修改为未审核，将生产工单保存到数据库；若单据号不为空时，将这张生产工单修改过的地方保存到数据库。

(2) 提交：在生产工单处于未审核状态时，提交流程给上级审核。工单已经审核完毕后，按钮不使能。

(3) 生成出库单：为选中行(可多选)中未领料、待购数为0、购置代码不相同、未申请领料的物料按工单预先设置的路线(工序或非工序，非分批或分批生产)生成一张出库单，这张出库单只是申请领料，只有仓管员批准出库才算出库成功。

(4) 生成半成品生产工单：为选中行中存在工序的、购置代码为 M（半成品都是 M）的按照工单预先设置的路线生成一张半成品工单，这张半成品工单的相关订单号绑定成品工单，而且在成品工单界面上的半成品物料行的相关订单号上可以链接到这张半成品工单。

(5) 订单完成：当半成品完全生产完成并包装完成后，生成成品入库单。

(6) 关闭订单：在原材料已经领料、工序一未全部完成的情况下，允许用户关闭订单并退料，即将已经领料的原材料重新入库。

(7) 非工序：设置工单按照非工序路线进行出库和入库操作。半成品不走工序，即不需要生成半成品工单，直接将半成品入库。

(8) 分批生产：设置工单按照分批生产路线进行出库和入库操作。工单可能分开几个不同的日期生产，分批数、每批生产数量、生产日期、分批顺序等都是让用户自定义的，生产过程中按分批顺序进行生产。

(9) 非工序半成品入库：当用户设置工单按照非工序路线时，生成半成品工单按钮不使能，非工序半成品入库按钮使能。

10.2.3 主要功能实现

(1)加载数据。

①事件名称：窗体加载。

②业务设计：用户以新增、修改、查看等不同的方式打开该窗体后，以不同的状态、不同的打开方式对窗体进行加载数据的功能。

③方法：见表10-1。

表10-1 加载数据方法

方法名	系统设计
act_参数处理	调用【API_获取用户ID和用户名】

act_加载数据	1. IF(@BizId 为空)
	  1.1 窗体输入复制主表
	  1.2 修改主表字段(制单人相关信息、默认日期为当前日期、状态修改为编辑中……)

act_加载数据	1.3 窗体输入复制到明细临时实体
	  1.4 临时实体树状复制到明细实体
	  1.5 复制窗体输入的销售单号实体
	  1.6 选中按钮全部只读
	2. ELSE
	  2.1 从数据库获取数据到界面实体(根据@BizId)

act_获取父节点	1. 清除父节点实体 2. 获取父节点(实体间复制，条件：明细中PID为空的) 3. 给主表中的辅助字段赋值父节点的ID

act_加载使能	1. @isView == True
	  1.1【查看】按钮进入，按钮全部不是使能
	  1.2【查看】按钮进入，文本和列表都只读
	2. ELSE
	  2.1 IF(@BizId 不为空)
	    2.1.1【修改】按钮全部使能
	    2.1.2【修改】只读控制
	    2.1.3 IF(非工序)
	      2.1.3.1【非工序】生成半成品工单按钮不使能
	      2.1.3.2【非工序】隐藏工序进度行
	    2.1.4 IF(状态为已完成)
	      2.1.4.1【已完成】按钮全部不使能
	      2.1.4.2【已完成】只读控制

续表 10-1

方法名	系统设计
act_加载使能	2.1.4.3 中断所有规则链 2.1.5 IF(状态为未审核) 　【未审核】只有提交和保存使能 2.1.6 IF(状态为审核中) 　2.1.6.1【审核中】只有保存使能 　2.1.6.2 IF(@FlowDriveMode == "FrameDrive") 　　【在审核时】隐藏其他按钮 2.1.7 IF(订单关闭) 　2.1.7.1【已关闭】按钮不使能 　2.1.7.2【已关闭】全部只读 　2.1.7.3【已关闭】显示已关闭标签 2.2 ELSE 　【新增】【保存】按钮使能
act_加载关闭订单按钮使能	1. IF(！@isView) 　1.1 IF(！@isNew) 　　1.1.1 清空临时实体 　　1.1.2 筛选出明细中的半成品行到临时实体1中 　　1.1.3 筛选出明细中原材料中已领料行到临时实体2中 　　1.1.4 IF(实体2中的记录数>0) 　　　1.1.4.1 IF(实体1中的半成品未入库的数量=1) 　　　　【关闭】按钮使能 　　　1.1.4.2 ELSE 　　　　【关闭】按钮不使能 　　1.1.5 ELSE 　　　【关闭】按钮不使能

(2) 出库。

① 事件名称：单击按钮。

② 业务设计：用户需要在库存中取出物料进行生产，所以用户需要填写出库单交与仓库进行出库。

③ 说明：

a. 出库时，需要按照工单类型进行操作，即分为工序非分批生产、非工序非分批生产、工序分批生产、非工序分批生产。

b. 申请出库只是向仓管部提出申请，做出库操作的是仓管员。申请出库后需要在工单中标识出来。

④ 方法：见表 10-2。

表10-2 出库方法

方法名	系统设计

act_出库前检查	1. IF(选中行<0)
	  1.1 IF(获取选中行的已领料数<0)
	  1.2 ELSE
	    提示并中断规则链
	2. ELSE
	    提示并中断规则链

act_得到当前选中物料的已占用	1. 获取计划构件中的已占用情况，筛选条件：已占用表的物料编码 in ListToString(当前选中行的所有物料编码) and 已占用表中的记录着工单明细中成品行的 id 的字段值 = 当前工单明细中成品行的 id 2. IF(获取回来的实体中的所有待购数之和的值 <> 0 时) 2.1 提示选中行中存在待购并中止规则链
act_判断购置代码	判断选中行是否存在两种不同的购置代码，如果存在，提示原材料与半成品不能同时出库，并中止规则链
act_检查是否已经申请领料	判断选中行是否存在已申请领料的物料，如果存在，提示选中行已存在已申请领料的物料，并中止规则链

act_检查应出库数是否为0	1. 判断选中行是否存在应出库数为0的
	  1.1 如果存在，将选中行中的已领料字段修改为 True，并保存到数据库
	  1.2 提示选中行的应出库数为0并中止规则链

act_判断是否非工序	1. IF(工单类型是非工序)
	  非工序路线
	2. ELSE
	  工序路线

act_非工序路线	1. 清空临时实体
	2. IF(判断选中行是否为半成品)
	  2.1 筛选选中行的半成品行到实体中
	  2.2 IF(选中行中的实际数量为0)
	    2.2.1 IF(判断工单类型是否为分批生产)
	      【半成品不需要生产】分批生产
	    2.2.2 ELSE
	      【半成品不需要生产】非分批生产
	  2.3 ELSE(选中行实际数量不为0)
	    2.3.1 IF(选中行中已领料的行数>0)
	      2.3.1.1 IF(判断工单类型是否为分批生产)

续表 10-2

方法名	系统设计
act_非工序路线	act_分批生产 2.3.1.2 ELSE 　　act_非分批生产 3. ELSE(选中行为原材料) 　3.1 IF(判断工单类型是否为分批生产) 　　act_分批生产 　3.2 ELSE 　　act_非分批生产
act_工序路线	1. 清空临时实体 2. IF(判断选中行是否为半成品) 　2.1 筛选选中行的半成品行到实体中 　2.2 IF(选中行中的实际数量为0) 　　2.2.1 IF(判断工单类型是否为分批生产) 　　　【半成品不需要生产】分批生产 　　2.2.2 ELSE 　　　【半成品不需要生产】非分批生产 　2.3 ELSE(选中行实际数量不为0) 　　2.3.1 IF(判断半成品是否处于完成状态) 　　　2.3.1.1 IF(判断工单类型是否为分批生产) 　　　　act_分批生产 　　　2.3.1.2 ELSE 　　　　act_非分批生产 3. ELSE(选中行为原材料) 　3.1 IF(判断工单类型是否为分批生产) 　　act_分批生产 　3.2 ELSE 　　act_非分批生产
act_分批生产	1. IF(购置代码为M) 　打开半成品出库窗体(应出库数量为每批应出库数) 2. ELSE 　打开原材料出库窗体(应出库数量为每批应出库数)
act_非分批生产	1. IF(购置代码为M) 　打开半成品出库窗体(应出库数量为应出库数) 2. ELSE 　打开原材料出库窗体(应出库数量为应出库数)

(3)工单与库存的出库交互。

①业务设计：仓管员出库后，工单需要做使能控制，即将下一步的操作做使能控制，所以需要与库存构件进行交互。

②说明：构件与构件之间的交互通常使用两种方式：构件方法中的服务端方法、一个只有加载事件的弹出完自动关闭的窗体。这里采用的是后者。这里因为选中行可能是多行的，所以需要多次使用递归运算的方式进行。

③窗体输入：工单明细实体、工单单据号、出库单单据号、批号。

④方法：见表10-3。

表10-3 工单与库存的出库交互方法

方法名	系统设计

act_加载数据	1. 输入的实体复制到窗体实体中
	2. 根据单据号获取主表数据
	3. IF(当主表有一条数据时)
	  3.1 根据主表获取从表数据
	  3.2 act_递归复制得到选中行数据
	  3.3 复制到备份实体递归用
	  3.4 IF(分批生产)
	    act_递归赋值【分批】
	  3.5 ELSE(非分批)
	    act_递归赋值
	  3.6 act_检查包装是否需要取整
	  3.7 act_检查是否满足使能条件
	  3.8 act_解除已占用
	  3.9 保存界面实体到数据库
	4. 退出窗体

act_递归复制得到选中行数据	1. IF(输入实体复制出来的窗体实体行数=0)
	  中断当前规则链
	2. ELSE
	  2.1 将当前行的ITEM值记录在方法变量中
	  2.2 根据当前输入的实体的当前行复制到选中实体
	  2.3 删除当前行实体记录
	  2.4 act_递归复制得到选中行数据(递归调用)

act_递归赋值【分批】	1. IF(备份实体行数=0)
	  中断当前规则链
	2. ELSE
	  2.1 界面实体记录循环(目标：从表实体，条件：从表id == 备份实体id)相关单据号=输入的出库单单据号、是否领料=True、选中字段=False、是否可以选中=False、实际出库数量+=每批应出库数量、未出库数量-=每批应出库数量
	  2.2 删除当前行实体记录
	  2.3 act_递归赋值【分批】(递归调用)

续表 10-3

方法名	系统设计
act_递归赋值	1. IF(备份实体行数 = 0) 　　中断当前规则链 2. ELSE 　　2.1 界面实体记录循环(目标：从表实体，条件：从表 id == 备份实体 id)相关单据号 = 输入的出库单单据号、是否领料 = True、选中字段 = False、是否可以选中 = False 　　2.2 删除当前行实体记录 　　2.3 act_递归赋值【分批】(递归调用)
act_检查包装是否需要取整	IF(包装应出库的数量 − 取整(包装应出库数量) < > 0) 包装应出库数量 = 应出库数量取整加一
act_检查是否满足使能条件	1. 获取选中行的 PID 和 InnerCode 长度值 2. IF(工单从表中 InnerCode 长度与选中行相等的行数 == 工单从表中 InnerCode 长度与选中行相等的行数并且已领料)【即树结构中一层全部领料】 　　界面实体记录循环(目标：从表实体，条件：从表id == 选中行的 PID && 从表的 PID 不为空) 是否可以选中 = True
act_解除已占用	调用计划与出库的交互窗体

(4)订单完成。

①业务设计：半成品生产完成，打好包装后需要进行成品入库，即订单完成。

②说明：需要半成品已领料、包装已领料，这种情况才能进行订单完成操作。

③方法：见表 10-4。

表 10-4 订单完成方法

方法名	系统设计
act_订单完成	1. 获取工单明细中已领料的数量 2. IF(已领料数量 == 工单明细记录数 − 1) 　　2.1 打开成品入库单窗体(传进工单明细实体) 　　2.2 IF(打开窗体后返回为 True) 　　　　2.2.1 修改工单信息、完成数量、状态 　　　　2.2.2 使能控制 　　　　2.2.3 只读控制 　　　　2.2.4 成品解除待购(调用计划的交互窗体) 　　　　2.2.5 调用销售的修改状态值接口 　　　　2.2.6 保存实体到数据库 　　　　2.2.7 重新加载数据到实体 3. ELSE 　　提示未生产完成，并中止规则链

(5) 关闭订单。

①业务设计：因实际情况中会存在订单需要中止的情况，即已经领料后，生产开始不久订单因特殊情况突然需要中止，这时候就需要进行退料操作。

②说明：前提情况是原材料已领料，半成品生产还没结束。

③方法：见表 10 – 5。

表 10 – 5　关闭订单方法

方法名	系统设计
act_检查后关闭订单	1. 获取原材料已领料的记录数 a 2. 获取半成品已入库的记录数 b 3. IF(a == 原材料的总记录数 && b == 0) 　3.1 打开退料单窗体（传入原材料行，提交后，退料单会调用服务端方法修改该工单的状态） 　3.2 重新加载数据 　3.3 重新加载使能

(6) 使能控制。

①业务设计：为了避免用户的操作失误，系统需要进行选中行的使能控制，即当一开始生产的时候，只可以进行原材料领料，其他行不能选中；原材料领料后，只能进行半成品工单的操作，其他行不能选中；半成品生产结束后，只能进行包装的领料操作，其他行不能选中。

②说明：实现这种控制，需要在数据表中有两个控制字段，一个是控制能否选中，一个是控制是否选中。每一次出库或者入库操作，系统都需要对这两个字段进行修改，重新加载数据后，结合列表的条件编辑的使能控制，可以实现列表选中行的使能控制。

③方法：打开列表中的条件编辑，添加编辑条件，控制能否选中字段 = True 时，为可编辑状态；控制能否选中字段 = False 时，为只读状态，如图 10 – 6 所示。

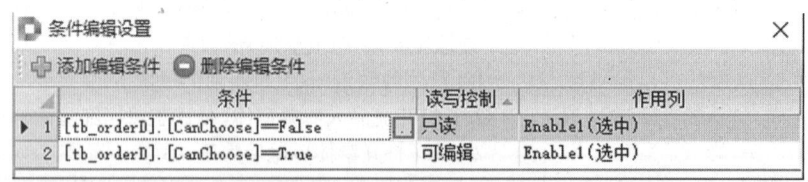

图 10 – 6　列表的条件编辑

(7) FastLook 快速查看。

①业务设计：让用户查看当前选中行的库存、占有量、待购数的情况，或者是半成品的生产情况，提高用户体验。

②说明：结合列表的切换行事件，每切换一行，根据选中行的物料类型快速查看选中行的情况。选中行为半成品，查看生产情况；选中行为原材料或包装，查看库存、占有量、待购数的情况。

③方法：见表10-6。

表10-6 FastLook 快速查看方法

方法名	系统设计
act_快速查看	1. 清除 FastLook 实体 2. 根据当前行的物料编码获取工序表中数据 3. IF(工序实体存在数据) 　3.1 获取半成品工单的数据 　3.2 复制到 FastLook 实体 　3.3 控制显示列 　3.4 更新状态栏 4. ELSE(工序实体没数据) 　act_库存情况
act_库存情况	1. 根据选中行物料编码获取库存情况 a 2. 根据选中行物料编码、本工单的 id 获取已占用情况 b 3. 根据选中行物料编码获取所有该物料的已占用情况 c 4. 新增界面实体记录(物料编码、物料名称、库存数量 = a 的库存总数 - c 的已占用总数 + b 的已占用数) 5. 界面实体赋值(已占用数、待购数) 6. 控制显示列 7. 更新状态栏

10.3 半成品生产工单

10.3.1 窗体界面

半成品生产工单窗体界面如图10-7所示。

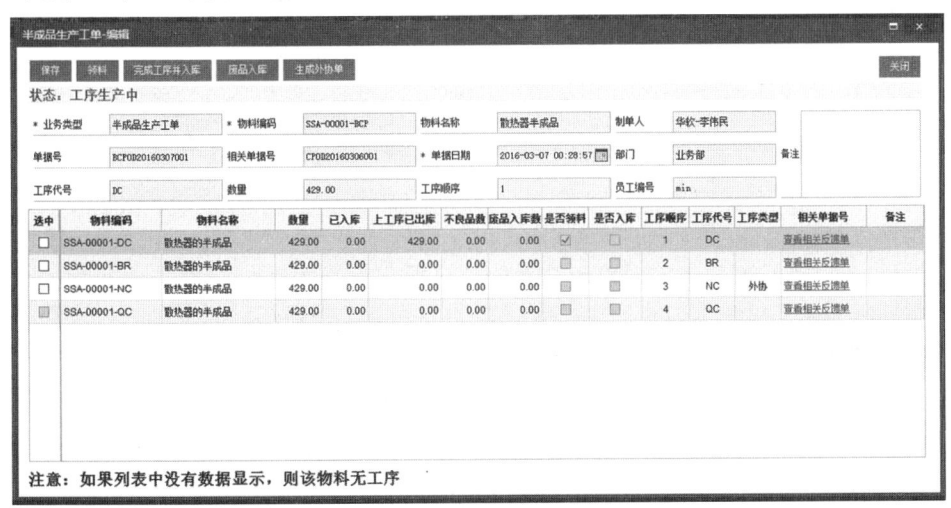

图10-7 半成品生产工单窗体界面

10.3.2 按钮功能介绍

(1)保存：当成品工单点击生产半成品工单后，点击"保存"按钮可保存并生成这张半成品工单。

(2)领料：每道工序的生产都需要领取上工序的物料，所以这里的领料是将选中工序的上工序的物料领出，领出后，上工序已出库值将修改为领出的数量。打开反馈单窗体，填写领料反馈单。

(3)完成工序并入库：工序完成或完成一部分都可以点击此按钮，部分完成可以修改反馈单上的入库数量。入库后，已入库值修改为入库的数量，供下一工序领出。打开反馈单窗体，填写入库反馈单。

(4)废品入库：生产过程中，会出现废品，此按钮用于生成废品入库单，将废品入库。

(5)生成外协单：如图10-7所示中的工序3是一个工序类型为外协的工序，此工序需要生成一张工序外协单。

(6)查看相关反馈单：查看当前行的反馈单情况，领料、入库、废品等都可以通过点击查看到。

10.3.3 半成品反馈单

半成品馈单(如图10-8所示)用于供用户进行半成品的反馈，即可以进行工序的领料或者工序的入库。领料时不能超出上工序已入库的数量；入库数量不能超出已领料的数量。

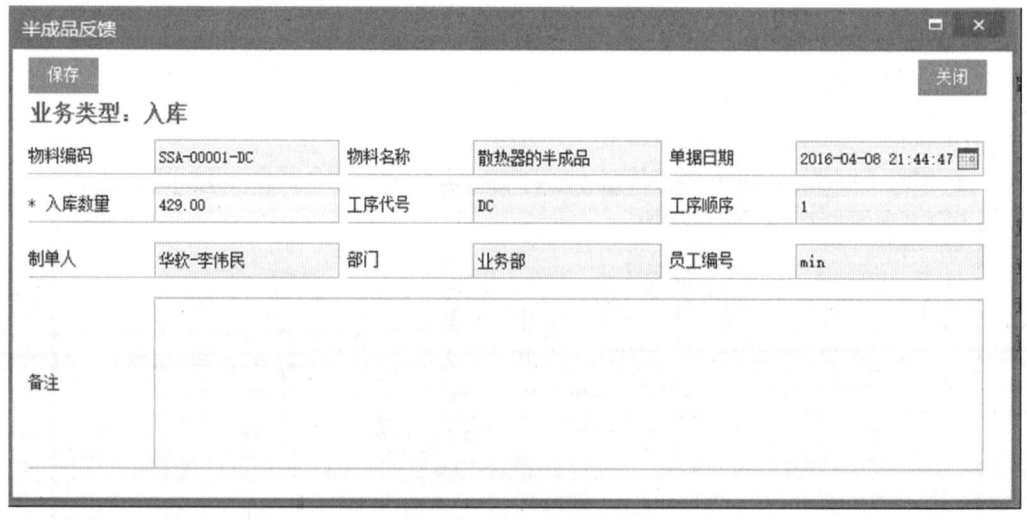

图10-8 半成品反馈单

10.3.4 主要功能实现

(1)加载数据。

①事件名称：窗体加载。

②业务设计：用户点击成品生产工单中的生成半成品工单按钮后弹出该窗体时加载的事件，用户打开已经保存了的半成品生产工单打开加载的事件。

③方法：见表10-7。

表10-7 加载数据方法

方法名	系统设计

act_加载数据	1. API_获取登录信息
	2. IF(窗体输入的 com_BILL【成品工单单据号】为空)
	  2.1 新增主表信息(窗体输入的赋值、制单人等)
	  2.2 根据物料编码获取工序主表
	  2.3 若存在工序主表，获取工序明细
	  2.4 将工序明细复制到工单明细实体
	  2.5 工序1改为已领料(因为原材料就是工序1的上工序)
	3. ELSE
	  从数据库中加载数据到实体

(2)领料。

①事件名称：单击。

②业务设计：每道工序的生产都需要领取上工序的物料，所以这里的领料是将选中工序的上工序的物料领出，领出后，上工序已出库值将修改为领出的数量。打开反馈单窗体，填写领料反馈单。

③方法：见表10-8。

表10-8 领料方法

方法名	系统设计

act_检查	1. 清除临时实体记录
	2. 实体间复制(筛选选中行)
	3. IF(选中行数为0)
	  提示需要选中行，并中断规则链
	4. IF(选中行的工序顺序为1)
	  提示原材料已出库，并中断规则链

续表 10-8

方法名	系统设计

act_出库	1. 获取选中行的顺序 -1 的记录 a
	2. IF(a 的已入库数 <> 0)
	  2.1 给实体记录赋值，准备传给反馈单的实体的数量 =
	    已入库数 - 上工序已领料数
	  2.2 IF(上实体的数量 >0)
	    2.2.1 打开反馈单(传入上实体)
	    2.2.2 IF(打开的窗体返回值为 True)
	      2.2.2.1 领料后修改数量
	      2.2.2.2 保存实体到数据库
	  2.3 ELSE
	    提示可出库数为 0 并中止规则链
	3. ELSE
	  提示"上一工序没进行入库操作，现在不能进行出库操作"，并中断规则链

(3) 完成工序并入库。

①事件名称：单击。

②业务设计：工序完成或完成一部分都可以点击此按钮，部分完成可以修改反馈单上的入库数量。入库后，已入库值修改为入库的数量，供下一工序领出。打开反馈单窗体，填写入库反馈单。

③说明：工序走到最后一个工序，入库时不是半成品入库反馈，而是生成半成品入库单将半成品入到库存中。

④方法：见表 10-9。

表 10-9 完成工序并入库方法

方法名	系统设计

act_检查	1. 清除临时实体记录
	2. 实体间复制(筛选选中行)
	3. IF(选中行数为 0)
	  提示需要选中行，并中断规则链
	4. IF(选中行的已领料字段 == False)
	  提示该工序未进行出库，并中断规则链
	5. IF(选中行的已入库数 >= 工单的计划生产数)
	  提示该工序已经全部入库，并中断规则链

续表 10-9

方法名	系统设计

act_完成工序并入库	1. IF(选中行工序顺序为最大时)
	  1.1 给传给半成品入库单的实体的数量赋值 = 已出库 - 已入库 - 废品数
	  1.2 IF(上实体的数量 > 0)
	    1.2.1 将主表的数据复制到要传给半成品入库单的实体
	    1.2.2 打开半成品入库单(传给上实体)
	    1.2.3 若打开窗体返回值为 True，则修改入库数量，更新主表已完成数量
	    1.2.4 根据关联的单据号和物料编码获取成品工单的半成品行 a
	    1.2.5 修改 a 实体的使能
	    1.2.7 保存到数据库
	2. ELSE
	  2.1 给传给入库反馈单的实体的数量赋值 = 已出库 - 已入库 - 废品数
	  2.2 IF(上实体的数量 > 0)
	    2.2.1 将选中行的数据复制到要传给入库反馈单的实体
	    2.2.2 打开反馈单窗体(传给上实体)
	    2.2.3 若打开窗体返回值为 True，则修改入库数量，更新主表已完成数量
	    2.2.4 根据关联的单据号和物料编码获取成品工单的半成品行 a
	    2.2.5 修改 a 实体的使能
	    2.2.6 保存到数据库

(4) 废品入库。

① 事件名称：单击。

② 业务设计：生产过程中，会出现废品，此按钮是用作生成废品入库单，将废品入库。

③ 方法：见表 10-10。

表 10-10 废品入库方法

方法名	系统设计
act_打开废品入库窗体	打开库存构件中的废品入库窗体

10.4 小结

本章选取了制造业的典型案例中的生产管理部分来进行分析讲解，这部分在整个系统中是属于较难的模块，因为几乎系统的几个模块都需要依赖到如库存、销售、计划、物料、通用组件等，构件的相互依赖多了，难度就大。构件与构件之间的交互是整个系统中最容易出问题的地方，这个模块中就出现了许多的交互，做好这些交互，系统运转起来才会流畅，才不会出现重大的漏洞。

开发时需要注意用户体验，该控制使能的控制使能，该做检查的做检查，该提示的提示，保证用户在一个零基础的情况下也能很快地使用上这个系统。